JN299453

●グラフィック[経済学]―4

グラフィック
財政学

釣　雅雄・宮崎智視　共著

Graphic

Textbook

新世社

はしがき

　本書は，はじめて財政学を学ぶ人，一度学んだけれどもつまずいた人，社会に出てからもう一度学びたい人などに向けて書かれています。財政の仕組みや財政に関わる政策の効果をわかりやすく，グラフィカルな構成で解説しています。内容は，実際の経済や政策動向も踏まえたものになっていますので，現実の経済との関係を考えながら学んでいくことができます。

　主な特長は以下のとおりです。

(1) 左頁の本文解説に右頁の図表・コラムが対応する，左右見開きのグラフィカルな構成で，直感的な理解の手助けをしています。
(2) コラムでは現実の経済との関係などを紹介しています。
(3) 制度，理論，政策の3部構成で，政府の経済活動を広く学べます。
(4) 財政と経済政策の本質を理解することを目的としています。

　本書は経済学に関する予備知識がなくても，無理なく財政学の基礎が習得できるように配慮されています。財政やそれにかかわる経済政策を本格的に考えるには，ミクロ経済学やマクロ経済学，さらに経済統計などへの理解が必要となりますが，それらを学ぶ前でも読めるよう工夫してあります。財政の問題を本格的に分析する前の地ならしとして，本書が多くの方に役立てばと思っています。

　財政を知ることはすなわち，政府の経済活動を知ることです。本書を執筆するにあたって基本に据えたのは，民主主義国家における財政運営と経済発展です。国民による評価は，独裁国家になることを防ぐといった政治的側面をもつだけではありません。経済政策に対する国民の判断は想像を超えて重要であり，また難しいものです。

　財政の最も重要な役割は，国民の間の配分です。その方法は単純ではありません。（税引き後の）可処分所得を完全に平等にするような政策をとると，共産

主義国家や超福祉国家になります。一方，所得の再分配が全くなく，市場によってのみ所得が決まるような極端な市場主義という考え方もありえます。

皆さんはこのどちらを望ましいと考えるでしょうか。完全平等は理想的かもしれませんが，実現は難しく，また社会の活力が失われます。しかし，弱肉強食の完全な市場主義には抵抗がある人も多いでしょう。格差社会は，やはり多くの人々を不幸せにしています。

ここからわかるように，財政学には単純な答えはないのです。私たちは，この極端な選択の間のどこかを選び，どのような配分を行うかを考えなければなりません。常に，一定のスタンスでよいとも限りません。人々がこの間で揺れ動くとき，政策もまた揺れ動くのです。

そのため，財政は国民の見る目に依存します。国民の感情的な反応や数値感覚の違い（財政では～兆円，～億円が単位となり，生活感覚からかけ離れています）が政策評価を誤らせることも多くあります。例えば，不良債権が深刻な問題となった住専処理（1995 年）では，バブルに踊った民間金融機関に向けて税金からの（多額にみえる）公的資金注入に反対する世論が強く，その後の不良債権処理が大幅に遅れる結果となりました。確かに特定の金融機関を救済し，町工場は助けないのは不公平です。けれども公平性という一面のみを追求すると，長期的にはより多くの人が貧しくなってしまう可能性もあるのです。

財政学は，まさに，民主主義国家発展の前提となる基礎知識です。そして，重要なのは知識をもとに考えることです。本書ではどのように財政を「考えるのか」を学べるよう留意しました。

釣は，本書執筆中の後半に大学教育の国際化加速プログラム（文部科学省）によるプロジェクトで英国での在外研究を行っていました（岡山大学と University of Warwick には在外研究の機会を与えていただきました）。丁度，金融危機が生じ，欧米では公的資金注入や財政出動などが政策課題となりました。このような情勢の変化から影響を受けて，本書は比較的新しい話題も多く含むことができました。

ただし，2008 年度からの財政変化には対応し切れていません。例えば，2008 年度の国債発行額は当初予算では約 25 兆 3,000 億円でしたが，補正後には約 33 兆 2,000 億円にも増大しました。2011 年度のプライマリー・バランス黒字化

目標も達成不可能な状況です。生きた経済を学ぶためにも，最新の状況に関心をもっていただければと思います。

　宮崎は，勤務先である名古屋学院大学での「財政学入門」「財政学」および「地方財政論」の講義の際に，一部の章の原稿を講義ノートとして用いました。実際に使用することにより，本書の説明の展開について，検討・工夫を重ねてきました。講義での試行錯誤を通して，本書の「使い勝手」や「理解のしやすさ」は，相当改善されたと思います。

　本書が成るにあたっては，多くの方々にお世話になりました。特に，明治大学の畑農鋭矢教授と，日本経済研究センターの落合勝昭氏，さらに宮崎と同じ職場の水田健一教授には，お忙しい中，原稿を丹念に読んでいただきました。新世社の御園生晴彦氏，清水匡太氏，佐藤佳宏氏には，多大なご助力をいただきました。最後に，一橋大学の浅子和美教授の公私にわたるご指導なしには，本書の完成はありえませんでした。これらの方々に記して感謝するとともに，これまでご指導いただいた方々にも感謝しているところです。

2009年6月

釣　雅雄・宮崎　智視

目　次

1　イントロダクション　1
　　：政府の経済活動

レッスン1.1　はじめに　2
　　　1.2　政府の経済活動　4
　　　1.3　財政の基礎　14
　　　1.4　政府活動と国民経済　20
　　　1.5　政府の範囲　24

第Ⅰ部　制　度　29

2　日本の財政制度　31

レッスン2.1　財政の仕組み　32
　　　2.2　予算の概要　38
　　　2.3　予算過程　42
　　　2.4　予算のなかみ　46

3　租税制度　53

レッスン 3.1　租税制度の概要　54
　　　　3.2　所得への課税①：所得税　58
　　　　3.3　所得への課税②：法人税　62
　　　　3.4　資産への課税　66
　　　　3.5　消費への課税　68
　　　　3.6　その他の租税：特定財源と地方譲与税　70

4　財政運営　73

レッスン 4.1　財政の時間軸　74
　　　　4.2　フロー：財政の指標　80
　　　　4.3　ストック：政府債務　86
　　　　4.4　債務管理，財政運営　90

5　地方財政　99

レッスン 5.1　地方制度と地方財政　100
　　　　5.2　国と地方の役割分担　104
　　　　5.3　地方の歳入　108
　　　　5.4　地方の歳出　114
　　　　5.5　地方財政収支と財政再建　116

第II部　理　論　125

6　政府介入の基礎理論①　127
：市場の失敗，外部性と費用逓減

レッスン6.1　市場メカニズムと市場の失敗　128
6.2　外部性　134
6.3　外部性解消の政策　138
6.4　費用逓減産業と政府の役割　142

7　政府介入の基礎理論②　149
：公共財と公共選択

レッスン7.1　公共財　150
7.2　公共財の最適供給　154
7.3　公共支出の展開　156
7.4　費用便益分析　162
7.5　公共選択　164

8　租税理論　171

レッスン8.1　租税原則　172
8.2　租税の公平性　174
8.3　資源配分の効率性と税の帰着　182
8.4　超過負担と最適課税　188

第Ⅲ部 政策　197

9 日本財政の変化　199

レッスン9.1　戦後の日本財政　200
　　　9.2　規制緩和の理論　206
　　　9.3　行財政改革の実際　214

10 所得再分配政策　223

レッスン10.1　所得再分配と社会的厚生　224
　　　10.2　医療保険　232
　　　10.3　公的年金　236

11 マクロ経済政策　245

レッスン11.1　マクロ経済政策の論点　246
　　　11.2　財・サービス市場（IS）　248
　　　11.3　貨幣市場（LM）　252
　　　11.4　IS-LM分析の政策効果　256

12 財政と金融　263

レッスン12.1　物価と財政政策　264
　　　12.2　財政と金融政策　270
　　　12.3　財政と資金調達，経常収支　274
　　　12.4　財政と金融　278

- ■文献案内　285
- ■索　引　289
- ■著者紹介　302

イントロダクション
：政府の経済活動

　財政は政府の経済活動を資金面からささえる仕組みです。本章では政府の経済活動とその役割は何かを学ぶとともに，財政の基礎を学び，次章以降の学習に備えます。財政の基礎では，資金取引におけるストックとフローの関係に対する理解が重要です。この章での目的は財政の大枠をとらえることですので，日本の財政制度に限定せずに学んでいきます。

レッスン
- 1.1　はじめに
- 1.2　政府の経済活動
- 1.3　財政の基礎
- 1.4　政府活動と国民経済
- 1.5　政府の範囲

レッスン 1.1 はじめに

　政府は税金や公債発行などで資金を集め，その資金で経済活動を行っています。財政学（public finance）は，ミクロ経済学やマクロ経済学などの経済理論をベースに主に公共部門の資金取引を分析する経済学の一分野です（図1.1）。財政を政策面からみるのが公共政策（public policy）の分野で，特に景気対策を考える場合には財政政策（fiscal policy）と呼びます。

　公共部門には中央政府の他に，地方政府，医療や年金などの社会保障基金があり，さらに公的企業もあります（詳しくはレッスン1.5で学びます）。いずれも営利を目的としない点が民間企業と異なります。

　民間企業も慈善活動を行うことがありますが，資産の効率的運用による利益の創出・分配を本質的な目的としており，赤字になるような事業は行いません。しかし公共部門においては，赤字になるような事業であっても公共の福祉を増進するためであれば行います（図1.2）。

　とはいえ，その事業が非効率的でよいというわけではありません。財政では，どのような事業を行うのかを事前に定める予算が主役ですが，最近では財政の効率化（第9章で学びます）が目指され，予算の事後評価が重要となっています。また，無駄な歳出を削減するだけでなく，本当に必要な事業への予算配分の重点化が求められています。

　財政の主体は国民です。財源は国民の税金です（日本の租税制度は第3章で学びます）。税金をどのように集めるのがよいのかは公平性や効率性の観点から考えます（詳しくは，第8章で学びます）。

　租税には強制が伴い，歳出には配分問題があるので，財政学では政治的な側面や人々の投票行動など（この分野について第7章で公共選択論を学びます）を考えることがあります。

　また，政府という組織を考えるためには行政学，経営学，会計学などの分野の考えを取り入れる必要があります。特に政府の財政活動を分析する際には，会計学の公会計（public-sector accounting）という領域がかかわってきます。

　本書では，財政学を大まかに制度，理論，政策に分けて学んでいきます。制度編（第Ⅰ部）では主に日本の財政制度を学びますが，海外との比較も財政の

図1.1　財政のイメージ

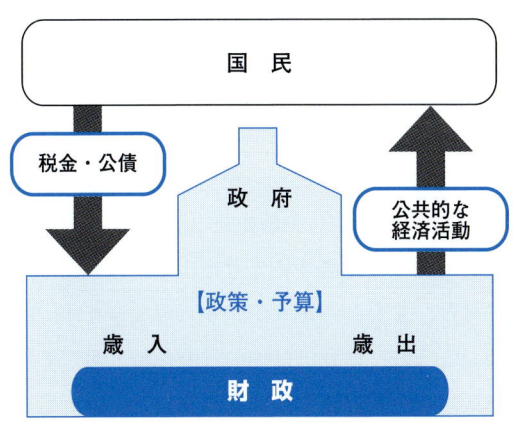

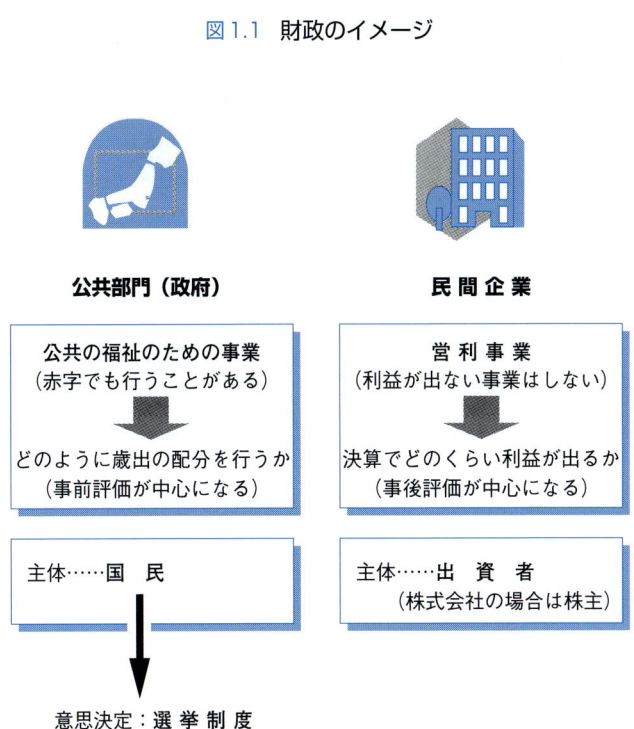

図1.2　公共部門と民間企業との違い

あり方を考える上で役に立ちます。財政制度には長期的な視点も必要です。特に，第4章で学ぶ政府赤字は時間を通じた財政運営にかかわります。

理論編（第Ⅱ部）では，政府の経済活動を経済分析する公共経済学（public economics）がかかわってきます（第6章と第7章）。公共経済学では市場の失敗（market failure）に対する政府の経済活動のあり方について考察します。

政策編（第Ⅲ部）では経済政策（economic policy）がかかわります。経済政策では，財政政策（第11章）の他に金融政策（第12章）や産業政策なども含めた，経済全般の政府活動の方針について考えます。このような政府の経済活動には当然，資金の移動，すなわち財政がかかわってきます。

図1.3にまとめたように，財政学は他の学問領域と重なる部分が多くあります。本書では，財政学を公共経済学，経済政策などの分野も合わせて，政府の経済活動をささえる資金面から広くとらえていきたいと思います。

レッスン 1.2　政府の経済活動

政府の経済活動の目的：財政の3機能から

経済学では，経済主体を大まかに家計，企業，政府に分けて分析します。このうち，政府の経済活動はなぜ必要とされるのでしょうか。経済における政府の最も重要な役割の一つは，市場がうまく働かない場合に市場機能を補完することです（経済以外には治安，防衛，外交などがあります）。

政府の経済活動の意味については財政の3機能からとらえるのが便利です。財政学者マスグレイブ（R. A. Musgrave）は，財政の機能を資源配分，所得再分配，経済安定化の3つに分類しました（図1.4）。

以下では，この3機能からとらえた政府の経済活動の意味を，ミクロ経済学の視点（消費者や企業など個々の経済主体），社会保障の視点（国民生活のセーフティ・ネット），マクロ経済学の視点（国の経済全体）の3つから考えていきます。

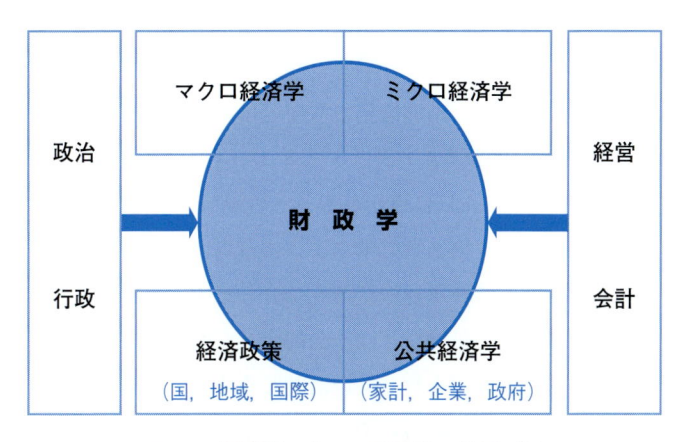

```
                マクロ経済学   ミクロ経済学
   政治                                  経営

              財 政 学

   行政                                  会計
                経済政策     公共経済学
               (国, 地域, 国際) (家計, 企業, 政府)
```

図1.3　経済学の中での財政学の位置づけ

財政の3機能

1. **資源配分**
   ミクロ経済学の視点, 市場の失敗の補完など

2. **所得再分配**
   社会保障の視点, 経済格差の是正

3. **経済安定化**
   マクロ経済学の視点, 景気循環の調整

図1.4　財政の3機能

ミクロ経済学の視点

　財政の資源配分機能はミクロ経済学の視点から考えます。市場が最適な資源配分を行っていれば、政府が介入する必要はないのですが、現実には市場の失敗と呼ばれる市場がうまく働かない状況があります（第6章と第7章で詳しく学びます）。

　市場が完全に機能すれば、市場価格で需要と供給が一致し効率的な資源配分が自ずとなされます。経済学者アダム・スミス（Adam Smith）はこの働きを「見えざる手（invisible hand）に導かれる」と表現しました。

　しかしながら、第6章、第7章で学ぶように市場はいつでも正しく機能するとは限りません。例として費用逓減産業を紹介します。上下水道、ガス供給、鉄道事業、郵便事業、電力供給などは、公的企業が財・サービスを提供したり、あるいは政府が何らかの規制を行っていたりします。

　これらの産業では、事業を始める前にインフラ整備が必要です。これを初期投資（あるいは固定費用）と呼びますが、初期投資さえ行えば、その後の事業費用はそれほど大きくありません。むしろ初期投資が大きいので、財を多く供給するほど1財当たりの費用は小さくなります（例えば20の初期投資で2個供給すると平均費用は10ですが、5個供給すると平均費用は4になるような場合）。このような産業が費用逓減産業です。

　費用逓減産業では企業が新たに参入するのが困難です。すでにある企業はより多く生産していて平均費用が小さいので、価格競争力をもつのです。そのため、既存企業による自然独占となる可能性が高くなります（図1.5）。独占では、価格が高く供給量が少なくなり、社会的損失（超過負担）が生じてしまいます。この社会的損失を減らすために政府が介入するのです。

社会保障の視点

　所得再分配機能は主に社会保障にかかわる財政の機能です（第10章を中心に説明し、第5章と第8章でも関連事項に触れます）。

　再分配としてわかりやすいのは、所得格差に対する政策でしょう。所得が多い人の税率を高くして、所得が少ない人の税率を小さくすれば、税引き後の手取り（可処分所得）の差は縮まります。集めた税はさらに、医療、教育、生活保護などに再分配されることで、生活水準の格差も縮まります。

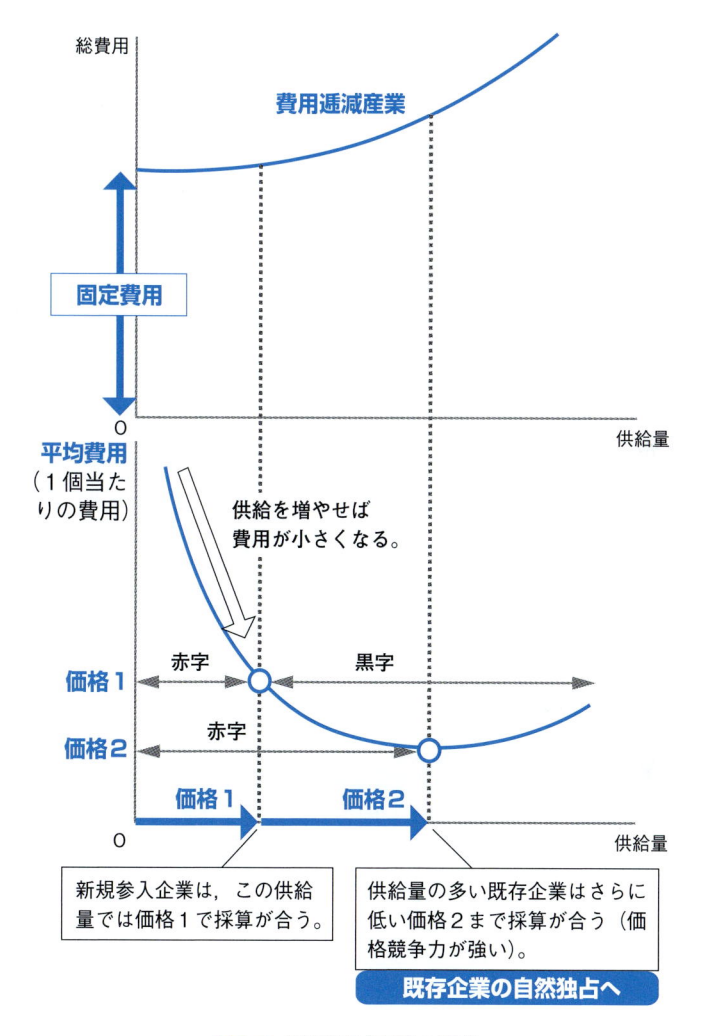

図 1.5 費用逓減産業の特徴

例えば電力事業を考えてみましょう。電力を供給するためには，発電所を設置する必要があります。また，各家庭まで電力を供給するための電線も必要です（上図）。ところが，一度これらを設置すると，供給量が増えたとしても供給費用は大きくなりません（下図）。

図1.6にあるように,所得再分配政策は個人や家計間で行われるのみではありません。例えば,中央政府が地方政府へ行う財政移転による地域間再分配もあります。この地域間再分配は重要な政策課題となっています(例えば,地域間格差,地方分権化,市町村合併などがありますが,これらは第5章で学びます)。

所得再分配政策は保険機能と組み合わせると社会保障政策になります。例えば,日本の公的年金制度では,現役労働者から社会保険料を徴収し,退職高齢者に給付するのが基本です(公的年金制度は第10章で詳しく学びます)。このような公的年金は世代間の所得再分配をもたらしています。

年金保険制度は,政府が行うことによって成立しえます。「自分は早死にするから年金に入らない」ということが可能であれば,長生きする人ばかりが加入してしまい,保険としての年金が機能しなくなってしまいます。

さて,所得再分配はどの程度行われるべきでしょうか。一つの考え方は,ナショナル・ミニマム(national minimum)です。例えば,地域間再分配では,その住居地にかかわらず一定以上の行政サービスがなされるべきであるという考え方です(図1.7)。特に近年は,高齢化や過疎化が進む地域が増えており,行政サービスとその効率化の議論の中で,ナショナル・ミニマムが論点の一つとなっています。

マクロ経済学の視点

経済安定化機能は,経済対策など国の経済に対する財政政策が中心です。通常,経済には景気循環,すなわち好景気(または景気拡張期)と不景気(または景気後退期)の入れ替わりがみられます(図1.8)。

不景気における政府の役割は,例えば失業などの問題をできるだけ抑えることなどです。ケインズ(J. M. Keynes)は,追加的な公共事業などによる裁量的な財政政策が経済対策として有効であると考えました。

ただし,財政政策の効果について多くの議論がなされており,必ず効果があるとはいい切れません(第11章で学びます)。例えば,裁量的な政策が正しく機能するためには,政策担当者が賢明で「ハーベイ・ロードの前提」を満たし,経済状況を正しく把握して適切な政策を行う必要があります(ハーベイ・ロード(Harvey Road)はケインズが生まれ育った場所で,ケインズ政策の前提とい

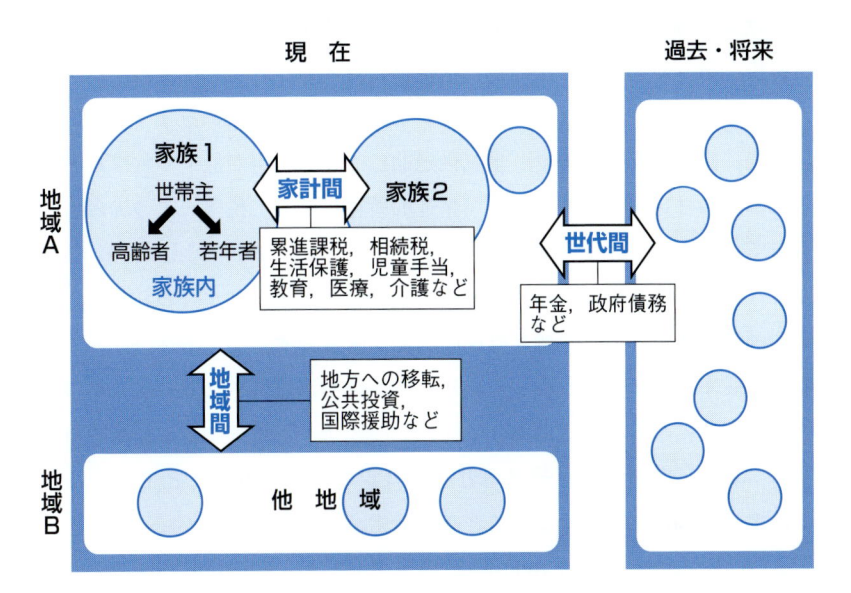

図1.6　経済主体間の所得再配分

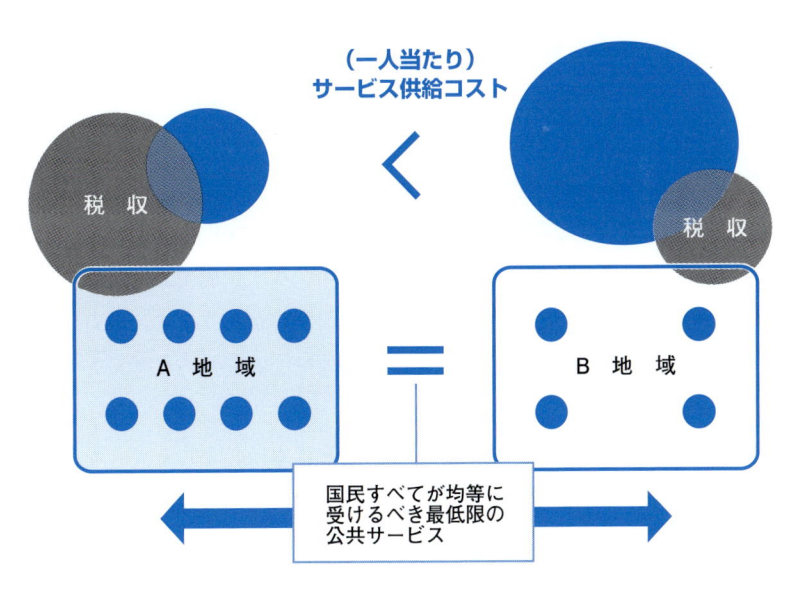

図1.7　ナショナル・ミニマムの考え方

1.2　政府の経済活動

う意味で使われます）。

　財政政策以外でも，財政は経済を安定化させる働きをもっています。累進的な所得税（第9章参照）や法人税には経済に対する自動安定化装置（ビルトイン・スタビライザー；built-in stabilizer）と呼ばれる機能があります。所得税は名目所得に課せられますので，景気後退期に人々の所得が低下すれば政府に納められる税額は自ずと減少します（累進的所得税制で，税率一定の場合）。

　近年では，金融と財政の関係も重要になってきています。例えば，第12章で学ぶように金融危機時には金融機関への公的資金注入などが行われます。為替政策や国債管理などでも金融と財政の関係は密接です。

　経済成長率がマイナスになったとしても，雇用が維持されている人々の生活が著しく困難になるわけではありません。問題は，不景気による経済的負担が，失業者，新卒若年者，非正規雇用者など特定の人々へ偏ることで，それらの人々の生活が極端に苦しくなることなのです。

　例えば，日本の失業率は1990年に2.1％でしたが，その後の不況で上昇し続け，2002年には5.4％に達しました。失業者は350万人を超えましたが，これは市町村人口第1位の横浜市とほぼ同程度の数です（2007年時点）。この間，40代，50代を中心に自殺者数も増加し，特に1998年以降は3万人を超える水準に達しました（図1.9）。

構造改革と小さな政府

　「大きな政府」か「小さな政府」かという議論は財政学の重要な論点の一つです（コラム1.1）。国家の役割を国防や警察，司法などに限定し，財政規模をできるだけ小さくするのが望ましいとする夜警国家論があります。一方，税負担が大きいかわりに社会保障制度を充実させる福祉国家論という考え方もあります。

　第2章でみますが，他の先進国と比較すると日本は必ずしも大きな政府であるとはいえません。しかしながら，特に1990年代には経済対策が行われて政府債務が増大したこともあり，政府の存在が実際以上に大きく感じられるようです。地方に対して中央省庁が比較的強い権限をもってきたことも，財政規模とは別に中央政府の存在感が大きい要因でしょう。

　最近の行財政における構造改革（第9章で学びます）は，財政規模について

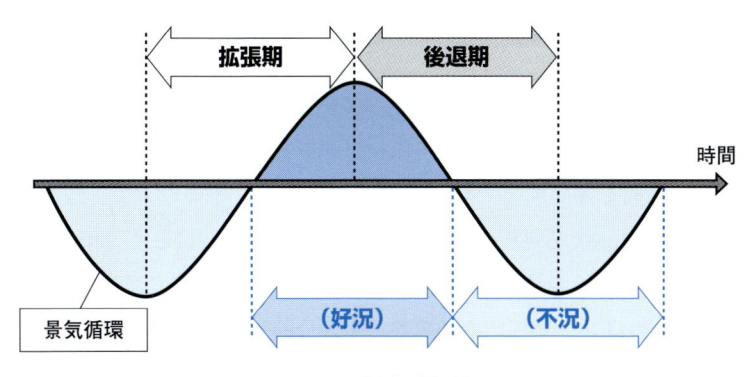

図1.8 景気循環

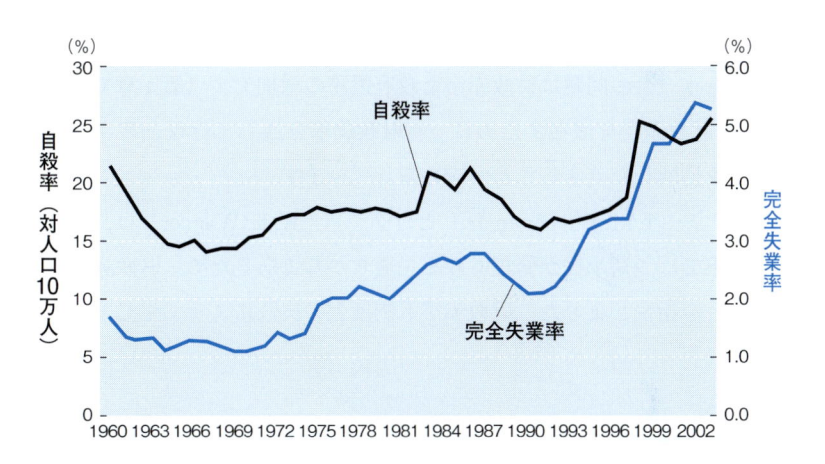

図1.9 完全失業率と自殺率
（出所）　総務省『労働力調査』，厚生労働省『人口動態統計特殊報告』

> **コラム 1.1　　大きな政府と小さな政府**
>
> オバマ米国大統領（B. Obama）は 2009 年 1 月の就任演説の中で，"The question we ask today is not whether our government is too big or too small, but whether it works."（「政府が大きすぎるか小さすぎるかではなく，それが機能しているかどうかが問われている」）と述べました。これはまさに，日本の課題でもあります。

の小さな政府を目指すだけでなく，市場メカニズムの役割を重要視し，政府の役割についても見直すものです。

政府の失敗

近年では，構造改革が公共政策のキーワードとなりました。政府の経済活動には市場の失敗を補完するという役割があります。その一方で，政府の失敗（government failure）を見直す必要も出てきたためです（詳しくは第6章と第9章で学びます）。

注目されたのは，公共部門の効率性です。公的企業に対しては，政府から補助金が出ます。そのため費用最小化の努力が行われず，経営が非効率になる傾向があります。また，公共部門は競争的でないために，サービスが不十分となることも多くみうけられます。

最近のもう一つの問題は財政赤字と政府債務の増加です（第4章で詳しく学びます）。財政赤字を減らすために，行財政改革を通じて行政をスリム化したり，歳出を抑制したりすることが求められています。

ブキャナン（J. M. Buchanan Jr.）とワグナー（R. E. Wagner）は，議会制民主主義の下では，選挙民が緊縮財政を忌避しがちであるため，財政赤字が恒常化することを指摘しました。財政赤字も制度上の失敗によって生じる場合があるのです。

日本財政の課題

近年，国民の年金への関心も大きくなっています。マスコミなどで事務処理ミスの問題が大きく取り上げられ，制度運営の問題点も指摘されました。しかし財政の根本的な問題点として少子高齢化社会における世代間の公平性というものがあります。年金給付の額が退職世代に対し過剰で，現役・将来世代が不利になる制度かどうかという点です。

国の借金が増えたこともあり，政府支出に対し「無駄な公共投資」との批判が多くなりました。このため，本来なされるべき公共投資は景気低迷下でも削減され続けました。

政府債務の問題を防ぐためには，EU（欧州連合；European Union）などで採用された財政赤字や債務発行を抑制する財政ルールが必要かもしれません。

コラム 1.2　失業率と自殺，ニート，……

p.11 の図 1.9 は完全失業率と自殺率（人口 10 万人に占める自殺者の割合）の動向を表したもので，ほぼ一致した動きとなっています。

特に不況下における 40 代，50 代男性の自殺者数増加が深刻です。40 代，50 代での自殺理由の第 1 位は経済・生活問題となっています。不況における配分の負の偏りは，まさに生死にかかわる問題なのです。

1990 年代は失業者が大幅に増加し，就業者にとっては一人当たりの仕事負担が増加しました。平均的な就業時間は減少したとしても，ここには企業の非正規雇用（アルバイトなど）や派遣社員が含まれます。仕事のストレスからくるうつ病も社会問題となりました。成果主義導入も，多くの場合は給与削減につながりました。

不況の長期化は若者にも影響を与えました。この時期の新卒学生は氷河期と呼ばれるようなきびしい就職難に直面しました。「失われた世代」ともいわれるこれらの人々には，非正規雇用者，失業者，またはニートと呼ばれる状態になった人が多くいます。1992 年の 20〜24 歳の非正規雇用比率は 10％程度でしたが，2002 年には 30％を超えました（総務省統計局『就業構造基本調査』）。

コラム 1.3　重商主義と重農主義

本文では，政府の経済活動をマスグレイブの財政の 3 機能（The Theory of Public Finance, 1959）からとらえましたが，さらに歴史をさかのぼると，政府の経済活動として重商主義や重農主義があります。

重商主義は，ヨーロッパ絶対王制下の 15 世紀後半頃からとられた商業を重視した経済政策のことをいいます。考え方は多様ですが，基本的には富の蓄積（ストック）を重視しました。富を求めた大航海も盛んになりました。

重農主義は，18 世紀フランスのフランソワ・ケネー（F. Quesnay）によってはじめられた考え方です。彼は，農業を経済生産（フロー）の根源として重視しました。この考え方では，政府の農業以外の産業政策は効果が小さくなります。

重商主義はのちに，アダム・スミスの自由放任主義（レッセフェール）や夜警国家論へとつながっていきます。

一方で，構造改革による所得格差拡大や地方の経済格差拡大を問題視する声もあります。非正規雇用の拡大など労働者間の格差拡大の他に，2007年の夕張市破綻に象徴されるような地方財政の悪化などが生じています。

政府の大きさと配分のバランスをどうするか，どのように公共部門を効率化するかなどが，政府経済活動における重要なテーマとなっています。

レッスン 1.3　財政の基礎

財政の見方の問題点

本書では日本の財政を中心に学んでいきますが，その中で，皆さんも日本の財政制度のわかりにくさに気がついていくと思います。

例えば，国が毎年どれだけ借金をし，どれだけ返済して，どれだけ利払いを行っているのかという基本的なことも，国の一般会計予算をみただけではわかりません。国の債務管理は国債整理基金特別会計が行っており，この会計もみる必要があるからです。政府関係機関や地方政府，社会保障基金などの会計もあり，それぞれ相互関係があります。

ただし，財政制度がその国の独自の形式になることは仕方がないことです。例えば，発展途上国などでは，会計を開発勘定と経常勘定とに分けて，対外援助や長期計画による開発を区別することが多くあります。この場合，似たような支出が2つの会計に振り分けられることもあるため，やはり全体像がみえにくくなります。

そこで，ここでは「財政」の基本構造について学び，わかりにくい財政構造をみるときに何がポイントとなるのかを押さえられるようにします。

行財政改革と国際基準化

最近では，世界各国で財政改革が行われています。英国やニュージーランドに代表される国における行財政改革（コラム1.4参照），EUでの財政収支抑制のルール化など，世界では財政規律化と国民による事後評価を重視する財政システム改革が行われてきました。また，1997年のアジア通貨危機などの経済危

コラム 1.4　英国の行財政改革

　英国は，かつて英国病と揶揄されるほど経済が停滞しました。保守党のマーガレット・サッチャー（M. H. Thatcher）は 1979 年に首相に就任すると，公的企業の国有化，規制緩和，金融市場自由化など様々な構造改革を行いました。これらの中には日本の構造改革のモデルとなったものも多くあります。サッチャー女史は，そのはっきりした言動や主張から鉄の女と呼ばれました。

　サッチャー女史の構造改革は痛みを伴うものでした。その間，失業率も上昇し，所得格差の問題も出てきました。人頭税課税問題を機に国民の反発が高まり，1990 年に退陣します。

　しかしながら，英国経済はその後，約 16 年にわたる長期の経済好況に恵まれました。1993 年に OECD 加盟国一人当たり GDP 順位で日本が 2 位だったとき，英国は 18 位でした。それが 2006 年に日本が 18 位まで順位を落とした中，英国は 11 位にまで上昇しました。のちに政権を握った労働党も，基本的にはサッチャー女史の経済政策路線を引き継ぎ，金融業を中心に英国経済は復活しました（ただし，2008 年の国際金融危機以降は深刻な不況に直面しています）。

　さて，日本では 2002 年に痛みを伴う構造改革をとなえ首相に就任した小泉元首相は，退任後も国民からの人気を保持しているようです。英国での構造改革の「痛み」とは何か，あるいは日本でのそれは何であったのか，皆さんも考えてみてください。

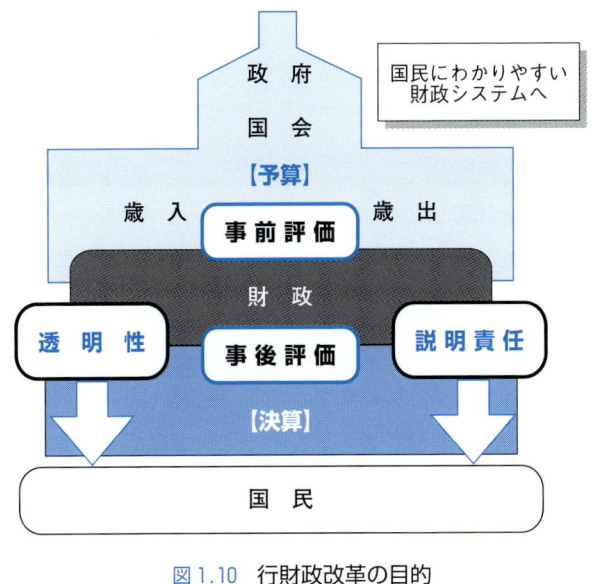

図 1.10　行財政改革の目的

機ではIMFの融資条件として，行財政改革が行われました。

これらの改革のキーワードは，政府債務や財政赤字のルール化，財政の透明性と説明責任，現金主義会計（cash basis accounting）から発生主義会計（accrual basis accounting）へ，といったものです（図1.10）。

日本でも国民の目が財政にしっかりと向くことで財政の効率化を促すことが必要になってきています。本章では，日本独自の財政制度を学ぶ前に，最近の世界の財政制度と，国際基準（グローバルスタンダード）がどのようなものなのかを学びたいと思います。国際基準をベースにすることで，日本の財政をより深くみることができるようになるでしょう。

例えば，国際通貨基金（IMF；International Monetary Fund）のGFSM2001（Government Finance Statistics Manual 2001）は各国で異なる財政統計を比較するための試みです。このマニュアルに沿って作成される統計がGovernment Finance Statistics（以下GFS）です。

GFSマニュアルは1986年に作成され，その後2001年に改訂されました。GFSは国民経済計算（SNA）に準拠し，発生主義会計（コラム1.5）を採用しています。多くの国では現金主義を採用しており，また，支出項目や歳出項目は各国異なるので，GFSではこれらを組み替えています。

以下ではGFSマニュアルに基づいて，財政の大まかな枠組みを学習していきます。

財政のおおまかな枠組み

日本の財政の会計年度は4月1日から翌年3月31日です。英語では会計年度をFiscal Yearといい，略してFYと表すことがあります。年度の期間は，国により異なります。暦の年は1月1日から12月31日までですが，この期間の場合はCalendar Yearといい，略してCYと表すことがあります。

日本の年度は4月からはじまります。学年（academic year）と同じですし，皆さんにもなじみが深いと思います。ただ，他国では必ずしもそうではないので，各国の財政統計をみる場合には少し注意が必要です。

多くの国では単年度主義会計を採用しています。予算は毎年度国会で承認され，その支出も年度内に完了する必要があります。例えば，年度末（3月）が近づくと道路工事が多くなるといった現象は，この単年度主義会計が原因との指

コラム 1.5　現金主義会計と発生主義会計

　政府の会計記述方法として現金主義と発生主義の2つがあります。現金主義は比較的シンプルな会計手法で，資金の出入りが生じた時点でその取引を記録するものです。例えば，家庭の家計簿は通常は現金主義で作成されます。毎月の給与を収入として，支出した額を順次家計簿に記録していきます。

　一方，発生主義は民間企業で一般的に用いられている会計方式です。発生主義では取引がどの時点で生じたと考えるかというところに現金主義との違いがあります。

　例えば，自動車や建物などは徐々に老朽化していくので減価分を耐用年数まで減価償却費として毎年度計上します。しかしながら，この費用には現金の支出は伴っていませんが，財から得られる便益に対応しています。発生主義会計では，資産と負債＋純資産が一致するバランス・シート（貸借対照表，図1.11）を作成し，収益と費用を示す損益計算書を作成します。

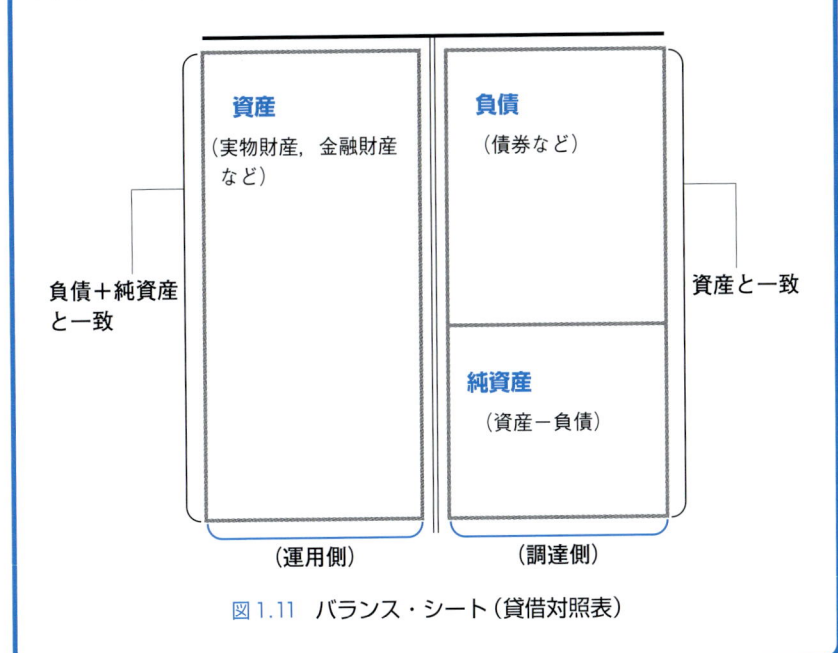

図1.11　バランス・シート（貸借対照表）

1.3　財政の基礎

摘がなされることもあります。

　国の政府全体である一般政府を考えてみましょう。一般政府には，ストックとしての資産や負債・債務があります。資産には実物財産の他に金融資産があり，借金にもいろいろな種類があります。

　資産の総額を総資産といい，借金を差し引いた実質的な資産額を純資産（資産・負債差額）と呼びます（図1.11）。負債のほうが多く純資産額がマイナスの値であれば純債務と呼ぶことがあります。

フローとストックの関係

　財政の基本構造を政府の債務（負債）が資産より大きい場合を例に，フロー（flow）とストック（stock）の関係から考えていきましょう。

　フローは，毎年度予算の政府資金の流れです。主に，収入（歳入），支出（歳出），純価値の変化（純借入れ）の3つの要素からなります。

　その残高であるストックの状態を表す計算書をバランス・シート（balance-sheet；貸借対照表）と呼びます。バランス・シートは資産と負債が一致するような会計記録（発生主義会計）であるのが特徴です。

　図1.12をみてください。ある年度の期首（年度はじめ）には前年度までの純債務（ストック）があります。政府債務は新たな借入れで増加しますが，償還により減らすこともできます。また，債務は利払いという形で財政負担を生みます。

　したがって，単年度主義のもとでは，

　　－（借入れ－償還）＝収入（税収）－一般歳出－利払い

が成立します。ここで，一般歳出は償還と利払い以外の政府支出です。

　次に純借入れを「借入れ－償還」と定義すると，期末（年度終わり）の債務（ストック）は期首の値に純借入れを足し合わせたものになります。

　　ストック期首＋純借入れ（純価値の変化）＝ストック期末

　このように，フローとストックの関係は純借入れ（純価値の変化）を示す政府の金融及び実物資産の取引でとらえることができます。

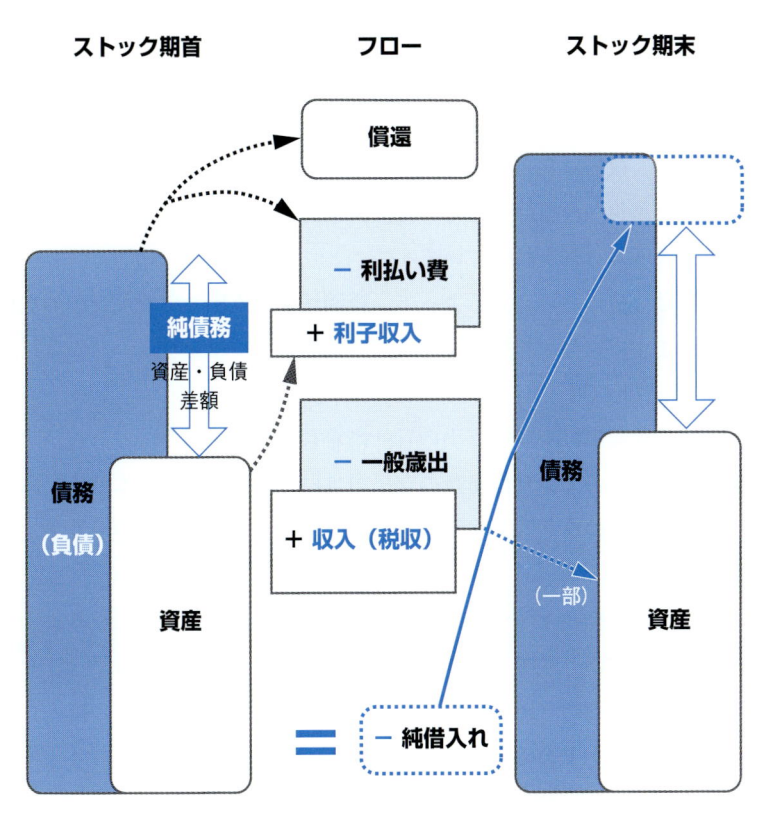

図 1.12　財政フローのおおまかな枠組み

収入と支出

政府の主な収入は税収です。税には所得税などの直接税や消費税などの間接税があります。公債発行も財政歳入となりますが、いわゆる借金ですので、いずれ返済する必要があります。一般政府で考えると社会保障の保険料も大きな収入の一つです。ただし社会保障支出とリンクしており、年金であれば年金給付の、健康保険であれば医療支出の財源となります。

発展途上国などでは贈与の役割も大きい場合があります。例えば、ODA などの海外援助によって、様々な開発を行っています。

次に支出をみていきましょう。政府の支出の特徴は一般的に市場ベースではないことです。政府は自ら生産し、配分して、支出します。

例えば、公務員への給与を考えると、公務員は政府サービスを提供しますが、その給与は政府自らが支払っています。

政府支出は、そのとらえ方によって、経済活動別支出と機能別支出の2種類が作成されます。給与（報酬）など政府経済活動の支出を種類で分類したものが経済活動別支出です。

一方の機能別支出は、政府支出の目的に着目します。例えば、それが防衛のために使用されたのであれば防衛の支出項目に分類します。日本では、国の予算は中央省庁別で編成されますが、この機能別支出に近い形での予算項目をみることができます。

収入と支出の差額がマイナスであれば、政府は借入れが必要になります。このとき、収入と支出の差額が純借入れと等しくなります（図1.13）。日本は借入れのほとんどが国内（円建て、国内債）からですが、海外からの借入れ（対外債務、外国債）が中心の国もあります。

レッスン 1.4 政府活動と国民経済

国民経済計算

政府の経済活動は財政以外に、国内総生産（GDP；Gross Domestic Product）にも計上されます。政府の活動が経済全体とどのように関わるのかを学ぶとと

収入－支出		
収　入		
税収	所得税	
	財産税	
	消費税，間接税	
	関税（国際取引）	
税外収入	行政手数料	
	資本収入，利子収入	
贈与	海外からの贈与	
社会保障負担	被用者掛金	
	雇用主掛金	
支　出		
（経済活動別）	（機能別）	
被雇用者報酬	一般政府サービス	
財・サービス支出	防衛	
資本支出	社会秩序および治安	
補助金	経済的支出	
移転支出（政府）	環境保護	
贈与	住宅および地域社会	
社会保障給付	保健衛生	
利払い費	文化・宗教	
	教育	
	社会保障	

＝

取引による純価値の変化	
非金融資産取引	
固定資産	
財産，在庫品	
有価証券	
非生産資産	
純貸付け(＋)/純借入れ(－)	
国　内	
金融資産	総貸付け
	－払い戻し
負債	－総借入れ
	＋償還
海　外	
金融資産	総貸付け
	－払い戻し
負債	－総借入れ
	＋償還

図1.13　収入・支出フロー

もに，重要な経済変数である GDP についてもこの章で確認しておきましょう。日本では「国民経済計算」として内閣府により集計されています。これは，国民勘定体系（SNA；System of National Account）として国際的標準化がなされており，日本でも 1993 年に改訂された 93 SNA に基づいた値が発表されています。

　国内総生産は，原材料費などの総産出額から中間投入額を差し引いた付加価値（value added）の合計で，ある一定期間にある国の経済において生産され市場取引された財・サービスの付加価値の総額です。

　図 1.14 は，付加価値の説明例です。ここでは製糸業者が「糸」を生産する形で原材料（綿花など）に 500（円）の付加価値をつけ，さらに繊維メーカーが「生地」を生産することで糸に 200 の付加価値をつけ，最後にアパレルメーカーが「衣服」を生産することで生地に 300 の付加価値をつけています。このときの付加価値の総額は，1,000 となります。

　「国内」総生産に対して「国民」総生産（GNP；Gross National Product）という概念があります。かつては，GDP でなく，GNP が指標として用いられていました。現在では，GNP は統計上でも扱われなくなり，国民総所得（GNI；Gross National Income）がそれに対応する統計となっています。

　国内総生産，国民総所得ともに付加価値の合計を表す言葉ですが，「国内」と「国民」の違いは，海外で日本人が働いて得ていた所得の（日本への）海外送金や保有している土地や債券などからの投資収益などを含めるか含めないかにあり，図 1.15 の（1）式の関係にあります。

　国内「総」生産に対して国内「純」生産（NDP；Net Domestic Product）というものもあります。これら総（Gross）と純（Net）の違いは，例えば，生産に用いられた資本ストックは毎期減耗していくため，修繕しなければいずれ使用できなくなります。この減耗分を生産から控除するのが純（Net）の概念です（図 1.15 の（2）式）。

三面等価，支出面，国民所得

　国民勘定体系では，生産面としての国内総生産，支出面として国内総支出，分配面としての国内（総）所得が統計上一致する体系となっており，これを三面等価と呼んでいます。

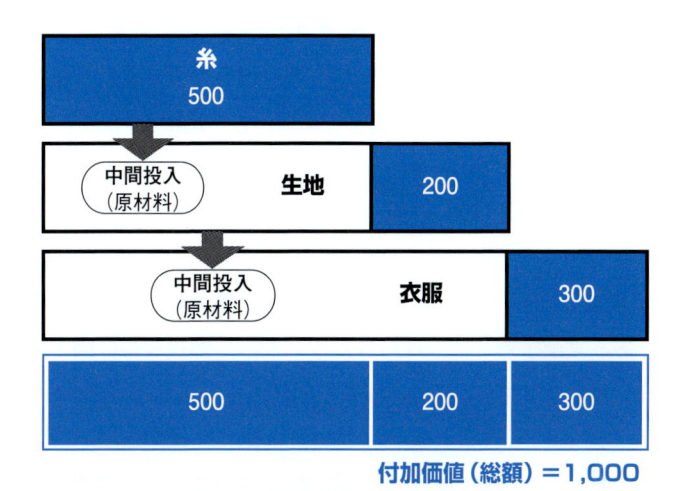

```
        糸
       500
        ↓
  中間投入    生地   200
  (原材料)
        ↓
  中間投入    衣服   300
  (原材料)

       500     200    300

              付加価値(総額)＝1,000
```

図1.14 付加価値と中間投入額
(注) ある衣服1着における付加価値の計算方法。数値例は価格。

国民経済計算体系の定義式

(1) 国民総所得GNI＝国内総生産GDP＋海外からの純要素所得

(2) 国内純生産NDP＝国内総生産GDP－固定資本減耗

(3) 国内(国民)所得＝雇用者所得＋営業余剰

(4) 国内所得(要素費用表示)＝国内純生産(市場価格表示)－純間接税

図1.15 国民総所得・国内総所得・国内所得
(注) GDPは，消費税などを含む市場で取引された価格の市場価格表示のものですが，間接税(純間接税＝間接税－補助金)を差し引くと要素費用表示となります。なお，ここでは純間接税という従来の用語を用いていますが，現在の日本の統計では「生産・輸入品に課される税」となっています。

通常、私たちが扱う GDP の値は三面等価（GDE＝GDP）を利用して導き出したものです。つまり、国民経済計算上の国内総支出（GDE；Gross Domestic Expenditure）の値を、GDP と呼んでいます。

各国別や時系列でみた政府歳出規模や、政府債務の大きさなどをみる場合対GDP比（％）を用いる場合があります。また、各国比較で対国内（国民）所得比を用いることもあります。

ここで、国内所得（DI；Domestic Income）とは、分配面からみた国内総生産であり、労働、資本、土地といった要素に対する賃金、利潤、地代などの報酬（もうけ）が含まれます。労働への報酬である雇用者所得と労働以外の生産要素への報酬である営業余剰とに分けられることから、国民所得は図1.15 の（3）式のように定義できます。

GDP には政府部門も含まれます。支出面は主に、民間最終消費支出、民間総固定資本形成、政府最終消費支出、公的総固定資本形成、財貨・サービスの純輸出からなります。

このうち、政府最終消費支出と公的総固定資本形成が政府の経済活動を示す財政指標です（これらは次章で詳しく説明します）。公的総固定資本形成は公共事業のことを意味します。

レッスン 1.5　政府の範囲

政府の範囲

政府は、中央政府（国）、地方政府と社会保障基金に区分されます。日本の場合には、各政府部門はそれぞれが完全に独立して経済活動を行っているわけではなく、中央政府から様々な形で資金の配分を受けています。例えば、地方政府（都道府県、市区町村）は地方交付税交付金や国庫支出金などの財政移転を受けます。社会保障基金も中央政府からの国庫補助を受けています。

日本の国（中央政府）の会計は、一般会計と特別会計とに分かれています（図1.16）。なお、これらの会計については次章でみますので、ここでは政府の範囲に絞って学びます。一般会計は国の中心的な会計で、歳入は主に税収と公債

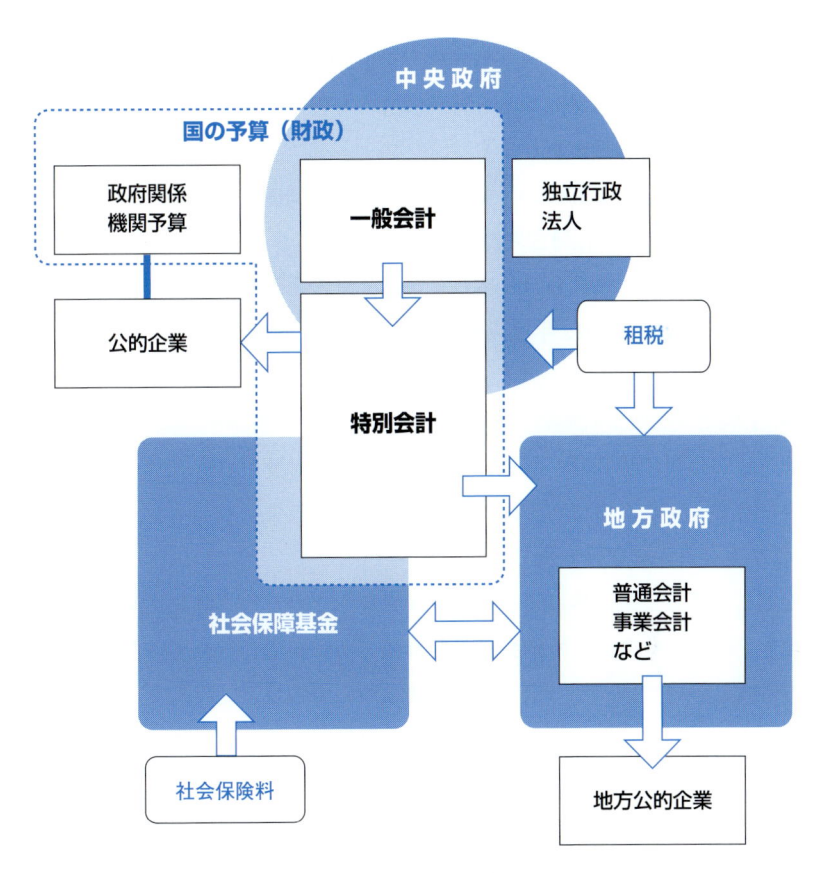

図 1.16 政府関係機関と会計の区分

金からなります。歳出は一般歳出，地方交付税交付金，国債費からなります。一般歳出には社会保障関係費，公共事業関係費などの項目が含まれます。一般会計は，基本的に中央省庁ごとに作成された予算です。予算書には経費別歳出の他に，中央省庁別歳出額があります。

特別会計は，特定の事業のために資金を保有して行っているものです。総額ベースでみると特別会計歳出規模は約368兆4,000億円（2008年度予算）と非常に大きなものです。このうち半分程度を債務管理の国債整理基金特別会計が占めます。また，社会保障基金も特別会計のものがあり，国民年金特別会計，厚生保険特別会計などがあります。

国会の議決が必要なものとして，もう一つ政府関係機関予算があります。これは，公的金融である各種公庫や特殊銀行の予算です。ただし，2008年10月の公的金融改革により株式会社日本政策金融公庫のみが対象となりました（沖縄振興開発金融公庫は2012年度以降にこの新公庫に統合予定）。

地方政府

地方政府の会計予算は，各地方公共団体（市町村及び都道府県）の議会での議決を必要とするものです。国の場合と同じく一般会計，特別会計，企業会計（公営事業会計）の区分があります。

ただし，地方公共団体によって区分が異なるため，地方財政状況の比較には重複分を除く一般会計と特別会計の純計額である普通会計を用います。また，地方財政については，地方公共団体全体についての地方財政計画が国会に提出されます。これは，国から地方への財政の移転があるためです。

国民勘定体系と政府の範囲

なお，財政と国民勘定体系（SNA）では，公共部門（＝政府）の範囲が異なります。国民勘定体系における政府は主に一般政府と公的企業からなります。一般政府は中央政府，地方政府，社会保障基金からなります。

表1.1で国民経済計算における政府の範囲を確認しておきましょう。財政上で国の予算となる特別会計は国民勘定体系では中央政府，社会保障基金，公的企業に分かれます。また，国の財政には含まれていない独立行政法人，日本銀行，公社などが政府の範囲に含まれます。

表1.1 国民経済計算における政府の範囲と分類

分類		会計区分	主な機関
一般政府	中央政府	一般会計	
		特別会計	社会資本整備事業特会（特別会計），国債整理基金特会，外国為替資金特会，交付税及び譲与税配付金特会など
		独立行政法人	国立公文書館，大学入試センター，産業技術総合研究所，国際協力機構，国民生活センター，日本貿易振興機構など
		その他	放送大学学園，日本下水道事業団
	地方政府	普通会計	学校教育，社会教育，保健衛生，失業者就労事業など
		公営事業会計	公共下水道事業，公益質屋事業
		その他	財政区，地方開発事業団，港務局
	社会保障基金	特別会計	国民年金特別会計，厚生保険特別会計など
		事業会計（地方）	国民健康保険事業（事業勘定），介護保険事業（保険事業勘定）など
		共済組合等	国家公務員共済組合・同連合会（給付経理），国民健康保険組合・同連合会（給付経理）など
		基金	年金資金運用基金など
公的企業	中央	非金融	特別会計（食糧管理，国立病院など）
		金融	日本銀行，特殊銀行，公庫，特別会計（財政融資資金，産業投資など）
	地方	非金融	普通会計（住宅事業，造林事業） 公営事業会計（上水道・簡易水道，電気，ガスなど） 公社（住宅供給，土地開発など）
		金融	公営事業会計（農業共済など）

（出所）　内閣府『平成19年版　国民経済計算年報』より作成。

地方の普通会計は地方政府に含まれますが，地方の企業会計・事業会計は地方政府の他に社会保障基金や公的企業に含まれるものがあります。したがって，社会保障基金は中央がかかわる分と地方がかかわる分の2つがあります。

　公的企業とは，原則として政府により所有かつ支配されているが，企業的管理・運営が行われている組織，あるいは会計を指します。ここには，特別会計と独立行政法人のうち私企業的な性質をもつもの，さらに公庫や特殊銀行などのような政府関係機関が含まれます。なお，国民勘定体系では公的企業ですが，一般的には公企業と呼ばれます。

考えてみよう

- 財政の3機能のうち，資源配分と所得再分配はそれぞれ何を意味しますか。
- 市場の失敗の原因のうち費用逓減産業の場合，政府はどのような介入を行いますか。
- 国民負担というときの負担には，租税の他に何が含まれますか。
- マクロ経済状況が悪化したときに，新卒学生の就職率はどうなりますか。
- 行財政改革において，透明性と説明責任，現金主義会計から発生主義会計への変化はなぜ必要と考えられますか。
- 政府歳入には税収と公債発行（借入れ）がありますが，この両者の性質の違いを，財政のストック面から説明してみましょう。
- 歳入は，経済活動別支出と機能別支出の2種類ありますが，この違いは何ですか。
- 歳出における利払い費を財政のストック面から説明してみましょう。
- 国民経済計算における三面等価とは何ですか。
- 一般政府というときには中央政府の他にどのようなものが含まれますか。
- 日本では特別会計予算は国会での承認が必要ですが，特別会計は中央政府の範囲に含まれるでしょうか。

第Ⅰ部 制度

日本の財政制度 2

　本章では日本の財政制度の概要，とりわけ国（中央政府）の財政制度について学習します。財政制度は非常に複雑ですので，本章では「大枠」について解説をします。具体的には，「公共部門の範囲」「予算制度」「政府の大きさと歳出の現状」という順序で，日本の財政の枠組みと現状を説明します。

> レッスン
> 　2.1　財政の仕組み
> 　2.2　予算の概要
> 　2.3　予算過程
> 　2.4　予算のなかみ

レッスン 2.1 財政の仕組み

財政制度

日本では，憲法第7章財政の基本原則をもとに多くの法律が作られています。中心となるのが財政法で，そこでは健全財政主義がうたわれています。日本の財政制度は，支出の計画を立ててそれを実施する予算制度，租税の調達に関する租税制度，予算の経理を定めた会計制度などについて，細かな法令が定められており，その仕組みは複雑です。

図2.1は財政の仕組みを表しています。政府は租税を国民から徴収し，それを公共サービスとして国民に還元します。租税には，国が徴収する国税（所得税（個人所得税，法人税）や消費税など）や，地方自治体が徴収する地方税などがあります。また，政府サービス料金などの形で国民から収入を得ることもあれば，政府がもつ資産からの運用収入もあります。

このほか，市場から資金調達を行うことも多くあります。例えば，国は国債を発行しています。かつては国の第2の予算とも呼ばれた財政投融資がありました。これは主に（旧）郵便貯金からの資金調達で，大蔵省（現財務省）の資金運用部が管理し，特殊法人や地方政府に貸付けを行うものでした。

財政投融資制度は2001（平成13）年度に改正されて，郵便貯金等は市場運用されることになりました。現在では，財投債（国の保証付き）が市場で発行されています。また，個別の政府機関は財投機関債（国の保証なし）を発行しています。さらに郵政民営化も行われました。

政府会計の単位

前章でもみたように，政府の会計単位として，国には一般会計，特別会計があり，地方には普通会計や事業会計があります。また，公的企業にも議会の議決を必要とするものがあり，国では政府関係機関予算があります。

これらの会計は，互いが資金の移転を行っています。そのため，政府全体の予算をみる場合には単に合計値だけをみるのではなく，重複分を除く純計値をみることで，本来の財政規模を知ることができます。

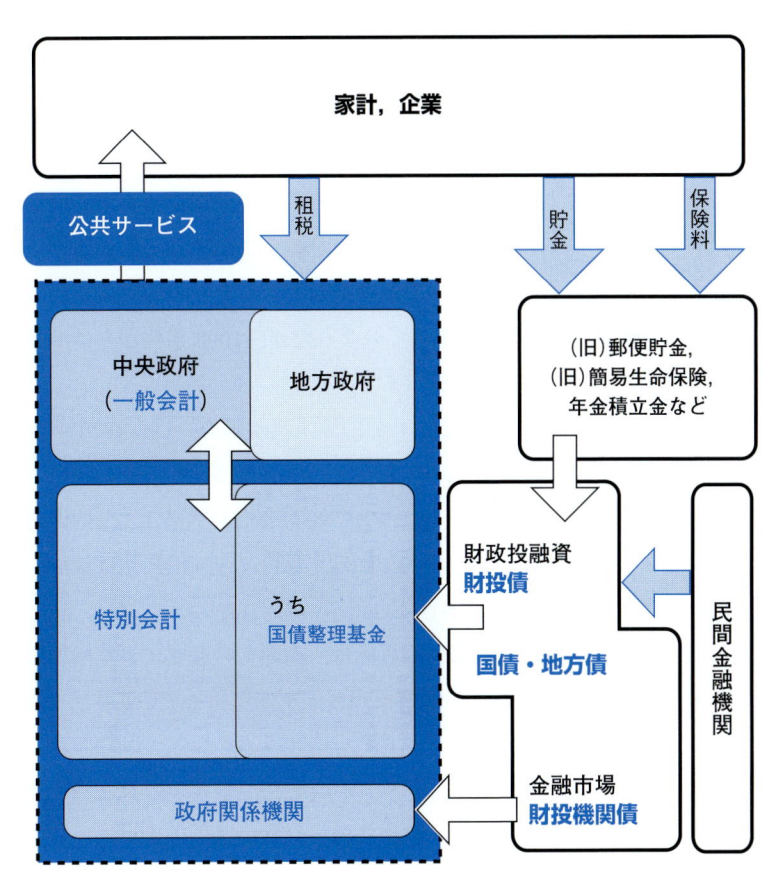

図 2.1 財政の仕組み

例えば，警察（都道府県），消防（市区町村），教育（市区町村，都道府県）など国民が直接受ける公共サービスは，地方政府が窓口です。地方政府は自主財源である地方税の他に，地方交付税交付金や国庫支出金のような形で国からの財政移転を受けており，これらの移転収入が地方政府の公共サービスをささえています。

政府支出の規模

図2.2には，日本の政府支出と社会保障移転の国内総生産（GDP，2006年度名目GDPは約511兆9,000億円）に占める規模を示しました。

国防予算や，文教および科学研究費など政府の消費的支出である政府最終消費支出は対GDP比10%以上を占めており，近年ではほぼ20%近い水準で推移しています。政府による投資活動（公共事業など）にあたる公的固定資本形成は，おおよそ6%から8%程度を占めていましたが，1990年代からは減少傾向にあり，2006年度で4.3%となっています。

政府支出（計，政府最終消費支出＋公的固定資本形成）は，1970年度から1980年度にかけて対GDP比が15.6%から23.0%へと増加し，その後はおおむね20%超です。1990年代はほぼ一定ですが，2000年代に入ると，公的固定資本形成の減少がより大きくなったため，政府支出（計）の対GDP比は減少しています（2006年度では111兆円（名目値））。

公的年金や失業保険などの社会保障移転は，高齢化の進展により増加の一途を辿り，最近では17%を超えて，政府支出と同水準となっています。

租税負担の規模

図2.3は，税負担の大きさを示す租税負担率（対国民所得比（%）で計ります）の推移です。国税と地方税を合わせた負担率は対国民所得比でおおよそ20%前後，多いときでも30%を超えない水準で推移しています。国税の負担率のみでは，おおよそ15%前後で推移しています。

地方税の負担率はおおよそ7%から8%程度で推移しています。

租税負担額は増減税や景気の良し悪しで変わります。1990年代の租税負担率の低下は，景気低迷による税収減と数度発動された減税政策が要因と考えられます。また，景気が後退した場合には，国民所得比の負担率が一定のままで

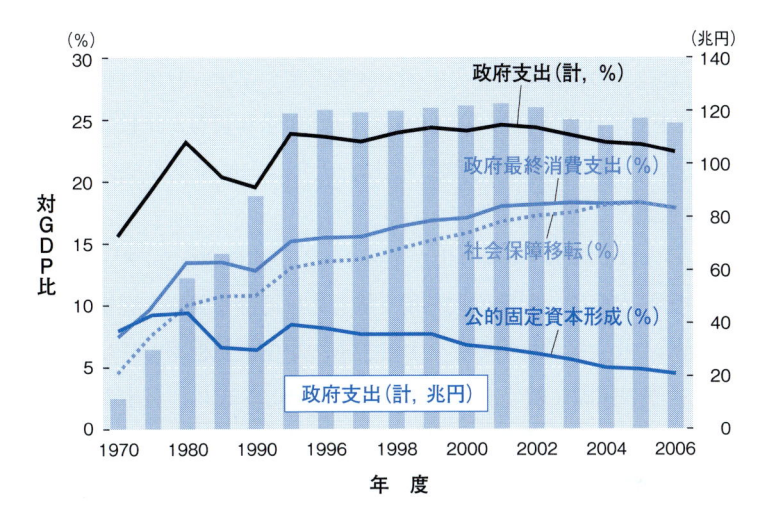

図 2.2　政府最終消費支出，資本支出および社会保障移転の推移

（注）　1995年度までは5年度毎，それ以降は毎年度。政府支出（計）は政府最終消費支出と公的固定資本形成の合計値。
（出所）　財務省『平成18年度版　財政統計』。

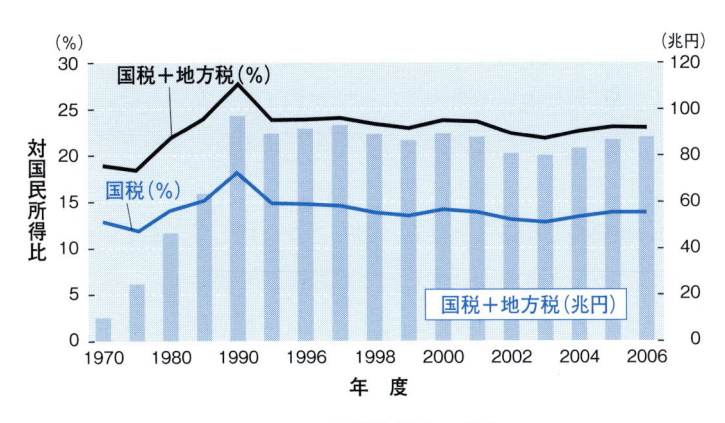

図 2.3　租税負担率の推移

（注）　1995年度までは5年度毎，それ以降は毎年度。
（出所）　財務省『平成18年度版　財政統計』。

2.1　財政の仕組み

も税の負担額は減少します。

国際比較

図2.4では政府の規模を主要先進国と比較しています。日本は政府最終消費支出（対GDP比）は大きいほうではありません（公務員数が比較的少ないことなどによる）。一方，公的固定資本形成は，近年は削減が進んでいますが，国際比較では依然として高い水準です。

ただし，日本はその国土条件（山が多い，国土が細長いなど）や自然条件（地震が多いなど）が悪く，国際比較を行う場合には冷静な判断が必要です。

租税負担率と社会保障負担率を合わせたものを国民負担率と呼びます。図2.5は国民負担率の国際比較です。2008年度（見通し）では，日本の国民負担率は40.1％で，ヨーロッパ諸国よりも低く米国とほぼ同等です。「福祉国家」と呼ばれるスウェーデンは70.7％にも達しています。

日本の租税負担率は25.1％で，米国とほぼ同等，ヨーロッパ諸国よりは低い値です。

社会保障負担率は米国の8.9％や英国の10.8％よりも大きい15.0％です。ただし，米国は日本と異なり民間の健康保険への加入が中心であるため，実際の負担はより大きいはずです。また，英国は無料の国民医療サービスを実施しているため，その財源のほとんどが社会保障負担ではなく一般財源（租税）です。したがって，日本の社会保障負担率は国際比較で特に高いとはいえません。

ところで，国民への負担を調べる際に財政赤字の負担率を含めた潜在的国民負担率（＝国民負担率＋対国民所得比財政赤字）をみることがあります。財政赤字は将来の税負担となることから，潜在的な負担と考えます。ただし，財政赤字は年度によって大きく変化することに注意が必要です。

日本の潜在的国民負担率は43.5％です。2004年度以降，財政赤字の緩やかな改善により国民所得と潜在的国民負担率との差は小さくなりました。とはいえ，日本には過去に発行した公債の負担が残されています。

これらの負担率は公共サービスの大小と関係します。通常は，負担率が大きいと，医療，教育，年金などの社会保障サービスが多いことを意味します。一方で，政府支出に利払い費などの債務負担が増え，その財源として増税が行われた場合は公共サービスが増加するわけではありません。負担率をみる場合に

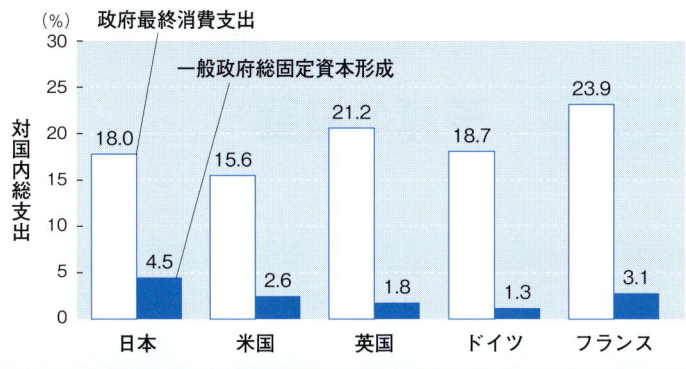

政府最終消費支出/一般政府総固定資本形成（対国内総支出）

	日本 2004年度 兆円	米国 2003年 兆ドル	英国 2004年 兆ポンド	ドイツ 2004年 兆ユーロ	フランス 2004年 兆ユーロ
政府最終消費支出	892.9	17.13	2.47	4.13	3.94
一般政府総固定資本形成	240.2	2.86	0.21	0.31	0.52
国内総支出	496.2	109.51	11.60	2.07	16.48

図2.4　政府規模の国際比較

（注）　98SNA（米国のみ68SNA），日本は年度，外国は暦年。
（出所）　財務省『平成18年度版　財政統計』より作成。

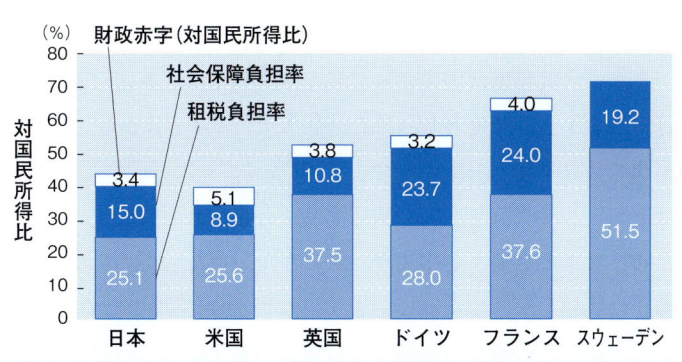

財政赤字（対国民所得比）／社会保障負担率／租税負担率（対国民所得比）

日本	米国	英国	ドイツ	フランス	スウェーデン
3.4 / 15.0 / 25.1	5.1 / 8.9 / 25.6	3.8 / 10.8 / 37.5	3.2 / 23.7 / 28.0	4.0 / 24.0 / 37.6	19.2 / 51.5

	日本 2008年度	米国 2005年	英国 2005年	ドイツ 2005年	フランス 2005年	スウェーデン 2005年
国民負担率	40.1	34.5	48.3	51.7	62.2	70.7
潜在的国民負担率	43.5	39.6	52.1	54.9	66.2	70.7

図2.5　国民負担率の国際比較

（注）　日本は2008年度見通し，諸外国は2005年（暦年）実績。
（出所）　財務省ウェブページ資料より作成。

は，その背後にある純負担への認識が重要です。

レッスン2.2　予算の概要

予算原則と予算形式

　予算とは，公共部門におけるある期間の収入と支出の見積りのことを指します。予算は，国家予算であれば国会，地方予算であれば地方議会の審議・承認を通じて策定されます。このような予算の制度は，選挙によって選ばれた議員が予算を審議し決定することから，財政民主主義と呼ばれます。

　財政民主主義のもとでは，いくつかの予算原則が求められます。主なものはポイント2.1にあるものです。

　日本の財政の大まかな枠組みは前章でも述べましたが，国及び地方公共団体の予算は通常は1年間が期間となり，会計年度ごとに作成することになっています。数カ年にまたがる予算の作成が原則として認められていないことを予算の時間的限定性（単年度主義）といいます。

　日本では財政法第11条に会計年度が4月1日から翌年3月31日までと定められています。会計年度は国によって異なり，例えば，英国やカナダは日本と同様4月からを1会計年度とし，ドイツやフランスは1月から，米国は10月からの1年間を会計年度としています。

　予算は原則として当該年度内で消化することが求められます。しかしながら，完成のために数年度を要する事業や，避けがたい事故のために支出が完了しなかった場合に繰越しが認められています。また，事務処理のため，4月末ないしは5月末まで過年度の現金の収納または支払いをすることのできる過年度収入および過年度支出も認められています。

　国会に提出される国の予算の形式は，財政法によって定められています。ポイント2.2のように，予算の内容はこの5つで構成されます。

　このうち，予算の本体となるのが歳入歳出予算です。その総括的な内容は予算総則に記載されることになっています。

　その他の3つは予算原則の例外部分として記載されるものです。繰越明許費

◆ポイント2.1　主な予算原則

(1) 完全性（総計予算主義）……歳入と歳出は予算に計上されなければならない。
(2) 明瞭性……国民にとってわかりやすい予算。
(3) 公開性……予算の国民への公開。
(4) 単一性……歳入と歳出を単一の予算に計上する。
(5) 厳密性……できるだけ厳密に予算編成する。
(6) 事前議決……会計年度開始前の国会での承認が必要。
(7) 量的限定性（会計年度独立）……歳出は予算（歳入）の範囲内に限る。
(8) 時間的限定性（単年度主義）……会計年度を（通常）1年とする。

◆ポイント2.2　予算の形式

(1) 予算総則……予算全般の総括的な規定。
(2) 歳入歳出予算……予算の本体。歳入は，これを上回ってもいいが，歳出は上限であるため，これを上回ってはならない。
(3) 継続費……何年も継続する事業（例えば防衛関係費の艦艇建造費）についても認められている。
(4) 繰越明許費……年度内に支出が終わる見込みのないものについて翌年度への繰越が認められているもの。
(5) 国庫債務負担行為……年度内に契約を結んでおく必要があるが，実際の支出は翌年度以降にずれ込む場合に，契約が先にできるようにすること。

は会計年度独立の例外で，継続費と国庫債務負担行為は単年度主義の例外です。

一般会計

国の予算は主に一般会計，特別会計，政府関係機関予算の3つに分けられます。このうち一般会計予算がいわゆる「国の予算」になります。ここには，社会保障，教育，公共事業などの基本的な政策経費が含まれます。

図2.6は，このうちの一般会計と特別会計の構成比率を示したものです。実は，一般会計予算は，国庫の歳出予算のうち20%程度に過ぎません。

歳出予算のうち大半は，道路整備や港湾整備などの公共事業特別会計，国民年金特別会計，交付税及び譲与税配布金特別会計などの特別会計予算で占められています。

特別会計

特別会計予算とは，特定の事業を行う，ないしは特定の資金を保有してその運用を行う場合の予算のことです。大まかには政府が特定の事業を行うための事業特別会計，特定の資金を運用するための資金運用特別会計，その他の3つに分類されます（図2.7）。

特別会計は改革が進められているところであり，2006年度の31から2011年までに17へ縮減されることになっています（詳細は第9章参照）。

特別会計へは一般会計からの繰入れがあり，合計を総額でみると重複分が生じます。実際の政府の規模は純計で知ることができます。図2.6をみると，純計では一般会計規模が81兆円，特別会計が155兆6,000億円（2008年度予算）となっています。

総額ベースでみると，特別会計歳出規模は368兆4,000億円と非常に大きなものですが，このうち半分程度を国債整理基金特別会計が占めます。純計ベースの178兆3,000億円のうち国債償還費と利払い費が89兆円を占めます。

政府関係機関予算

資本金が全額政府出資である政府関係機関の予算が政府関係機関予算であり，国会の議決が必要です。2006年度までは国民生活金融公庫や日本政策投資銀行など6公庫2銀行がありました。その後，2006年に住宅金融公庫が廃止され，

歳　入

一般会計　純計　81.0兆
一般会計　総額　83.1兆
重複分
総額　477.4兆
特別会計　総額　394.3兆
特別会計　純計　155.6兆

一般会計＋特別会計
純計　236.6兆

歳　出

一般会計　純計　34.2兆
一般会計　総額　83.1兆
重複分
総額　451.5兆
特別会計　総額　368.4兆
特別会計　純計　178.3兆

一般会計＋特別会計
純計　212.6兆

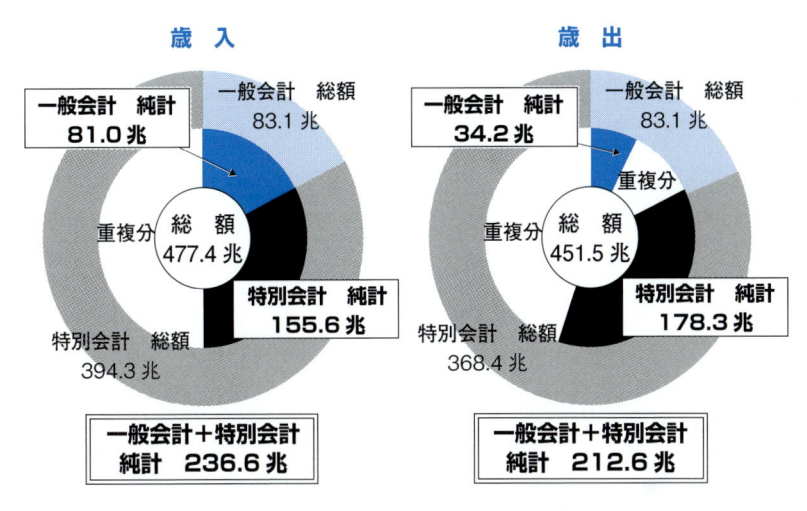

図2.6　国庫歳出規模（2008年度）

（注）　2008（平成20）年度予算・歳入。歳入と歳出の差は前倒しの償還費用など。
（出所）　財務省ウェブページ「特別会計のはなし（平成20年6月）」より抜粋。

特別会計（全17特別会計）

事業特別会計（12）

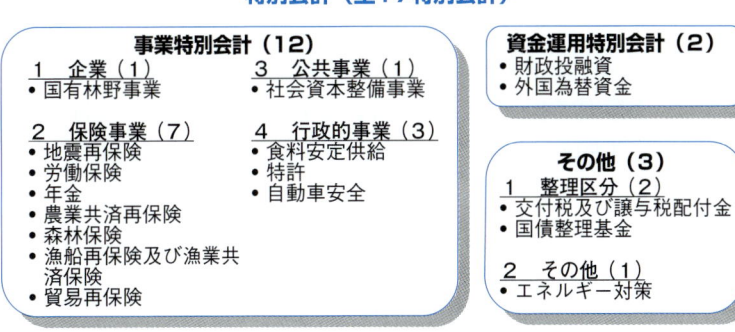

1　企業（1）
・国有林野事業

2　保険事業（7）
・地震再保険
・労働保険
・年金
・農業共済再保険
・森林保険
・漁船再保険及び漁業共済保険
・貿易再保険

3　公共事業（1）
・社会資本整備事業

4　行政的事業（3）
・食料安定供給
・特許
・自動車安全

資金運用特別会計（2）
・財政投融資
・外国為替資金

その他（3）

1　整理区分（2）
・交付税及び譲与税配付金
・国債整理基金

2　その他（1）
・エネルギー対策

図2.7　特別会計の種類（設置要件別）

（注）　上記分類は，平成19年3月に成立した「特別会計に関する法律」に基づいて設置される17特別会計（平成23年度時点）に係るもの。
2006（平成18）年度予算では31特別会計であったが，2011（平成23）年度までに17の特別会計に統廃合される予定。
（出所）　財務省ウェブページ「特別会計のはなし（平成20年6月）」より抜粋。

2008年10月の政策金融改革により大幅に統廃合され，現在は株式会社日本政策金融公庫などだけです（詳細は第9章参照）。

当初予算と補正予算

以上の予算は，年度はじめに決定する予算であるため，**本予算**あるいは**当初予算**とも呼ばれます。

何らかの理由で本予算が成立しないときに，成立までの間の必要な経費を支出できるように組まれる予算を**暫定予算**と呼びます。当該年度の本予算が成立すると失効し，本予算に吸収されます。

予算成立後，会計年度の途中で自然災害や景気の悪化などの事情で歳出の追加や内容の変更を行う予算のことを**補正予算**といいます。通常は年度に1回ですが，2，3回と補正が行われたときもあります。特に日本の場合には，補正予算は経済対策の中心的な役割を果たしてきました。

レッスン 2.3　予算過程

予算案の編成

日本では，**予算編成権**は**内閣**に属していますが，実際の予算の編成は**財務省**が行います。図2.8は予算成立までの流れを2007（平成19）年度予算の場合を例に時間軸に沿って示しています。

各中央省庁は，5月頃から見積りを開始し，8月末までに**概算要求**を財務省に提出します。概算要求基準のもととなるのが**経済財政改革の基本方針**です（2007年に，経済財政運営と構造改革に関する基本方針から名称変更）。一般的には**基本方針**2007や**骨太の方針**2007と呼ばれます。

基本方針は経済全般の運営や財政運営の基本方針などを調査審議する**経済財政諮問会議**（内閣府，2001年設置）でとりまとめられ，その後閣議決定されます。経済財政諮問会議は内閣総理大臣を議長として，経済財政関係閣僚5名，日本銀行総裁，4名の民間議員から構成されるもので，予算編成において総理大臣がリーダーシップを発揮する場としての役割をもっています。

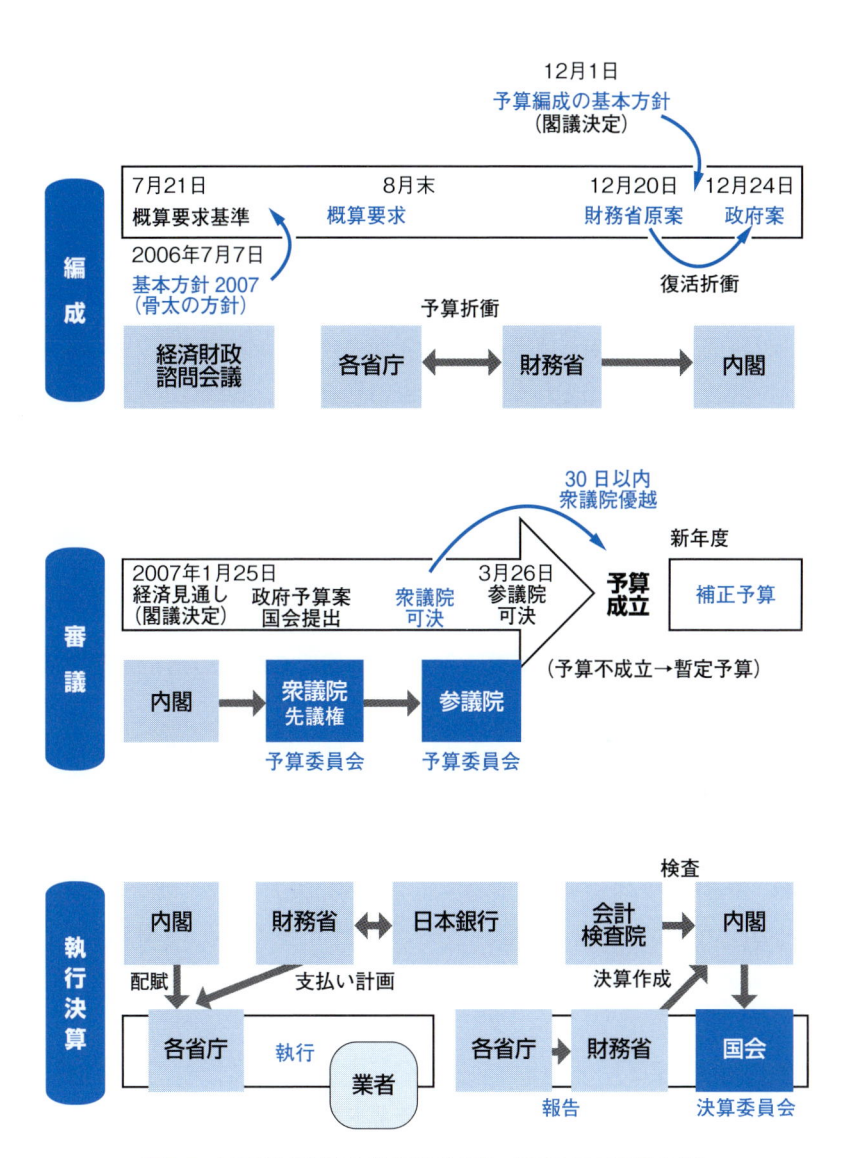

図 2.8 予算編成過程と執行の仕組み（2007 年度予算の例）

その他，財政制度や予算編成に対して建議（意見書）を提出する諮問機関として財政制度審議会があり，この建議も予算編成に反映されます。また，税制調査会は租税制度に関する答申を行う審議会です。

次に，各中央省庁と財務省主計局との間で予算折衝が行われます。ここで確認しておきたいのは，わが国の予算には，前年度予算を出発点として編成が行われる増分主義予算の特徴があることです。増分主義予算のもとでは，いったん予算として認められたものは，その後も継続される性質をもちます。

財務省は予算折衝をもとに12月下旬に財務省原案をとりまとめます。12月末にそれをもとにした政府予算案が閣議決定されます。

翌年の1月には，予算の前提となる次年度の経済状況経済見通しと経済運営の基本的態度が閣議決定されます。この経済見通しは，税収見込み計算の基礎となり，政府の経済予測としての側面も意識されます。

予算案の審議

経済見通しが閣議決定されると，政府予算案は国会に提出されます。予算案は衆議院から審議され，衆議院本会議で成立後に参議院に送付されます。予算案を審議する場所が各院の予算委員会です。参議院で審議・可決後に予算は成立します。

通常，3月末までに予算案は可決され4月1日から新年度予算が執行されます。予算に関しては衆議院の優越が認められています。

その一つは先議権で，参議院よりも先に衆議院で審議されることです。もう一つは，衆議院での可決後に参議院で30日以内に議決されない場合，衆議院の議決が国会の議決となり，自然成立することです。そのため，予算が3月2日までに衆議院で議決するかどうかも注目されます。

予算の執行と決算

予算成立後，直ちに内閣から各省庁に予算が配分されてはじめて執行となります。歳入については，予想以上に増加することもあります（「税の自然増収」）。ただし歳出については，その枠を超えてはならず，また未消化が発生すると翌年の概算要求での査定が厳しくなるので，使い残さないようにするインセンティブが働くとの問題点があります。

コラム2.1　予算のPDCAサイクル

　日本の予算は増分主義の特徴をもちますが，その一方で予算内容の検証を通じ，翌年度の予算編成に反映する努力はなされています。

　予算の編成（Plan）→執行・決算（Do）→評価・検証（Check）→翌年度の予算編成への反映（Action），という一連のサイクルは，予算におけるマネジメント・サイクル（PDCAサイクル）ととらえられます（図2.9）。

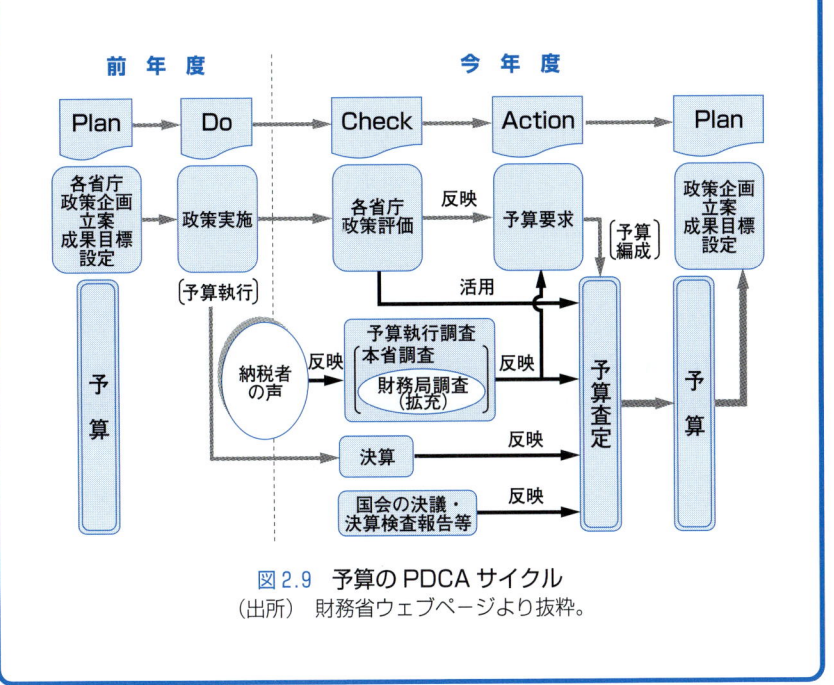

図2.9　予算のPDCAサイクル
（出所）財務省ウェブページより抜粋。

決算の検査は，会計検査院によってなされ，議院の決算委員会で審議されます。その際，不適切な予算の執行がみられたとしても，執行自体の効力が失われることはありません。

レッスン 2.4　予算のなかみ

国の一般会計

一般会計予算を 2008（平成 20）年度予算（図 2.10 および図 2.11）を例にとってみていきたいと思います。2008 年度当初予算では，歳出は約 83 兆 1,000 億円を見積もっています。

歳出のうち，一般歳出は約 47 兆円ですが，そのうち半分弱程度の約 22 兆円が社会保障関係費です。一般歳出以外をみると，地方自治体への使途を特定しない一般補助金である地方交付税交付金が約 15 兆 6,000 億円です。また，国債の償還のための財源である国債費が約 20 兆円となっています。国債費と地方交付税交付金を合わせると全体の 40％以上にもなります。地方交付税交付金と国債費は，既定の政策や制度の下で支出せざるをえない経費です。

歳入の合計は同じく約 83 兆 1,000 億円です。その中心は所得税や消費税などの租税及び印紙収入で，約 54 兆円と見積もられています。2008 年度予算ではこの割合が 64.5％に過ぎません。残りのほとんどを国の借金である国債（公債金収入）に依存せざるをえない状況にあります。この公債金収入は財政赤字額と同一になります（ただし，グロス（総計）でみた場合です。厳密には，歳出のうち国債費に債務償還費が含まれているため，ネット（純計）の財政赤字は公債金収入よりも小さくなります）。

歳出総額に占める国債発行額の割合を公債依存度といい，国の財政がどれだけ借金に依存しているかを表す指標として用いられます。公債依存度は近年大きなものになっています。1990（平成 2）年度には，公債発行額は約 7 兆 3,000 億円（決算），公債依存度は 8.4％と，公債金収入への依存が現在よりも小さいものでした。しかしながら，1995（平成 7）年度に公債依存度は 17.7％（発行額約 21 兆円）とわずか 5 年の間に 2 倍になりました。そして，2000（平成 12）年

(単位　億円, %)

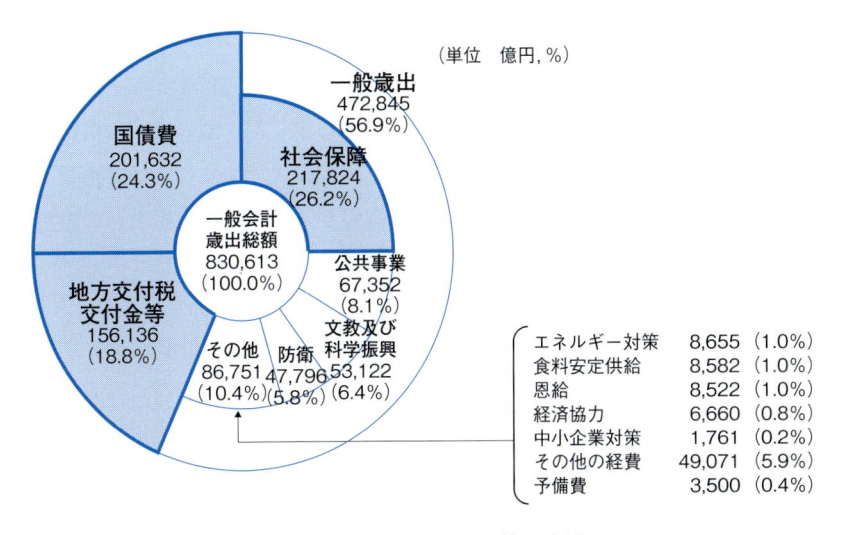

図2.10　一般会計歳出予算の内訳

一般会計歳出総額 830,613 (100.0%)
- 一般歳出 472,845 (56.9%)
  - 社会保障 217,824 (26.2%)
  - 公共事業 67,352 (8.1%)
  - 文教及び科学振興 53,122 (6.4%)
  - 防衛 47,796 (5.8%)
  - その他 86,751 (10.4%)
- 国債費 201,632 (24.3%)
- 地方交付税交付金等 156,136 (18.8%)

その他の内訳:
- エネルギー対策　8,655　(1.0%)
- 食料安定供給　8,582　(1.0%)
- 恩給　8,522　(1.0%)
- 経済協力　6,660　(0.8%)
- 中小企業対策　1,761　(0.2%)
- その他の経費　49,071　(5.9%)
- 予備費　3,500　(0.4%)

（出所）財務省『財政金融統計月報　平成20年度予算編』より抜粋。

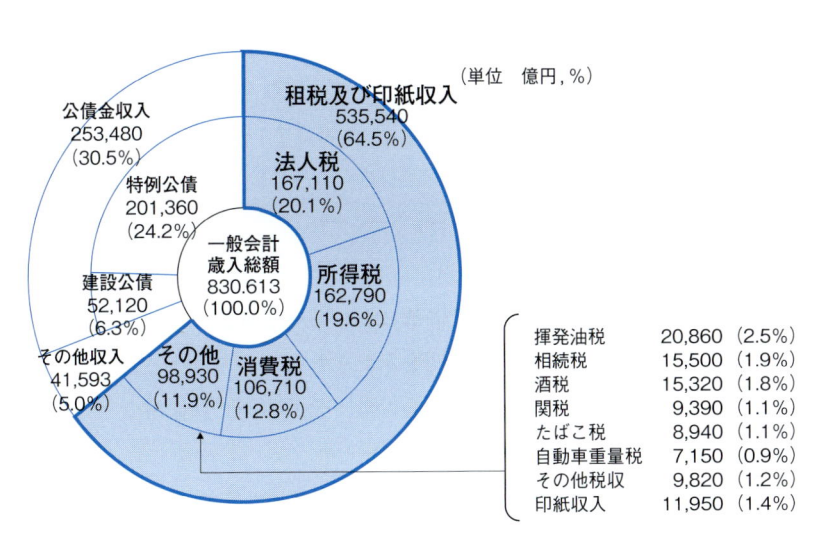

図2.11　2008（平成20）年度の歳入予算

(単位　億円, %)

一般会計歳入総額 830,613 (100.0%)
- 租税及び印紙収入 535,540 (64.5%)
  - 法人税 167,110 (20.1%)
  - 所得税 162,790 (19.6%)
  - 消費税 106,710 (12.8%)
  - その他 98,930 (11.9%)
- 公債金収入 253,480 (30.5%)
  - 特例公債 201,360 (24.2%)
  - 建設公債 52,120 (6.3%)
- その他収入 41,593 (5.0%)

その他の内訳:
- 揮発油税　20,860　(2.5%)
- 相続税　15,500　(1.9%)
- 酒税　15,320　(1.8%)
- 関税　9,390　(1.1%)
- たばこ税　8,940　(1.1%)
- 自動車重量税　7,150　(0.9%)
- その他税収　9,820　(1.2%)
- 印紙収入　11,950　(1.4%)

（出所）財務省『財政金融統計月報　平成20年度予算編』より抜粋。

2.4　予算のなかみ

度には，公債依存度は 38.4%（発行額約 33 兆円）に達し，収入の 4 割弱を借入れに依存することとなりました。

歳　入

表2.1 には，一般会計歳入の推移について示しました。国の歳入の根幹をなすのが，いわゆる「税収」にあたる租税及び印紙収入です。これは国税収入に印紙収入を合計したものです。租税は，所得税や法人税，相続税などの直接税と，消費税，酒税，たばこ税などの間接税からなります（租税については，詳しくは次章で解説します）。

租税及び印紙収入は，1990（平成 2）年度決算で約 60 兆円と，歳入全体の 80% 以上を占めていました。しかしながら，1990 年代以降の減税や長期不況のため，2002 年度では約 44 兆円にまで落ち込んでいます。一方，歳出は拡大しているため，国の借金である公債金収入が増加してきたことがわかります。

このように税収は経済状況によって大きく変動します。ところが，政府が予算を国会に提出する時点では，その後 1 年間の経済状況を正確に予測できるわけではありません。

表2.1 では，租税及び印紙収入の当初予算，年度中に予算を見直す補正予算後，年度後の決算のそれぞれの額を示しています。灰色の帯の年度では当初の見積りよりも税収が少なくなっています（1 兆円以上）が，おおむね景気後退期と重なっています。

歳　出

表2.2 には，2008（平成 20）年度予算における一般歳出の主要経費別内訳，金額及び構成比（%）および項目説明を示しました。

国の一般会計の歳出項目のうち，社会保障，公共事業，防衛費などの国の政策経費を一般歳出といいます。

最も大きな割合を占めるのが社会保障関係費で，一般歳出の 26.2%（約 22 兆円）占めます。この中には，社会保険，生活保護，社会福祉，失業対策，保健衛生など，主に国民の福祉のために用いられる経費が含まれます。少子高齢化の進展に伴い多くの金額が社会保障関係費に充てられています。

2 番目に大きな割合を占めるのが，公共事業関係費です。内訳は，住宅都市環

表2.1 一般会計歳入の推移

(兆円)

年度		歳入総額	租税・印紙収入				公債金	その他
			当初予算	補正後	決算	決算−当初		
1965	昭和40	3.7	3.3	3.0	3.0	−0.2		
1970	45	7.9	6.9	7.2	7.3	0.4	0.4	0.6
1975	50	21.3	17.3	13.5	13.8	−3.6	2.0	1.9
1980	55	42.6	26.4	27.1	26.9	0.5	14.3	1.9
1985	60	52.5	38.6	38.1	38.2	−0.4	11.7	2.3
1990	平成2	66.2	58.0	59.1	60.1	2.1	5.6	2.6
1991	3	70.3	61.8	59.0	59.8	−2.0	5.3	3.2
1992	4	72.2	62.5	57.6	54.4	−8.1	7.3	2.4
1993	5	72.4	61.3	55.7	54.1	−7.2	8.1	2.9
1994	6	73.1	53.7	50.8	51.0	−2.6	13.6	5.8
1995	7	71.0	53.7	50.7	51.9	−1.8	12.6	4.7
1996	8	75.1	51.3	51.7	52.1	0.7	21.0	2.7
1997	9	77.4	57.8	56.2	53.9	−3.9	16.7	2.9
1998	10	77.7	58.5	50.2	49.4	−9.1	15.6	3.6
1999	11	81.9	47.1	45.7	47.2	0.1	31.1	3.7
2000	12	85.0	48.7	49.9	50.7	2.1	32.6	3.7
2001	13	82.7	50.7	49.6	47.9	−2.8	28.3	3.6
2002	14	81.2	46.8	44.3	43.8	−3.0	30.0	4.4
2003	15	81.8	41.8	41.8	43.3	1.5	36.4	3.6
2004	16	82.1	41.7	44.0	45.6	3.8	36.6	3.8
2005	17	82.2	44.0	47.0	49.1	5.1	34.4	3.8
2006	18	79.7	45.9	50.5	49.1	3.2	30.0	3.8
2007	19	82.9	53.5	52.6			25.4	4.0
2008	20	83.1	53.6				25.3	4.2

(出所) 財務省『財政統計』。

境整備，道路整備，治山治水など，主に政府による土木・建築工事がこの中に含まれます。公共事業については，その内容に「無駄なもの」が多いとの批判がしばしばなされます。この点を踏まえ，投資効果の高い事業への重点化や費用便益分析の活用や事業実施の見直しなど，公共投資の構造改革が議論されています。

その次に大きな比率を占めるのが文教及び科学振興費で，主に教育や研究開発にかかわる事業に対する予算が含まれます。教育振興，義務教育，科学技術振興などからなります。

国内のみならず，世界各国とのかかわりが強い費目もあります。一つは，国防のための政策経費である防衛関係費です。防衛関係費については，基本的には防衛関係費を（旧）GNPの1％以内に抑制するという「対GNP比1％枠の原則」が現在も基本になっています。防衛関係費は約25万人（2005年度）の自衛隊員の人件費が多く占めますが，この人数は全国の警察官の数とほぼ同じです。

経済協力費は，途上国に対する政府開発援助（ODA；Official Development Assistance）や国際機関への拠出などにかかわる予算です。1991（平成3）年度以降2000（平成12）年度までは日本のODAは世界1位であり，2006（平成18）年度までは世界2位でした。このように，日本は積極的に対外援助を行ってきました。

一般歳出以外の国債費や地方交付税交付金については，それぞれ第4章と第5章で詳しくみることにします。

表2.2 予算歳出項目の概要

	項　目	予算額(兆円)	構成比	説　明
	総　額	83.1	100	
	社会保障関係費	21.8	26.2	生活保護，社会福祉，社会保険，医療など
	文教及び科学振興費	5.3	6.4	小・中学校人件費，文教施設設備，教科書，大学補助，科学技術振興
一般歳出	恩給関係費	0.9	1.0	旧軍人遺族等恩給など
	防衛関係費	4.8	5.8	自衛隊経費，在日米軍駐留支援など
	公共事業関係費	6.7	8.1	住宅都市環境，道路，下水道，治水・治山，農業設備など
	経済協力費	0.7	0.8	政府開発援助（ODA），国際機関への出資・拠出
	中小企業対策費	0.2	0.2	
	エネルギー対策費	0.9	1.0	
	食料安定供給関係費	0.9	1.0	
	その他の事項経費	4.9	5.9	
	予　備　費	0.4	0.4	
	地方交付税交付金	15.1	18.2	地方公共団体（都道府県，市区町村）への移転
	地方特例交付金	0.5	0.6	
	国　債　費	20.2	24.3	国債の利払い費，償還費の一部

（注）　値は2008（平成20）年度予算のもの。
（出所）　財務省ウェブページ「平成20年度予算」より作成。

コラム2.2　教職員の人件費

　公立の小・中学校は多くが市町村立ですが，その人件費については都道府県が財政上の負担をしています。また，都道府県立の高等学校の人件費も都道府県財政から支出されます。

　このうち義務教育である小・中学校の人件費は，1/3が文教及び科学振興費の義務教育国庫負担となります。残りの2/3が都道府県財政の負担となります。

　この負担割合は，以前は1/2でしたが，いわゆる三位一体の改革の一環として2006年度から変更となりました。増加した負担分は国税から地方税への税源移譲による地方の増収分で賄われます。

2.4　予算のなかみ

考えてみよう

- 選挙によって選ばれた議員が予算を審議し，承認することを何と呼びますか。
- 日本の会計年度はいつからいつまでですか。
- 会計年度の独立（量的限定性）とは何ですか。なぜこの予算原則は必要なのでしょうか。
- 国の予算で，一般会計の他になぜ特別会計が必要ですか。
- 各省庁が財務省に対して予算の提出を行うことを何といいますか。
- 増分主義の利点と欠点は何ですか。
- 予算における衆議院の優越を説明してみましょう。
- 予算執行の検査を行う機関は何ですか。
- 日本の国の一般会計歳出には主にどのような項目がありますか。
- 日本の国の一般会計歳入にはどのような特徴がありますか。
- 公債依存度とは何ですか。

租税制度 3

　財政とは，政府が租税などの形態で民間から財源を調達し，それを政府支出としてもう一度民間に還元する行為です。本章では中央政府の主たる財源調達手段である租税（国税）の制度について，その主な費目を中心に学習します。

レッスン
- 3.1　租税制度の概要
- 3.2　所得への課税①：所得税
- 3.3　所得への課税②：法人税
- 3.4　資産への課税
- 3.5　消費への課税
- 3.6　その他の租税：特定財源と地方譲与税

レッスン 3.1　租税制度の概要

直接税と間接税

　税は納める先の違いで国税と地方税に分けられます（表3.1）。主な国税としては所得税，法人税，消費税があり，地方税には住民税，事業税，固定資産税などがあります。地方税の詳細は第5章のレッスン5.3でみます。

　租税の種類としては，大まかに直接税と間接税があります（表3.1）。直接税とは，納税者（法律上の納税義務者）と担税者（実際に税負担をする者）が同一であると政府（課税当局）が予定している租税のことを指します。直接税の代表的なものは，所得税（個人所得税）や法人税などです。

　一方，間接税とは，納税者と担税者が異なると政府が予定している租税のことを指します。例えば，消費税は事業者（製造業者・サービス業者）が納税者で，消費者が担税者です。間接税には消費税の他に酒税やたばこ税，揮発油（ガソリン）税など個別物品税が含まれます。

　ただし，この分類はあくまでも便宜上のものであり，その性質については制度の詳細に立ち入って理解する必要があります。法人税を例にとって説明すると，これは直接税に分類されていますが，「法人」とはあくまでも法によって認められた存在（例えば，会社や組合など）であるため，法人そのものが実質的に税負担をすることはありえません。実際には，購入者や生産部門の誰か（従業員や株主，経営者など）が負担しているはずです。

　日本では，法人そのものには実態がなく，株主の集合体とする法人擬制説を根拠に，株主の報酬への所得税を法人という枠組みで課税するものとしていることから，法人税は「直接税」に区分されているのです（法人を独自の経済的存在と認める法人実在説という考え方もあります）。

　図3.1は先進諸国の税収に占める間接税（消費課税）と直接税（その他の税）の割合です。後述するように，経済理論上は，納税者の違いによる直接税と間接税の区分は基本的に重要ではありません。まずは，納税者と担税者が同一の租税であるのか否かを制度面で区分するために用いられると理解してください。

表3.1 日本の租税体系

		直接税	間接税
国税	普通税	所得税，法人税，相続税	消費税，関税，たばこ税，酒税，揮発油税，自動車重量税
	目的税		地方道路税，電源開発促進税
地方税	普通税	市町村税，都道府県税，事業税，固定資産税，自動車税	地方消費税，不動産取得税
	目的税	事業所税，都市計画税	自動車取得税，軽油引取税

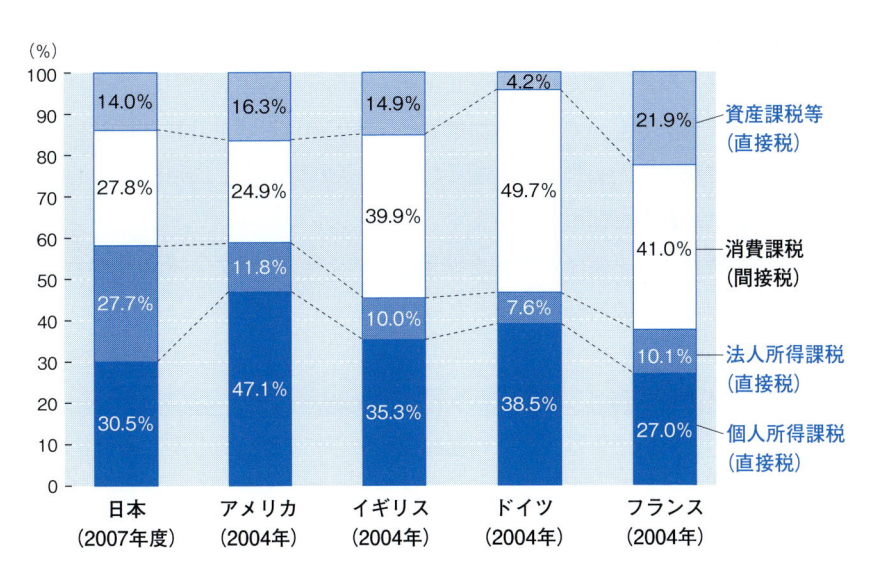

国	個人所得課税 (直接税)	法人所得課税 (直接税)	消費課税 (間接税)	資産課税等 (直接税)
日本 (2007年度)	30.5%	27.7%	27.8%	14.0%
アメリカ (2004年)	47.1%	11.8%	24.9%	16.3%
イギリス (2004年)	35.3%	10.0%	39.9%	14.9%
ドイツ (2004年)	38.5%	7.6%	49.7%	4.2%
フランス (2004年)	27.0%	10.1%	41.0%	21.9%

図3.1 先進諸国の税収構造
（出所）財務省ウェブページより抜粋。

直間比率

　直接税と間接税の区別は，理論上それほど重要ではないにしろ，租税制度の性質を決定するものです。直接税収と間接税収の比を直間比率といい，制度構築や各国の比較においては租税体系をみる一つの指標となります。

　直接税は，所得や資産の大きさに応じて税率が増える累進税を課すことで所得再分配の機能を構築できます。ところが，各人の所得を正しく政府が把握できるか否かという問題があります。また，各種控除があり，所得の他家族構成なども把握する必要があります。

　間接税は，税負担を広い範囲に分散することができ，非納税者を少なくすることができます。制度を単純化できますが，税負担は逆進的ではないにしろ，累進性が小さくなる可能性があります。

　日本の歳入の特徴は，直接税中心の租税構造となっている点です（図3.1）。近年では間接税収の比率が高まってきているものの，依然として直接税収の比率が間接税収のそれを上回っています。これはEU諸国が間接税中心の税体系であることと対照的であるといえます。

　一方，EU諸国の間接税は付加価値税（VAT；Value-Added Tax）が中心です。付加価値税は，製造，卸売り，小売りなど，それぞれの流通取引段階における付加価値に課税するものです。付加価値は，各国の国民経済計算に対応します。付加価値に課税するために，EU諸国では，仕入れ票をもとに納税するインボイス（仕送状）方式を採用しています。

　日本の消費税はインボイス方式を採用していません。また，その税率も5％と先進諸国間でも比較的低い税率となっています。

目的税と普通税

　租税はその使用用途を特定しない普通税が中心ですが，あらかじめ使途が特定されている目的税もあります。目的税は受益者負担が望ましい場合の課税方法です。分類は表3.1でも示した通りです。

　ただし，普通税でも特定財源として目的税と同様の性質をもつものがあります。例えば，ガソリンに課税される揮発油税は，道路特定財源として，道路事業経費に使用されることとなっています。道路特定財源については，一般財源化の議論もなされています。

> **コラム 3.1　租税体系の構築**
>
> 　租税体系の構築には，その実現性についても考慮する必要があります。例えば，所得税を徴収するためには，全国民の所得を政府が把握する必要があります。日本では会社員の場合源泉徴収制度により給与から天引きしていますが，このようなシステムを確立するのは簡単ではありません。
>
> 　現在の日本の租税体系の中心は所得税，法人税，消費税ですが，歴史をさかのぼると比較的把握が容易な不動産などの資産や関税などを課税対象の中心に据えた租税体系でした。例えば，江戸時代の税の中心は，村を単位とし米を納める年貢で，田畑の検地による年貢は所得と土地にかかる租税でした。
>
> 　明治時代になると貨幣での納税となりましたが，地租という土地にかかる税が中心のままでした。所得税が導入されるのは 1887（明治 20）年になってからです（大正時代に入って所得税の税収は地租を上回ります。その後，1940（昭和 15）年になって源泉徴収制度，法人税が導入されます）。
>
> 　現代でも比較的捕捉しやすい関税などが大きな収入源となっている国があります。例えば，図 3.2 はインドの各税収項目の対 GDP 比（年度，累積）を示したものです。所得税のうち法人所得税は大きいですが，個人所得税は小さく，関税収入が大きいことがわかります（ただし，関税は産業政策の側面もあります）。
>
> 　図 3.2　インドの各税収項目の対 GDP 比（年度，累積）
> （出所）　釣・茂木・吉野（2008）『財政』勁草書房より作成。

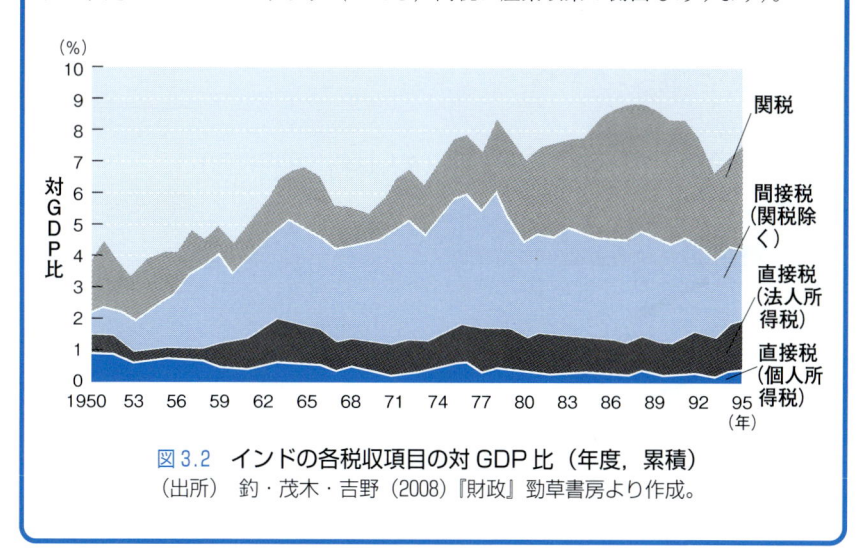

3.1　租税制度の概要

レッスン 3.2　所得への課税①：所得税

所得税の特徴

所得税は，日本の租税構成において中心的な位置を占める租税です。所得税法では，所得を給与所得や事業所得など以下の 10 通りに区分し，それぞれについて所得の計算方法を定めています。

利子所得	配当所得	不動産所得	事業所得
給与所得	退職所得	山林所得	譲渡所得
一時所得	雑所得		

日本の所得税には，総合課税の原則，課税最低限の設定，累進所得税体系の 3 つの特徴があります（ポイント 3.1）。

所得税の計算方法

所得税の計算方法を説明します。簡単化のため，この個人は 1 種類の所得を得ているとします。計算方法は図 3.3 に記した通りですが，まとめると主に以下の 4 段階の計算になります。

(1) 所得金額＝年間収入－必要経費（または給与所得控除）

(2) 課税所得＝所得金額－所得控除

(3) 算出税額＝課税所得 × 超過累進税率－控除額

(4) 納付税額＝算出税額－税額控除

ここで，所得控除には，基礎控除，配偶者控除，扶養控除，医療費控除，社会保険料控除，生命保険料控除，障害者控除，勤労学生控除などがあり，税額

◆ポイント 3.1　日本の所得税の特色
(1) 総合課税の原則……さまざまな所得を合算した上で課税ベースを決める。
(2) 課税最低限の設定……各種の必要経費を認め，人的事情に応じた最低生活を免除する。
(3) 累進所得税体系……算定された課税所得について超過累進課税と呼ばれる方式に基づいて税率を適用して課税額を決定する。

1段階

年間収入 ＝ 所得 ＋ 必要経費（給与所得控除）

2段階

課税所得 ＋ 所得控除

所得控除
- 基礎控除　　　38万円
- 配偶者控除　　38万円
- 扶養控除　　　38万円
- 勤労学生控除　27万円
- 医療費控除，
- 社会保険料控除，
- 生命保険料控除，
- 特定扶養控除，
- 障害者控除など

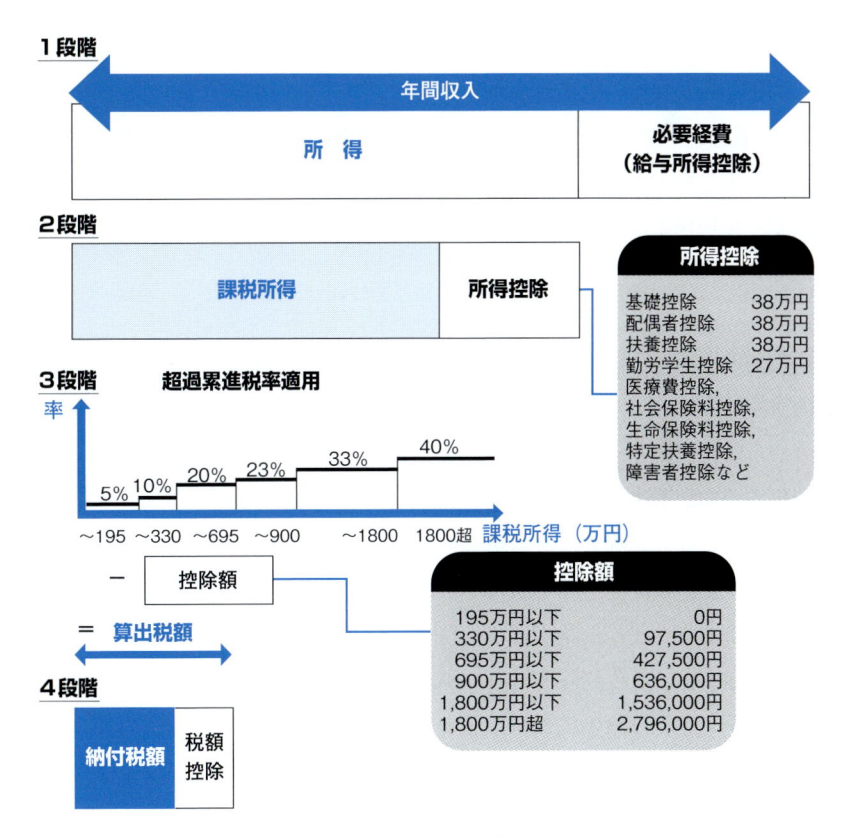

3段階　超過累進税率適用

率：5%／10%／20%／23%／33%／40%

課税所得（万円）：〜195／〜330／〜695／〜900／〜1800／1800超

－ 控除額 ＝ 算出税額

控除額
課税所得	控除額
195万円以下	0円
330万円以下	97,500円
695万円以下	427,500円
900万円以下	636,000円
1,800万円以下	1,536,000円
1,800万円超	2,796,000円

4段階

納付税額 ＝ 税額控除

図3.3　所得税の計算方法

控除は配当控除や外国税額控除などからなります。

収入が複数あるような場合（例：給与収入と配当収入（株や投資で得た収入）がある場合）には，(1) の年間収入の段階で合算します（ただし各種所得のうち，山林所得と退職所得は他の所得と分離して課税されます）。

日本では超過累進課税方式を採用しています。現行の制度では，課税所得を図 3.4 のように 6 段階の所得階層に分類し（これは国税のみで，所得には別途地方税もかかる），その段階に応じて税率が上昇します。このとき，超過分のみに税率がかかります。例えば，課税所得が 400 万円であれば，330 万円には 10%で，残りの 70 万円に 20%の税率がかかります。

一方，超過分だけでなく，所得全体への税率が上昇する方式を単純累進課税方式と呼びます。単純累進課税方式の場合は，400 万円の課税所得であれば，400 万円全額に 20%の税率がかかります。

なお，図 3.4 にあるように（1999 年から）2006 年までは税率は 4 段階に分類されていました。2007 年の変更は，地方への税源移譲による住民税改訂によるもので，住民税と所得税を合わせた負担額は 2006 年以前から変更がないとされています。

所得税の用語

所得控除とは収入から差し引かれる控除額で，この分には課税されません。収入から所得控除を引いたものが課税「所得」です。所得控除は，所得の種類や納税者の個別事情による担税力の差を配慮し，負担の公平を図るものです。会社員の場合は必要経費に対応する給与所得控除があり，給与収入に応じて額が決まります。預貯金の利子収入などはあらかじめ徴収される源泉分離課税となっています。

基礎控除とは，所得控除のうち，すべての納税者が総所得金額などから差し引くことができる控除のことを指します。金額は 38 万円です。

課税最低限とは，様々な控除があることで，ある一定の所得金額以下では非課税となることです。夫婦と子供 2 人の家計では，約 325 万円（2004（平成 16）年度以降）までの収入のとき，課税所得がゼロとなります。

自営業者ではない会社員の所得税は給与から天引きされます。しかしながら，(1) 給与所得が 2,000 万円を超える，(2) 給与を 1 個所から得ていても，給与

現行（2007年〜）		1999年〜2006年まで	
195万円以下	5%		
330万円以下	10%	330万円以下	10%
695万円以下	20%		
900万円以下	23%	900万円以下	20%
1,800万円以下	33%	1,800万円以下	30%
1,800万円超	40%	1,800万円超	37%

図 3.4　日本の所得税率（国税のみ）

コラム 3.2　　学生のアルバイトの控除について

　皆さんは，「年間のアルバイト代を 103 万円以下にするように」と親からいわれたことがあるかもしれません。103 万円以下であれば，親の所得税計算において皆さんは扶養家族となり扶養控除の 38 万円が適用されます。ただし，奨学金は非課税です。

　一方，皆さんが税金を支払う必要があるかどうかという問題もあります。アルバイト代（給与）は，まず，給与所得控除の 65 万円（給与所得控除の最低額）が適用されます。次に，基礎控除として 38 万円が適用されます。学生の場合にはさらに勤労学生控除 27 万円が適用される場合があります（学生である（その年の 12 月 31 日時点）の他に合計所得金額が 65 万円以下などの条件があります）。これらの控除額の合計の 130 万円以下であれば課税所得がゼロとなり，学生の税額はゼロとなります。

　1 年間のアルバイト代が 103 万円超（1 月〜12 月の間の収入）になると，親の扶養から外れて親の税金支払額が増えます。さらに 130 万円超（こちらはいつからでも 12 カ月間の収入）になると税を自分でも負担しなければならなくなるのです。さらに，健康保険の扶養からも外れて（基準はどの組合かによります），あなた自身が国民健康保険に加入する必要が出てきます。まさに，働きすぎに注意ということですが，自分で学費や生活費を稼いで勉強する学生には大変です。

　もし，130 万円以下の収入の場合で，アルバイト先で年末調整がなく，税金が差し引かれたままであれば，源泉徴収票などとともに税務署に確定申告（毎年 2 月）をすることで，その税金は戻ってきます（還付）。今では，国税庁のウェブページで書類を比較的容易に作成できるようになりましたので，対象であれば，是非申告してみてください。

所得以外の各種の所得金額の合計が 20 万円を超える場合，(3) 給与を複数個所から得ている場合などは，確定申告をしなければなりません。

レッスン 3.3　所得への課税②：法人税

法人税の計算

　法人税は，所得税と並んで直接税収の大きな柱です。2001（平成 13），2002（平成 14）年度に 20％少しにまで落ち込んだこともありますが，これまでおおよそ 20％から 30％程度を占めてきました。

　法人税額は以下の (1) 式と (2) 式から求められます。

(1) 法人の各事業年度の所得金額＝益金－損金

(2) 法人税額＝法人の各事業年度の所得金額 × 法定税率
　　　　　－控除（所得税額，外国税額，試験研究費など）

　日本の法人税の課税ベースは，法人の各事業年度の所得金額となります。法人税の法定税率は，1999 年度の改正以降 30％となっています。

　益金とは，商品販売，固定資産譲渡，請負や他の役務提供，預金利子などによる法人の取引によって生じる収益（収入）金額です。

　損金は，商品の売上原価，譲渡した固定資産などの譲渡原価，建設工事の完成工事原価，販売費，一般管理費，その他その事業年度に帰属する費用です。

　益金については，受取配当や還付金などの処理に特例があり，損金については引当金，準備金，寄付金，宣伝広告費，交際費，償却費（減価償却費など），圧縮記帳，役員の過大報酬などの処理に対して特例があります。

　特に，企業からの寄付や償却費などは，会計上は費用でないものの税務上損金とされます。損金算入の可能な費用については，企業がそれを利用することで節税対策を行っている側面があります。

　(2) 式で控除となっている試験研究費は，研究開発の原材料費，人件費など

コラム 3.3　連結納税制度

2002 年度より法人税には連結納税制度が導入されました。これは，図 3.5 に示したように，親会社と同一視しうるような一定の子会社群をまとめた連結グループを，一つの課税単位とみなして課税する制度です。

対象は法人一般であり，連結の範囲は，持株割合が極めて高い国内の子会社などに限定されています。グループ内での計算方法は，対象各社の所得と欠損を合算することになっています。

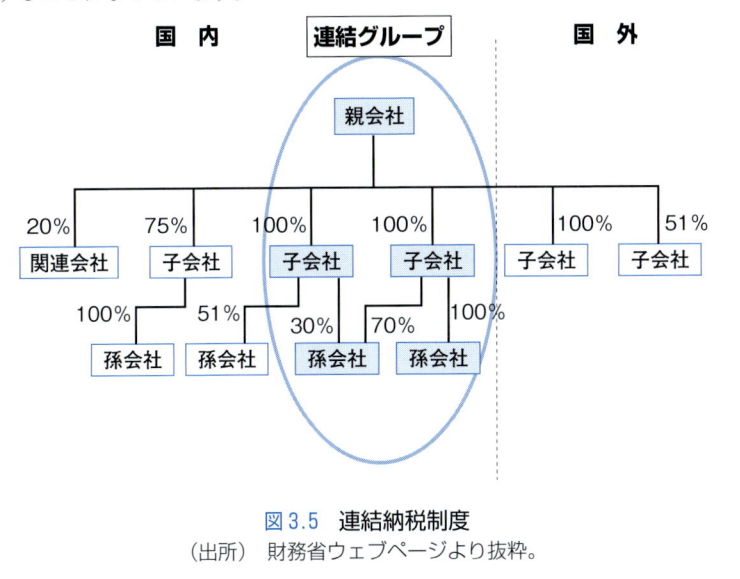

図 3.5　連結納税制度
（出所）　財務省ウェブページより抜粋。

コラム 3.4　減価償却費

減価償却費とは，有形固定資産の経年劣化による価値の減少に対して，当該資産の取得原価から残存価格を差し引いた額（要償却額）をその耐用年数にわたり費用として配分する会計上の手続きのことを指します。耐用年数内には，この減価償却費を損金として算入することが認められます。当該資産が使用される各期間の損金を正確に計算するために用いられます。

計算方法は，その費目や耐用年数などによって違いが生じています。また，中古品についても，新品とは違う方法で計算がなされるという特徴があります。

の経費の他，試験研究を他の者に委託する費用などを指します。試験研究費の税額控除は，外部性を有する（＝その効果が他へ波及する）研究開発を促進するための税制上の優遇措置ともとらえられます。

法人税の国際比較

法人税の法定税率は 1999 年度以降に 30％となっていますが，実際の法人税負担をみる場合には実効税率（国および地方の法人課税の税率を組み合わせた総合的な税率水準）が重要です。図 3.6 は先進諸国間での法人実効税率を示したものです。日本の法人実効税率は米国やドイツと同等の約 40％程度ですが，他の国よりは高い数値であることがわかります。

法人税の法定税率がピークの 1984 年度の 43.3％から 1999 年度以降の 30％程度にまで引き下げられたのは，企業の税負担を減らして国際競争力の強化を目指したためです。しかし，実効税率ベースでは依然として高い水準です。

法人税率が高い場合，企業は税率の低い国へ立地するなどの租税回避行動をとるようになります（ただし，日本のように外国税額控除がある場合，成立しない可能性もあります）。しかしながら，各国が法人税率を引き下げる租税競争を行ってしまうと，税率が（最適な水準と比較して）低くなる結果，各国の公共サービスの水準が過小になる可能性も考えられます。

二重課税問題

次に，二重課税問題をみます。まず，法人の配当支払いは法人税の対象となり法人段階で課税されます。さらに，総合課税の原則の下では，配当支払いは株主の他の所得と合算されて個人所得税の課税がなされることとなるので，所得段階でも課税されています。このように同一の所得に複数の税を課すことを二重課税といいます。二重課税問題は，資源配分の効率性（中立性）を阻害するため，様々な解決法が検討されています。

国内だけでなく，外国の税制度との間でも二重課税の問題は発生します。日本の国際課税制度においては，居住者（内国法人）は，その所得をどこで得たのかにかかわらず，すべての所得に課税されます。しかしながら，もしその法人が他の国によって源泉地国課税を受けている場合，二重課税になります。

日本の外国税額控除では，日本（居住地国）と外国（源泉地国）とで課税ベー

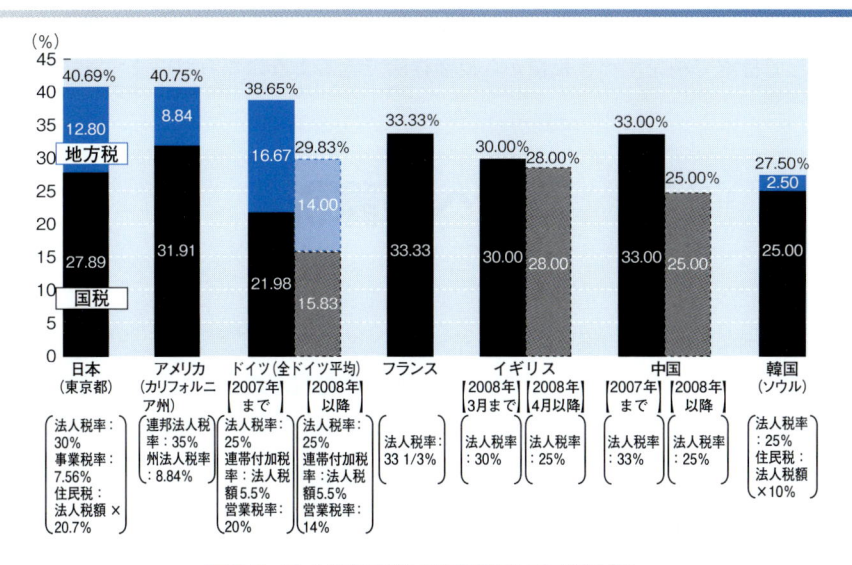

図 3.6 法人所得課税の実効税率の国際比較
（出所）　財務省ウェブページより抜粋。

> ### コラム 3.5　　欠損法人問題
>
> 　日本では欠損（赤字）法人問題があります。欠損法人になると，法人税の課税対象とならなくなります。図 3.7 は，1988 年以降の欠損法人の割合を示したものですが，バブル経済崩壊後にその割合が増え，近年では法人の 65％程度が欠損法人です。この背景には，より税率の低い支出（例えば個人企業の自身への給与）を増やして企業の利益を赤字化することで，企業は法人税負担を逃れることができるといったことがあると考えられます。 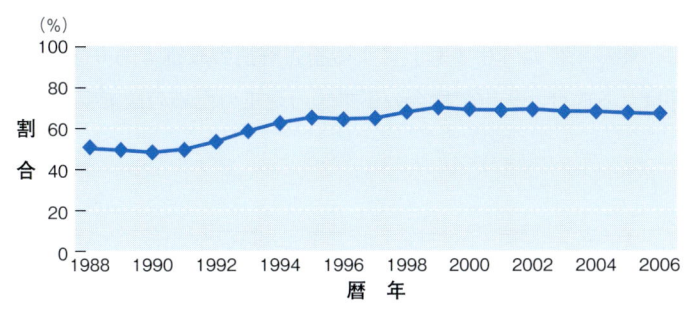
>
> 図 3.7　欠損法人の割合
> （出所）　国税庁『平成 18 年分　会社標本調査結果報告』より作成。

3.3　所得への課税②：法人税

スが競合した場合には、外国で納付した税額を、外国税額控除の限度額を上限として日本で納付すべき税額から税額控除できるようになっています。

レッスン 3.4　資産への課税

相続税と贈与税

資産に課せられる租税としては、相続税と贈与税があります。

相続税は、死亡した人の財産を相続した人に対して、その取得財産の価値額を課税価格として課せられる税目のことを指します。

贈与税は、個人からの贈与により財産を取得した人に対して、その取得財産の価値額を課税価格として課せられる税目です。いずれも、資産に課せられる税目であるため、課税ベースで区分した場合には資産課税に区分されます。相続税・贈与税とも、経済活動をはじめる時点で、親からの遺産の多寡により競争条件の違いが生じるという機会の不平等を是正するために、課税されることが正当化されます。

日本では、相続税を適用される件数はおおよそ5％前後で推移しています。また、全体の税収でみた場合でも、相続税・贈与税は5％程度を占める程度であり、他の税目と比べてそれほど大きくないように思われます。

しかしながら、負担額（＝相続税額／課税価格）を先進諸国間で比較（図3.8）すると、日本の相続税負担は相当大きいことがわかります。

ただし、相続税には「生まれ」による格差解消の役割もあります。「格差社会」と呼ばれる昨今、一方で機会の不平等の是正のための政策手段となりえます。

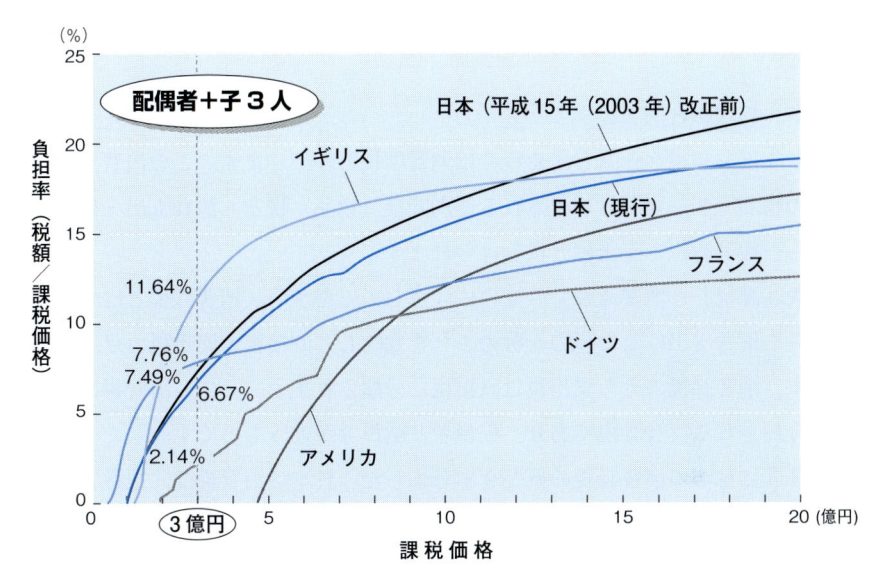

図 3.8　相続税負担率の国際比較
（出所）財務省ウェブページより抜粋。

> **コラム 3.6　支出税について**
>
> 支出税とは，本文（p.68）でも説明するように，直接税分類される消費課税のことを指します。一般的には馴染みの薄い税制ですが，貯蓄の意思決定に対して所得税よりも中立的であることや，人々の経済力を測定する上で所得よりも消費がより適切であるとの理由から，伝統的に経済理論家や財政学者の支持を集めてきた税制です。
>
> 同じ消費への課税であっても，支出税は消費税と異なり直接税に区別されます。消費税は，担税者と納税者が異なる税であるため間接税に分類されます。一方，支出税は，消費支出の主体である家計が消費支出額を申告して納税するので直接税に分類されます。

3.4　資産への課税

レッスン 3.5　消費への課税

消費への課税と消費税

　消費支出を課税ベースとする税金は消費課税と呼ばれます。この消費課税は，特定の物品・サービスに課税される個別間接（物品）税と，消費支出一般に課される一般消費税と支出税とに分けられます。

　消費「課税」と消費「税」の違いに注意してください。消費課税とは，課税ベースを消費支出にした税の総称のことを意味し，直接税と間接税の双方を含みます。消費課税のうち支出税は直接税に分類されます。一方，消費税は間接税に分類される消費課税であり，担税者と納税者が違うものです。

　表 3.2 に日本の消費課税の概要を示しました。日本の消費税は，担税者は各消費者ですが，納税義務者は事業主であり，かつすべての品目に課せられるため，理論的には一般消費税に対応します。消費課税の約 50％強が消費税収です。酒税やたばこ税，あるいは自動車重量税などは，個別品目に課せられる税目であるため，個別物品税に相当します。

日本の消費税導入

1989 年 4 月に導入された消費税は以下のような特徴をもちます。

(1) 広い課税ベース……負担を広く消費一般に求めています。
(2) 付加価値への課税……製造，卸，小売り，サービスのそれぞれの段階での付加価値（売上げ − 仕入れ）に課税されます。
(3) 税率……導入時は 3％で 1997 年 4 月に 5％に引き上げ。
(4) 地方消費税の導入……1997 年 4 月の引き上げに伴って 5％のうち 1％が地方消費税として道府県税になりました。

日本の消費税導入時に以下のような特例措置が認められました。

表3.2 2008（平成20）年度予算，消費課税の概要（国税）

		課税対象	予算額 (兆円)	構成比 (%)
国税収入計			55.1	100.0
消費課税計		—	18.4	33.4
	消費税	資産の譲渡等	10.7	19.4
	個別間接税計	—	7.8	14.1
	酒税	酒類	1.53	2.8
	たばこ税等	製造たばこ	1.10	2.0
	揮発油税等	自動車燃料等（揮発油）	3.09	5.6
	自動車重量税	検査自動車等	1.07	1.9
	航空機燃料税	航空機燃料	0.11	0.2
	電源開発促進	一般電気事業者の販売電	0.35	0.6
	石油石炭税	原油等	0.52	0.9

（注）　上記の予算額には一般会計分の他，特別会計分を含む。上記以外に「消費課税」に含まれるものとして，関税，とん税（外国貿易船の開港への入港に対して課される税）などがあり，これら（税収約9,615億円）を加えた場合の国税収入に占める消費課税の割合は35.2%となる。
（出所）　財務省ウェブページ資料より作成。

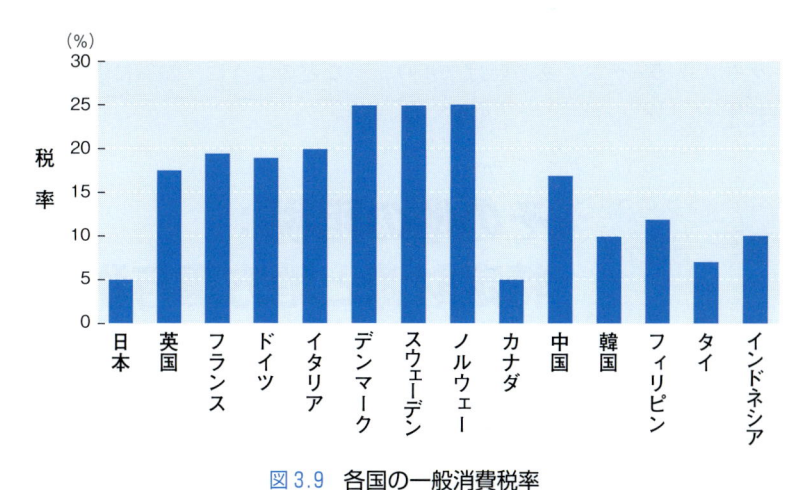

図3.9　各国の一般消費税率
（出所）　財務省ウェブページ資料より作成（2008年1月現在）。

(1) 事業者免税点制度……年間課税売上高が 1,000 万円未満（2004 年 4 月 1 日前に開始した課税期間については 3,000 万円）の事業者については，納税義務が免除されます。

(2) 簡易課税制度……一定規模以下の中小事業者は選択によって，売上げにかかる消費税額を基礎として，仕入れにかかる消費税額を簡易的に計算することが可能になっています。

(3) 限界控除制度……課税売上高が 6,000 万円未満の小規模事業者は，課税売上高に応じて納付税額の一部が軽減されます。

これらの様々な特例措置の結果，中小企業は消費者から受け取った消費税を納税する必要がなくなります。

この結果，制度の恩恵ともいうべき超過利潤を得ていることになります。これが，消費税の益税問題と呼ばれるものです。

日本の消費税のように，各段階での付加価値に課税する方法は，特に EU 諸国で採用されています。前述のように EU 諸国では，付加価値税（VAT）と呼ばれています。

図 3.9 は，世界各国の消費税・付加価値税の税率比較を行ったものです。この図からは，日本の消費税率が著しく低いことが伺えます。他の国では，デンマークやスウェーデン，あるいはノルウェーなどのように，25% に達する国もみられます。

レッスン 3.6 その他の租税：特定財源と地方譲与税

消費課税の一部には，その税収の全額または一部を，特定の政策に向ける特定財源として使われる特定財源があります。揮発油税，地方道路税，石油ガス税，自動車重量税，航空機燃料税，電源開発促進税および石油税は，この特定財源にあたります。ここで，表 3.3 からわかるように，国税のうち，揮発油税，自動車重量税，石油ガス税，および（全額が地方に譲与されることから）地方道路税（表中の地方道路譲与税）の 4 つが道路特定財源を構成しています。

表 3.3　道路特定財源一覧

	区　分	道路整備充当分	税　率	税　収 （平成19年度）
国	揮発油税 昭和24年創設 昭和29年より特定財源	全額	（暫定税率）　48.6円/l　**2倍** （本則税率）　24.3円/l	28,395億円 （28,449億円）
	自動車重量税 昭和46年創設	収入額の 国分（2/3）の 約8割（77.5%）	［例：自家用乗用］　**2.5倍** （暫定税率） 　　　6,300円/0.5t年 （本則税率） 　　　2,500円/0.5t年	5,549億円
	石油ガス税 昭和41年創設	収入額の1/2	（本則税率）　17.5円/kg	132億円 （140億円）
	計			34,076億円 （34,138億円）
地方	軽油引取税 昭和31年創設	全額	（暫定税率）　32.1円/l　**2.1倍** （本則税率）　15.0円/l	10,360億円
	自動車取得税 昭和43年創設	全額	（暫定税率）　　　　　　**1.7倍** 自家用は取得価額の5% （本則税率） 取得価額の3%	4,855億円
	地方譲与税　地方道路譲与税 昭和30年創設	地方道路税の収入額の全額	（暫定税率）　5.2円/l　**1.2倍** （本則税率）　4.4円/l	3,072億円
	地方譲与税　自動車重量譲与税 昭和46年創設	自動車重量税の収入額の1/3	自動車重量税を参照	3,599億円
	地方譲与税　石油ガス譲与税 昭和41年創設	石油ガス税の収入額の1/2	石油ガス税を参照	140億円
	計			22,026億円
	合　計			56,102億円 （56,164億円）

（出所）　国土交通省ウェブページより抜粋。

また，このうち地方道路税と揮発油税を合わせたものが，いわゆる**ガソリン税**と呼ばれるものです。これらの道路特定財源は，いったん小泉純一郎内閣で**一般財源化**が決定して，その後議論が進められています。

　また，地方道路税は全額が，自動車重量税と石油ガス税は一部が地方に譲与され，それぞれ地方道路譲与税，自動車重量譲与税，石油ガス譲与税と呼ばれます。これらの他，所得税の一部である所得譲与税と，航空機燃料譲与税および特別とん譲与税を含めて，**地方譲与税**と呼ばれます。地方譲与税制度とは，国税として徴収した税を客観的基準によって地方公共団体に譲与する制度です。

考えてみよう

- 直接税と間接税の違いを，納税義務者と負担者の違いから説明してみましょう。
- 日本の直間比率は他の国と比べてどのような特色がありますか。
- 使用用途を特定しない税を何といいますか。その中で揮発油税（ガソリン税）とはどのようなものですか。
- 所得税率（超過累進税率）が適用されるのは課税所得に対してですが，課税所得はどのように算出されますか。
- 所得税控除にはどのようなものがありますか。
- 法人税率引き下げの効果について，考えてみましょう。
- 消費課税と消費税の関係はどのようなものですか。
- 日本の消費税の特徴を考えてみましょう。

財政運営 4

　本章では財政収支と政府債務を中心として，政府の財政運営に焦点を当てて学んでいきます。財政運営では時間を通じた管理が必要であり，それは現在の国民のみではなく将来世代にもかかわる問題です。

レッスン
- 4.1　財政の時間軸
- 4.2　フロー：財政の指標
- 4.3　ストック：政府債務
- 4.4　債務管理，財政運営

レッスン 4.1　財政の時間軸

政府会計の変化

　政府財政の会計記述方法には，第1章で学んだ現金主義と発生主義の2つがあります。多くの国では政府部門の会計として現金主義を採用し，単年度主義のもとで資金の動きを記録しています。現金主義を採用しているのは，政府の経済活動が市場取引されないため，損益の概念をとらえにくいからです。

　しかしながら近年，発生主義を採用したり，複数年度で会計に計上したりする国が出てきています。これらの国々では，それ以前に財政赤字や政府債務の問題を抱えていました。企業の経営者が株主に対して経営責任を負うのと同じように，財政は国民に対して責任を負っています。そのため，政府のファイナンス（政府の金融取引）では財政の透明性や政府の説明責任（アカウンタビリティ）が重要になってきています。現金主義から発生主義への変化は，このような視点から行われています。

　発生主義への変化のポイントは，時間を通じた政府会計手法であるということです。特に財政でストックとフローの関係をどのようにとらえるかが重要です。ストックとフローの関係を会計上明確にすることは，会計としての財政に時間軸を導入することといえます。第1章でも述べたように，発生主義会計で中心となるのはバランス・シート（貸借対照表）です。

　図4.1で，政府のバランス・シートがどのようなものか再度考えてみましょう。政府の資産は利子収入や，社会資本（有形固定資産）などが生み出すサービスへの対価としての収入（税収など）をもたらします。一方で，負債（債務）からは利払いなどの負担が生じます。民間企業で資本と呼んでいる部分が，政府のバランス・シートでは，それに対応しないため資産・負債差額（純資産）となっています。

　建設国債発行によって公共投資を行った場合には，公共投資による社会資本ストック形成は資産に計上され，建設国債発行額は負債に計上されます。年金などの社会保障では，社会保険料負担は負債（給付負債）に計上されますが，社会保障基金での積立金として資産にもなります。

政府のバランス・シート（貸借対照表）

資産
- 現金・預金
- 有価証券
- 貸付金
- 有形固定資産
- など

負債（債務）
- 公債
- 保険準備金（給付負債）
- など

資産・負債差額（純資産）

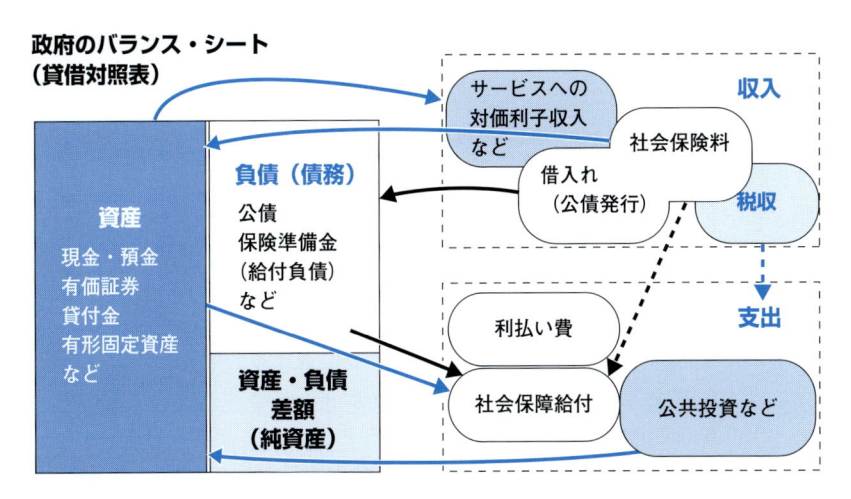

収入
- サービスへの対価利子収入など
- 社会保険料
- 借入れ（公債発行）
- 税収

支出
- 利払い費
- 社会保障給付
- 公共投資など

図 4.1 政府のバランス・シートと政府活動

コラム 4.1　埋蔵金

　2007年の末頃から霞ヶ関の「埋蔵金」が話題になりました。埋蔵金といっても霞ヶ関に隠された金塊ではなく，特別会計の純資産（積立金など）のことです。

　2006年度の外国為替資金特別会計には積立金（約15兆5,000億円）があり，資産として外貨証券（約82兆円）などがあります。純資産（2005年度末，資産・負債差額）は約9兆6,000億円です。バランス・シートの合計額は約125兆円ですが，その余剰は約3兆5,000億円でした。また，財政融資資金特別会計も金利変動準備金（約15兆3,000億円，2006年度決算（国債整理基金へ繰入れ後））があり，資産として長期国債（約33兆円）があります。純資産（2005年度末，資産・負債差額）は約26兆8,000億円で，余剰は約2兆8,000億円です。一方，2006年度決算で国債費のうち利払い費は約7兆9,000億円でした。政府債務残高（長期）は約530兆円ですので，実効利子率は約1.5％程度です。比べると特別会計での運用のほうが有利なようです。

　埋蔵金を償還に利用することは，政府債務負担を軽減するでしょうか。論点は，国の借金の負担（利払い費）と特別会計の資産からの収益を比べてどちらが大きいかということです。特別会計も政府部門バランス・シート上の資産として計上されるため，埋蔵金を政府債務の償還に充てても純債務には変化がありません。それでも，特別会計の資産が有効活用されずに眠っているとすれば，政府債務の利払いを軽減できる分だけ純負担は減少します。

　また，為替変動などの事情も考慮する必要があります。円高局面でドル資産を売却することはキャピタル・ロスをもたらします。さらに金融危機時には国際的な政策協調という点からも望ましくありません。

4.1　財政の時間軸

世代会計

　時間を通じた財政という点から政府部門に関する世代間問題をみるために，コトリコフ（L. J. Kotolikoff）などは，出生年世代別の生涯にわたる受益と負担を計上する世代会計（generational accounting）を提唱しました。世代会計の基本は世代別に財政の負担と受益を計るということです。

　図4.2で世代会計における減税政策の効果を考えてみましょう。ここでは第1世代と第2世代の2つの世代のみを考え，それぞれが重ならずに生きると考えます。一方で政府は永続的に存在します。利子率はゼロとします。

　政府が第1世代のときに減税政策をとり，その資金を公債発行によって賄った場合を考えます。このときに2つのケースを考えます。

　　ケース1：公債の償還を第1世代が存命の間に行う。
　　ケース2：公債の償還を第2世代のときに行う。

　ケース1の場合，償還の財源は税金によって賄われるので，減税と増税がちょうど等しく，受益と負担が世代内でバランスしています。ところがケース2では，第1世代は減税による受益のみが残り，第2世代は増税による負担のみがかかってしまいます。そのため，第1世代の純受益（受益－負担）はプラス，第2世代の純受益はマイナスとなります。

　もし，政府がケース2のように世代間問題を考慮しない政策を行った場合，財政収支は長期でバランスしていても世代間の不公平を生じさせてしまいます。このような将来世代へのつけ回しがどの程度かを明確にするのが世代会計です。

　しかしながら世代会計には実務上の問題もあります。現在世代と将来世代の受益・負担額は割引現在価値（コラム4.2）で比較する必要がありますが，その計算は困難です。

　割引現在価値を求める際の割引率の設定は，どの程度将来価値を割り引くのかが人によっても異なり，また経済状況にも依存するため，ある程度恣意的にならざるをえません。割引率として利子率を使用するにしても，もし将来の利子率が上昇すると仮定すれば，割引率が大きくなることを意味し将来世代の実質的負担が小さく計算されます。これは，政策担当者が利子率を高めに設定することで，将来負担を小さめにみせることが可能であることを意味します。

　したがって，世代会計のみならず，時間を通じた財政は割引率や利子率が異

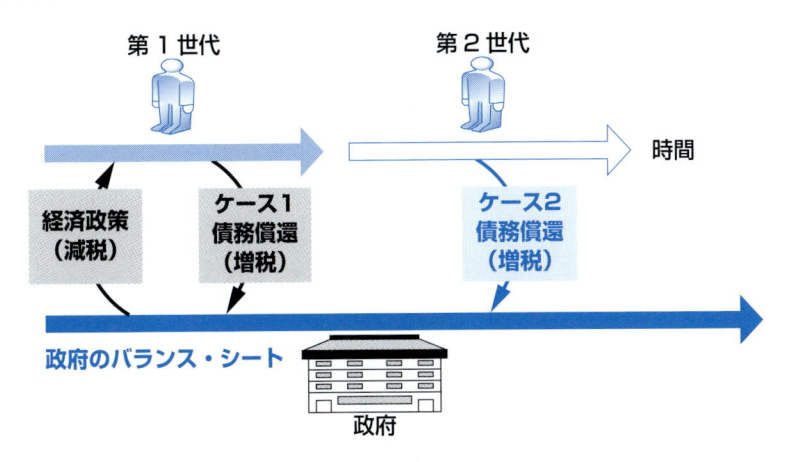

図4.2 世代会計と経済政策

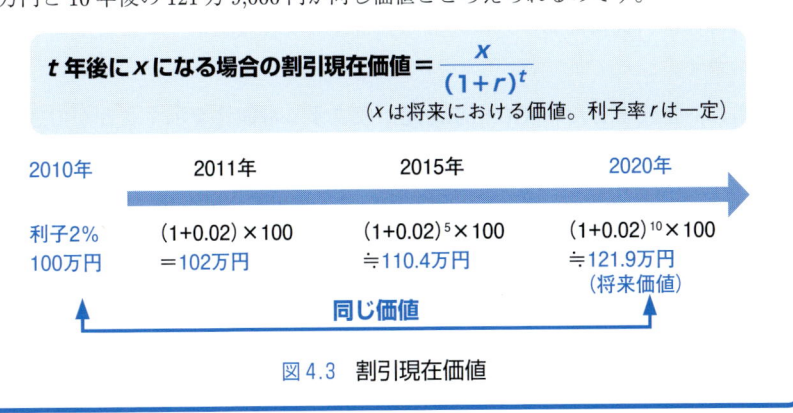

> **コラム 4.2　割引現在価値とは？**
>
> 　皆さんは，現在 100 万円受け取るのと，10 年後に 100 万円受け取るのとではどちらを選びますか。たいていの人は現在受け取ると思います。では，10 年後に 150 万円だったらどうでしょう。今度は 150 万円にする人も多いと思います。どうやら現在の 100 万円は 10 年後の 100 万円よりは価値が大きく，150 万円よりは小さいということがいえそうです。
>
> 　時間を通じた価値を比較するための計算が割引現在価値です。その計算は，利子率で割り引くのが中心的な方法です。図 4.3 では毎年 2% の利子がつく債券を考えています。1 年目に $(1+0.02)\times 100 = 102$ 万円，2 年目に $(1+0.02)\times 102$，……10 年目に $(1+0.02)^{10}\times 100 = 121$ 万 9,000 円と増えていきます。現在の 100 万円と 10 年後の 121 万 9,000 円が同じ価値ととらえられるのです。
>
> $$t\text{ 年後に }x\text{ になる場合の割引現在価値} = \frac{x}{(1+r)^t}$$
>
> （x は将来における価値。利子率 r は一定）
>
> | 2010年 | 2011年 | 2015年 | 2020年 |
> |---|---|---|---|
> | 利子2%
100万円 | $(1+0.02)\times 100$
$=102$万円 | $(1+0.02)^5\times 100$
$\fallingdotseq 110.4$万円 | $(1+0.02)^{10}\times 100$
$\fallingdotseq 121.9$万円
（将来価値） |
>
> 同じ価値
>
> 図 4.3　割引現在価値

なる場合にその影響がどうなるのかを考える必要があるのです。

公債の負担

公債の負担を巡っては，これまでにいくつかの考えが主張されてきました。ここでは，それらの理論の変遷を踏まえて公債の負担を考えます。

ラーナー（A. P. Lerner）やハンセン（A. H. Hansen）らの新正統派は，公債負担を，国内における民間が利用可能な資源を減少させることととらえました。そのため，外国債には負担が生じるが，国内で発行される内国債は，国全体の資源が公的部門によって利用されただけなので，負担の増加は生じないと考えました。

しかしながら，新正統派の公債負担論は負担の時間軸が欠けています。ボーエン・デービス・コップ（W. G. Bowen, R. G. Davis, & D. H. Kopf（1960））は，公債の負担を生涯消費の減少ととらえました。彼らは，公債の償還が発行から世代をまたいで行われると，公債の負担が将来世代に転嫁され，将来世代の消費量が減少すると主張しました。

一方で，公債と増税が生涯所得に対して同じ効果をもち，かつ将来世代にも負担が転嫁されないという公債の中立命題（または経済学者 D. Ricardo と R. J. Barro の名前からリカード=バローの中立命題）の考え方があります。

まず，個人（家計）の行動を対象とした1世代のみの場合を考えてみます（図4.4）。もし政府が，この個人が若年期のときに公債を発行し，その償還を老年期の税金によって行うならば，公債と増税の効果は同一（中立）となります。生涯所得の割引現在価値は公債発行の場合でも現在の増税の場合でも同じとなるからです。

さらに，世代をまたいでも中立命題が成立する可能性を示すことができます。図4.2と同じように，家計を世代別に区切って負担をとらえます（世代重複モデル（overlapping generation model）と呼ばれます）。政府は，親の世代に公債を発行して財源調達を行い，それを将来，子の世代への増税で償還するとします。このときに，親が子の税負担増を予期し，その分を遺産として残す（利他的遺産動機，親が子のことを思いやって財産を残す）とすれば，親の世代で負担が完結し，子の世代（＝将来世代）の追加負担は生じません。

ただし，世代をまたいで中立命題が成立するためには，その他に，個人が資

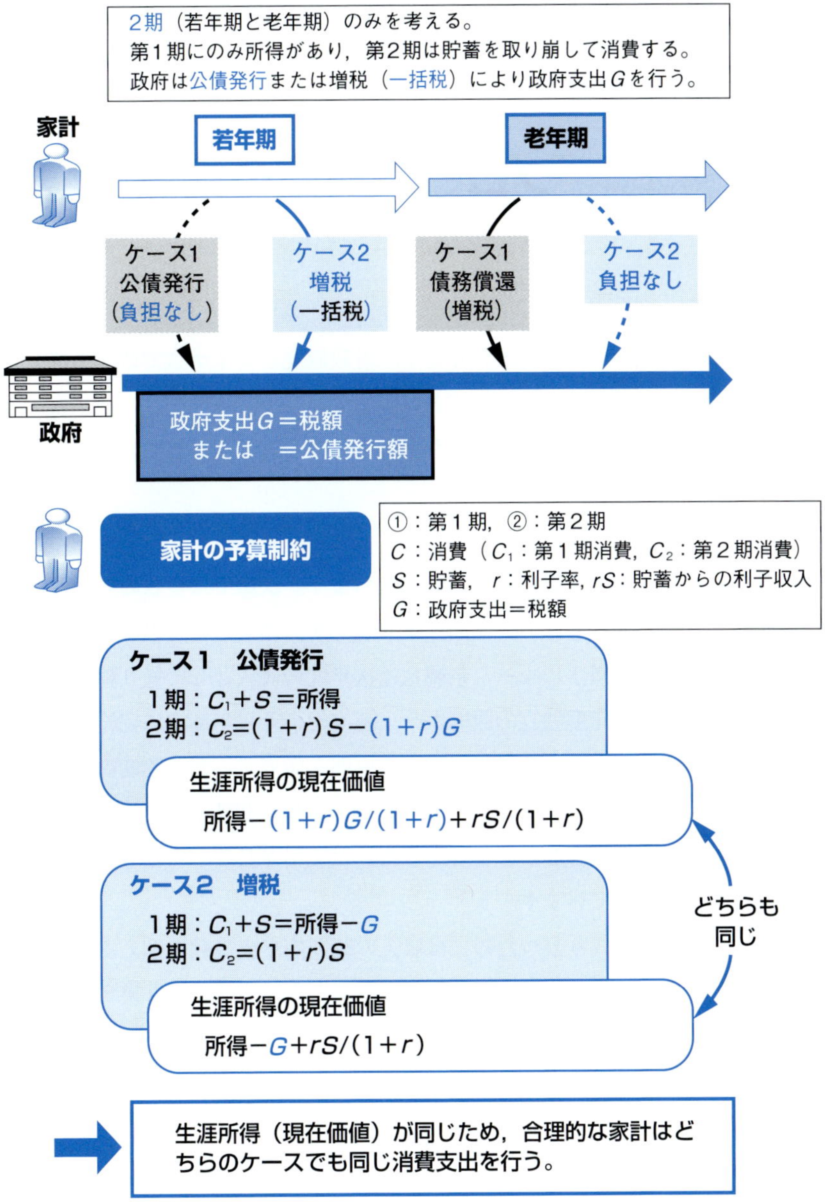

2期（若年期と老年期）のみを考える。
第1期にのみ所得があり，第2期は貯蓄を取り崩して消費する。
政府は公債発行または増税（一括税）により政府支出Gを行う。

家計

若年期 → 老年期

ケース1 公債発行（負担なし）
ケース2 増税（一括税）
ケース1 債務償還（増税）
ケース2 負担なし

政府

政府支出G＝税額
または　＝公債発行額

家計の予算制約

①：第1期，②：第2期
C：消費（C_1：第1期消費，C_2：第2期消費）
S：貯蓄，r：利子率，rS：貯蓄からの利子収入
G：政府支出＝税額

ケース1　公債発行

1期：$C_1+S=$所得
2期：$C_2=(1+r)S-(1+r)G$

生涯所得の現在価値
　所得$-(1+r)G/(1+r)+rS/(1+r)$

ケース2　増税

1期：$C_1+S=$所得$-G$
2期：$C_2=(1+r)S$

生涯所得の現在価値
　所得$-G+rS/(1+r)$

どちらも同じ

→ 生涯所得（現在価値）が同じため，合理的な家計はどちらのケースでも同じ消費支出を行う。

図4.4　公債の中立命題

金繰りの制約（流動性制約）に直面していない，歪みのある税制でないことなども条件となります。そのため，中立命題は重要な政策命題とされていますが，厳密には成立せず，将来世代への負担は残ると考えるのが一般的です。

レッスン 4.2　フロー：財政の指標

財政収支

　財政をみる指標の中心は財政収支です。財政収支がマイナスで政府が借金をしなければならない状態を財政赤字といいます。

　政府は毎年度の収入と支出を一致させる単年度主義を採用しているため，

$$総収入（歳入）＝総支出（歳出）$$

という関係が毎年度の予算において成り立ちます。決算では税収の見込み違いなどがあるため必ずしも収入と支出とが一致せず，結果として黒字になることもあります。決算で黒字になった余剰金は次年度の歳入として繰り越されます。

　予算の執行は会計年度独立の原則から，基本的にその年度内に完結することになっています。ただし，会計年度独立の原則を徹底すると，年度内に事業を終わらせようとして無駄な支出をしてしまい，財政が非効率になってしまうことがあります。自然災害などで年度をまたいだ支出が必要な場合もあり，一部は繰越しが認められています。

　さて，この関係が成り立つためには収入の範囲内で支出額を抑えるか，税収などでは足りない分を借入れするかのどちらかとなります。書き換えると，

$$収入（税収等）＋借入れ（公債金）＝総支出$$

という関係が成り立ちます。ここで収入＝総収入－借入れと定義しました。これらの関係は図4.5のようになります。財政収支がマイナスとなるとき，資金調達をする必要があります。借入れの多くは公債を発行することで調達されますので，公債金とも呼びます。

　図4.6は1980年度以降の国の一般会計における歳入，歳出を棒グラフで表

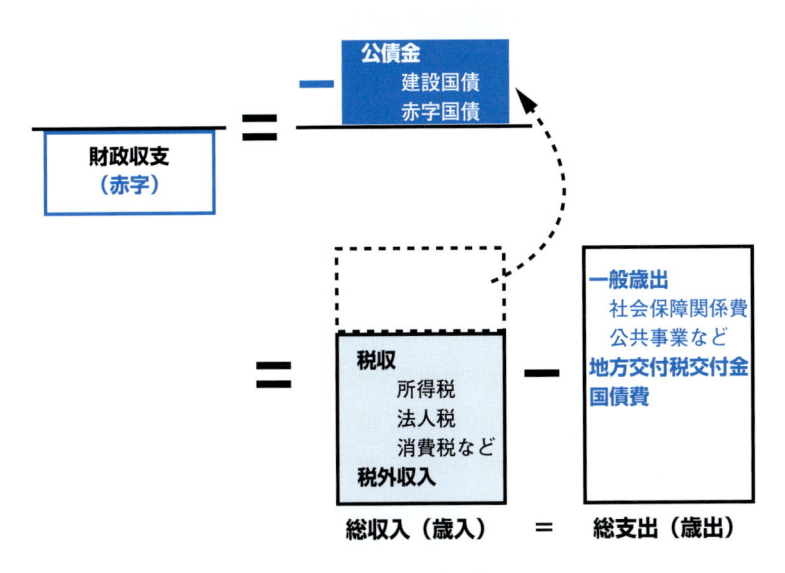

図 4.5　財 政 収 支

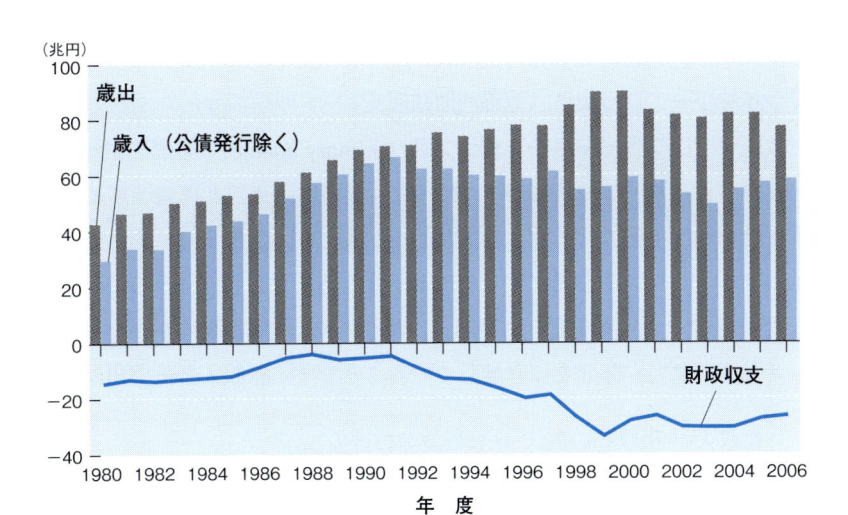

図 4.6　財政収支の推移
（注）　国の一般会計，決算値。
（出所）　財務省『財政統計』。

4.2　フロー：財政の指標　81

し，その差である財政収支を折れ線グラフで表しています。

　日本では，バブル経済崩壊後の1990年代長期不況下で特に財政赤字は拡大しました。さらに注目したいのは，歳入の減少です。この間，名目GDPはほぼ横ばいですが，税収などの歳入は減少しています。支出規模を保たざるをえなかった一方で，税収の自然減と減税政策が財政収支の赤字を拡大させたといえます。

均衡予算主義と財政赤字

　収入の範囲内で年度の支出を行った場合は財政収支がゼロ，均衡またはバランスしているといいます。日本は財政収支の均衡を原則とする均衡予算主義（財政法第4条）です。しかしながら，「但し，公共事業費，出資金及び貸付金の財源については，国会の議決を経た金額の範囲内で，公債を発行し又は借入金をなすことができる」（財政法第4条の但し書き）としています。

　それでも発行が許されている公債は，公共事業のための建設国債（4条債）のみです。財政収支の赤字を埋めるための赤字国債（特例国債）は，毎年度ごとに特例公債法（通称）を制定して特例として発行しているのです。

プライマリー・バランス（基礎的財政収支）

　財政政策ではプライマリー・バランス（primary balance；基礎的財政収支）が重要視される場合があります。例えば，「経済財政運営と構造改革に関する基本方針2006」（通称，骨太の方針2006）では，2011年度までに国と地方のプライマリー・バランスを黒字化することが盛り込まれました（その後修正された）。図4.7でその定義を示しています。ポイントは政府債務にかかわるファイナンス（金融取引）部分を切り離していることです。総収入と総支出は，

　　　総収入＝税収等の収入＋公債金等の借入れ
　　　総支出＝政府支出＋利払い費（国債費・公債費）

と定義されます。ここで政府支出は一般歳出と地方交付税交付金からなります。このときファイナンス部門を切り離した「公債金を除く収入（税収等）－国債費を除く政府支出」がプライマリー・バランスとなります。

　日本では利払い費にあたる項目を国債費，地方の場合は公債費と呼びます。

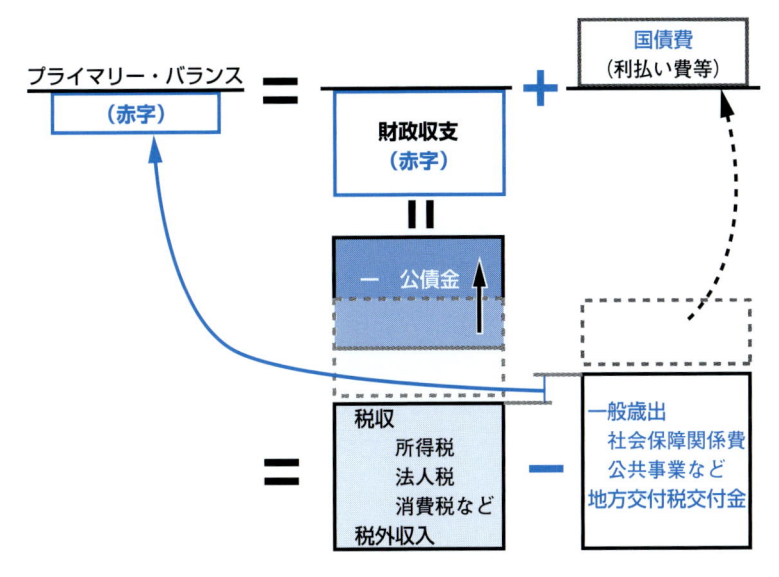

図 4.7　プライマリー・バランス

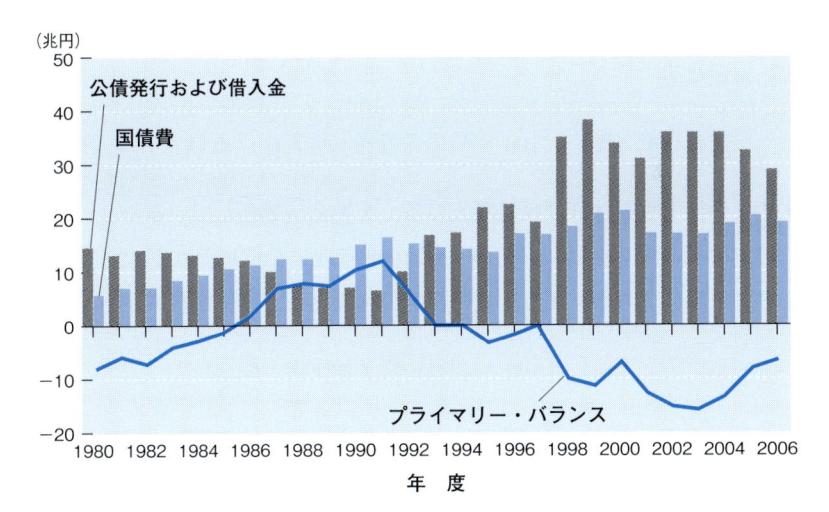

図 4.8　プライマリー・バランスの推移
（注）　国の一般会計，決算値。
（出所）　財務省『財政統計』。

4.2　フロー：財政の指標

国債費（公債費）は利払い費に公債元本の償還額の一部を含んだものです。

プライマリー・バランスの黒字は債務負担を軽減する財源となります。一方で，赤字であれば名目債務がさらに膨らんでしまうことを意味します。

図4.8は1980年度以降の国の一般会計における公債発行額と国債費を棒グラフで表し，その差であるプライマリー・バランスを折れ線グラフで表しています。財政収支の場合と同じく1990年代の長期不況下で赤字が拡大したことがわかります。その動きはほぼ財政収支と同じであり，この間，低金利により国債費がほぼ一定に保たれていました。

比率でみる財政指標

ここまでは，財政指標を名目額でとらえてきましたが，実質的な負担をみたり，国際比較を行ったりするために対GDP比などの比率でみる場合があります。

図4.9はそれぞれを対GDP比でプロットしたものです。日本の場合は1990年代を通じて名目GDPがほぼ一定だったため，名目額と対GDP比ではその動きに大きな違いがありません。もしGDPが増加すれば，実質的な負担は小さくなると解釈されます。その他に，歳入面での指標として公債依存度があります。定義は，

$$\text{公債依存度（\%）} = 100 \times \text{公債発行額（借入れ）} / \text{総収入（歳入）}$$

です。この比率が高ければ政府収入の多くを借金に依存していることになります。日本の国の一般会計では，例えば1999年度に公債依存度が42.1%に達するまでに上昇しました。また，歳出面での指標として利払い費率があり，

$$\text{利払い費率（\%）} = 100 \times \text{利払い費} / \text{総支出（歳出）}$$

と定義されます。利払い費は過去に発行された政府債務が現在の財政にどれだけ負担となっているかの指標となります。

国民負担率も財政指標として，特に税や社会保険負担を国際比較するためによく用いられます。国民負担率は，

$$\text{国民負担率（\%）} = 100 \times (\text{租税負担} + \text{社会保障負担}) / \text{国民所得}$$

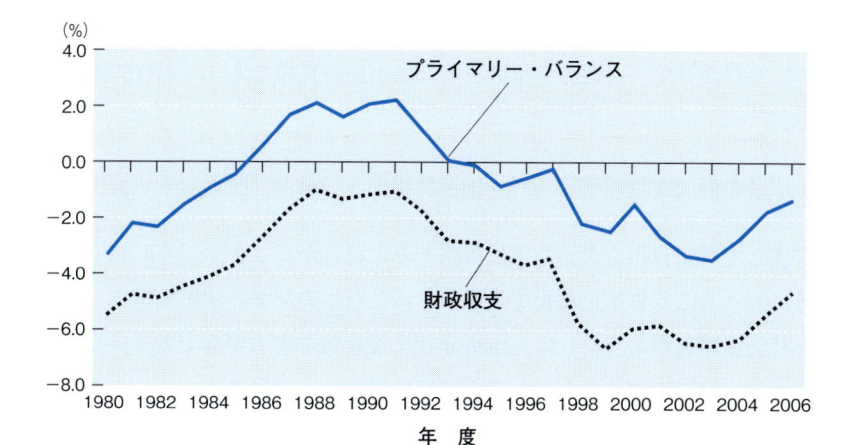

図 4.9 対 GDP 比
（注）　国および一般会計，決算値。
（出所）　財務省『財政統計』，内閣府『国民経済計算』。

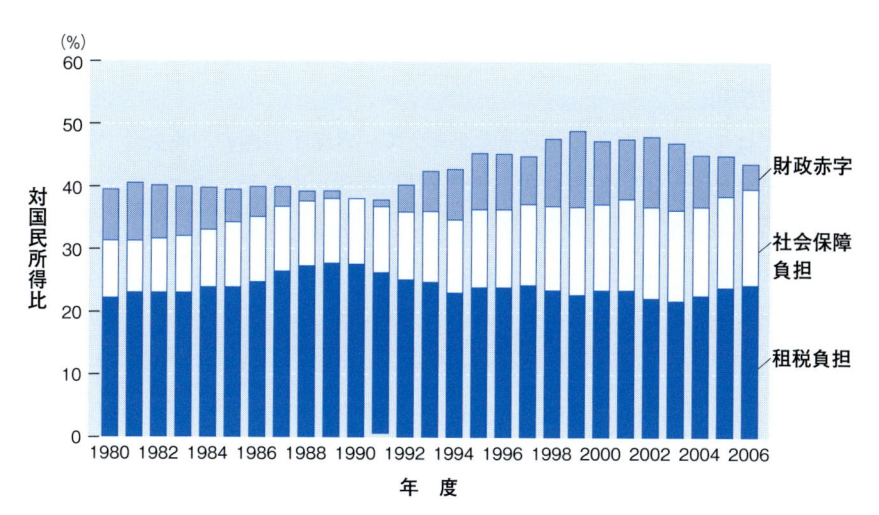

図 4.10 国民負担率
（注）　国および地方についての決算値。
（出所）　財務省。

4.2　フロー：財政の指標

で計算できます。国と地方を合わせた国民負担率は，家計の収入のうち政府への移転がどれだけであるかを示す平均値といえます。

また，財政赤字による公債発行は利払い負担や償還のための将来負担があります。したがって，財政赤字は潜在的には国民の負担であり，**潜在的国民負担率**を，

$$\text{潜在的国民負担率（\%）} = \text{国民負担率} + 100 \times (\text{財政赤字} / \text{国民所得})$$

と定義して将来負担も含めた国民負担をみる場合があります。図4.10 は，国と地方におけるこれら国民負担を表す値を示したものです。国民負担率（租税負担と社会保障負担の合計）は，1990 年代に減税策などの影響で若干，低下していますが，財政赤字を合わせた潜在国民負担率は，逆に増加しているのがわかります。

レッスン 4.3　ストック：政府債務

公債の種類

ここではストック面から財政運営を考えていきます。国の一般会計で財政赤字が生じる場合，**建設国債**や**赤字国債（特例国債）**を発行します。

都道府県や市町村は**地方債**を発行します。地方債も原則として公共事業などの**投資的経費**の資金となります。日本では現在，海外から借り入れる外貨建ての**外国債**を発行していないので，円建ての**内国債**のみとなります。

国債は利子の付き方で種類が分かれます。**利付債**には償還まで利子が一定の**固定利付債**と市場動向で変動する**変動利付債**があります。**割引債**は額面から割り引かれた額で発行され，償還時に額面が払い戻されるものです。

公債は，償還期間でもさらにいくつかの種類があります。最も多いのが発行してから 10 年後に償還を行う **10 年債**です。10 年債を**長期債**といい，5 年債，2 年債などの国債は**中期債**に分類されます。20 年，30 年債は**超長期債**です。

図4.11 は，国と地方の長期債の名目額と，重複分を除いた合計額の対 GDP 比を示しています。財政赤字が 1990 年代に拡大したことをみましたが，その結

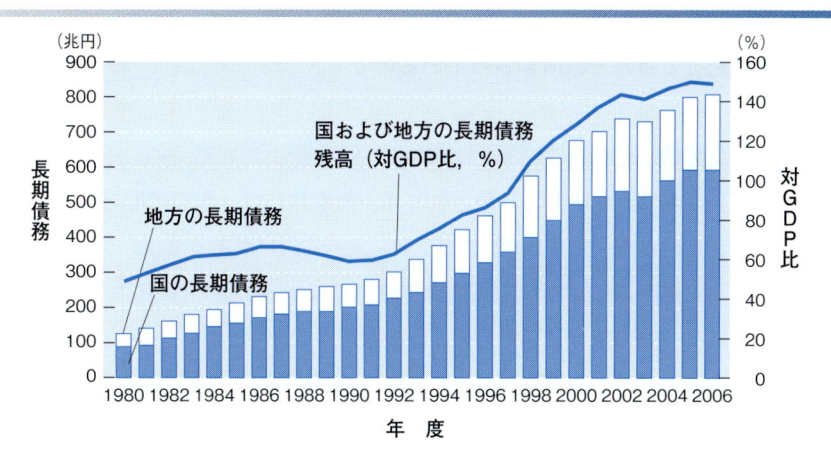

図 4.11　政府の長期債務

(注)　国および地方の長期債務残高（対GDP比）に国と地方の重複分は含まれない。財投債は含まれない。
(出所)　財務省「我が国の1970年度以降の長期債務残高の推移，及び対GDP比」。

表 4.1　国債管理政策

年　度		国債管理政策	赤字国債 億円	建設国債 億円
1965	昭和40	赤字国債（特例国債）発行	1,972	0
1966	41	建設国債（4条債）発行	0	6,556
1975	50	赤字国債を再度発行開始	20,905	31,900
1976	51	割引国債（5年）発行開始	34,732	37,250
1978	53	中期国債発行開始	43,440	63,300
1982	57	変動利付債（15年）の直接発行	70,087	70,360
1983	58	財政非常事態宣言		
1984	59	金融機関による国債のディーリング開始		
1985	60	短期国債の公募入札開始	60,050	63,030
1991	平成3	赤字国債発行ゼロ	0	67,300
1995	7	特例公債発行再開	19,558	164,401
2001	13	財投債の発行開始	209,240	90,760
2002	14	個人向け国債の導入		
2003	15	物価連動国債の発行	286,520	66,930

(注)　本文では分類として短，中，長期債を説明した。その分類で，例えば中期債としての中期国債（3年利付国債など）がある。
(出所)　財務省ウェブページ「国債に関する情報」より作成。

果として政府債務も急増しています。2006年度（決算）で148.7％と年間GDPを遙かに超える債務を政府が負っているのです。

その他の公債

1年以下のものは短期債に分類されます。短期債には，政府短期証券（FB；Financial Bill）と割引短期国債（TB；Treasury Bill）があります。ただし，この2つは2009年に統合され，国庫短期証券（Treasury Discount Bills）として発行されることになります。

また，政府は短期的な資金繰りのために公債発行だけでなく借入金も行っています。1998年度までは一般会計が発行する（旧）大蔵省証券，食糧管理特別会計が発行する食糧証券，外国為替資金特別会計が発行する外国為替資金証券がありました。しかし，これらは1999年度に政府短期証券へ統合されました。

政府短期証券は税の未収金を補うためだけでなく，例えば，政府が為替介入を行うときの資金を調達する際にも発行されたりします。2008年度末見込みで国の国債・借入金残高が約889兆4,000億円に対し，そのうち借入金が約57兆6,000億円，政府短期証券が約142兆円であり，その規模は小さいとはいえません。

その他，2001年度の財政投融資制度改革後には，財政投融資特別会計国債（財投債）が発行されることになりました（表4.1）。財投債は財政投融資対象機関（国の一般会計，特別会計，地方公共団体，公庫・銀行，独立行政法人など多岐にわたる）が発行するもので，政府保証のないものを財投機関債，政府保証のあるものを財投債といいます。

国債の償還と借換債

国の国債を管理しているのは，一般会計ではなく国債整理基金特別会計です。一般会計上の国債費は，実は国債整理基金特別会計への移転なのです。

図4.12は国債整理基金特別会計と一般会計の関係を示しています。一般会計に計上される公債金は新規国債発行額に対応します。政府はその他に借換債を発行していますが，これは国債整理基金特別会計に計上されます。

国債償還は，60年償還ルールに基づき行われます。例えば，30兆円の10年国債を発行した場合は10年後に償還期を迎えますが，このときに10/60にあ

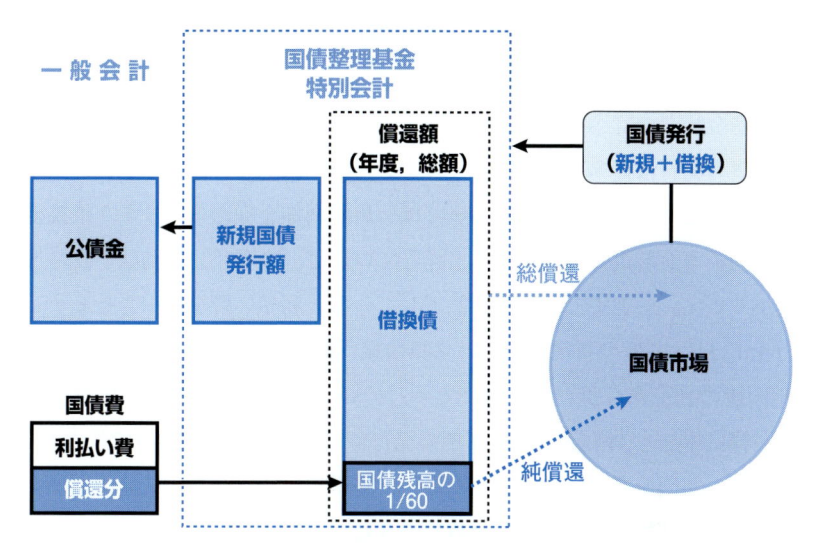

図 4.12　国債整理基金特別会計と一般会計

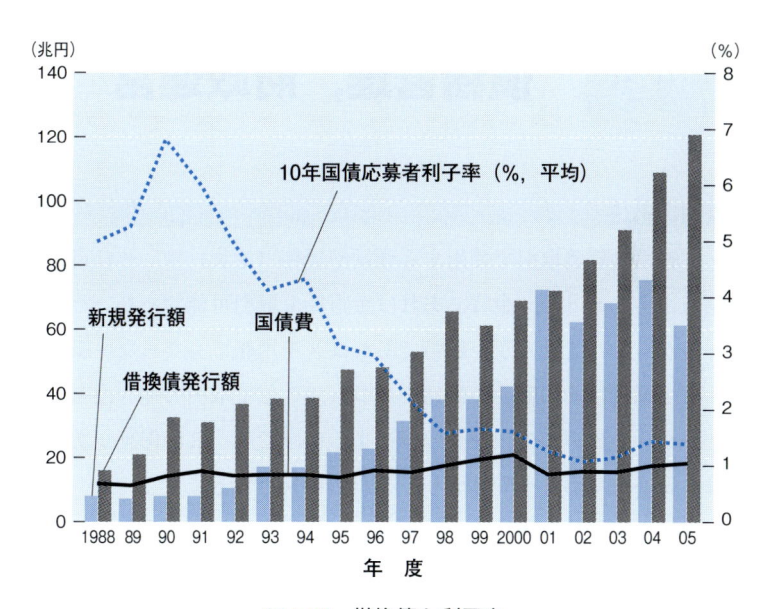

図 4.13　借換債と利子率

（注）ここでの新規発行額（および借換債発行額）には国の一般会計の他に特別会計発行額分が含まれる。
（出所）財務省『国債統計年報』。

4.3　ストック：政府債務

たる5兆円を現金償還し，残りは借換債を発行することで債務として残しておきます。10年債の場合は最終的に全額を償還するまで60年かかることになります。また，その財源は毎年度，債務残高の1/60にあたる額を一般会計から国債整理基金特別会計へ定率繰入することで賄われます。

借換債の発行は債務残高を増加させませんが，新規発行したときと償還（借換債発行）したときの金利差によっては，負担増加をもたらします。借換え時に国債利子率が新規発行時よりも上昇していれば，金利差分の利払い費増加につながります。一方で，利子率が低下していると利払い費を減少させます。

図4.13は，国債の新規発行額と借換債発行額を示したものです。国債費と10年国債の利子率も折れ線グラフで示しています。1990年代から借換債の発行額が特に増加し，例えば2005年度の発行額は約120兆円にものぼります。それでもこの間国債費がほぼ一定なのは，債務増加による利払い費負担増加を借換えによる利払い費削減効果が相殺してきたためです。

レッスン 4.4　債務管理，財政運営

債務管理の意味

皆さんが普段の経済取引で使用する硬貨や紙幣（通貨）は，それ自体にはほとんど価値がありません。金貨であれば金市場で取引可能であり，それ自体に価値があるかもしれませんが，紙幣であればメモ用紙にもならない紙です。

では，なぜ通貨はその額面の価値をもつものとして取引の仲介役を果たせるのでしょうか。その一つの根拠が政府による保証です。この保証があることで皆さんは，安心してお金を受け取り，また次に使用できます。

貨幣（マネー）価値を維持するためには，その実質価値（購買力）を引き下げるインフレを抑える他にも，政府が永続的に存在することが必要です。

政府債務が膨らみ破綻の危機に直面すると，ハイパーインフレーションが生じます。これは政府による保証が失われ貨幣の価値がゼロに近づくことを意味しています。政府が存続するための財政運営は経済活動の基盤なのです。政府はどのようなときに破綻してしまうのでしょうか。政府債務が破綻しない基本

コラム 4.3　　国債は誰がもっているか

図 4.14 は国債の所有者の比率を円グラフで示しています。この図からわかるように最も所有比率が高いのは（旧）郵便貯金です。その他，中央銀行（日本銀行）や公的年金が国債を多く所有しており，その他を合わせると半分程度が公的機関です。家計の所有比率も増加してきていますが，それでも全体に占める割合はまだ小さいものです。したがって，政府のバランス・シートを考えると，国債・財投債のネット（純計）の値は約半分だということになります。ネットが小さいことで国債は安全だといい切れるでしょうか。残念ながら，そうとはいえません。

まず，郵便貯金はこの統計の直後，2007 年 10 月に民営化されました。今後は民間金融機関としての経営が求められます。そのため，政府が破綻危機に陥ったときに国債を所有し続けるとは限りません。そもそも郵便貯金の原資は家計などから預かったもの（預金）です。郵便貯金のバランス・シート上には国債に対応した負債が存在します。

さらに，10.68% を占める公的年金分についても単純に資産とはなっていません。公的年金がもっている国債などの資産は，将来の年金給付のための積立です。現在の年金会計では，将来はこの積立を取り崩していくことになっています。むしろ，将来給付に対して将来の公的年金会計への収入（年金の掛け金）は少なく，時間を通じてみた場合の純資産がプラスにはならない可能性があります。

ただし，破綻した多くの国では対外債務が問題となり，為替の変動を通じて債務負担がより膨らみました。日本の国債の多くが国内通貨建てで所有されているということは，財政運営を安定させるための一つの材料になっているのかもしれません。

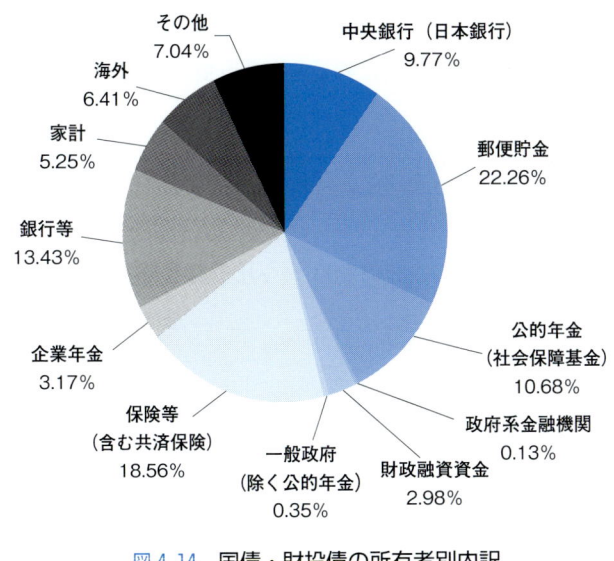

図 4.14　国債・財投債の所有者別内訳
（出所）　日本銀行『資金循環統計　2007 年 9 月末』。

- 中央銀行（日本銀行）　9.77%
- 郵便貯金　22.26%
- 公的年金（社会保障基金）　10.68%
- 政府系金融機関　0.13%
- 財政融資資金　2.98%
- 一般政府（除く公的年金）　0.35%
- 保険等（含む共済保険）　18.56%
- 企業年金　3.17%
- 銀行等　13.43%
- 家計　5.25%
- 海外　6.41%
- その他　7.04%

条件を**政府債務の維持可能性**といいます。

政府債務の負担の基本は利払い費です。そのため，政府債務の維持可能性はまず利子率に依存します。ただし，利子率と経済成長率のギャップは長期的にみると一方向のみに大きく変動するものではないので，利子率が上昇しても経済成長で負担はある程度相殺されるはずです。

そのため，より重要なのは財政構造です。すなわち，政府がいつまでも借金を膨らませ続けないで歯止めをかけられる制度かどうか，債務発行が多くなった後に財政赤字を縮小できるような財政運営を行っているかどうかです。

しかしながら，例えば1990年代の日本のように，景気後退期が長く続き，経済対策も長期にわたって行う必要があったような場合には，その後の財政運営は難しくなってしまいます。さらに今後は，少子高齢化により社会保障関係費などの歳出が自然に増えていく状況です。経済状況に対応しつつ，時間軸を考慮した政府債務の財政運営が必要とされています。

政府債務の維持可能性条件

政府が破綻しない条件を考えます。政府は，国債発行による借換えが自由に行えるものとしましょう。t は期を表すものとします。さらに，利子率を r とし，それが一定であり，利払い費は利子率に政府債務残高（B）をかけた rB_{t-1} であるとしましょう。

このとき，$t-1$ 期から t 期にかけての政府債務残高 B（期末値）は，t 期における財政収支の分だけ変化します。したがって，

$$B_t - B_{t-1} = -(収入_t - (政府支出_t + rB_{t-1}))$$

となります。これを書き換えると，

$$B_t = (1+r)B_{t-1} + 政府支出_t - 収入_t$$

となります。この式は，将来にわたって毎年度成立する政府予算式です。

図4.15では2期間（t 期と $t+1$ 期）のみで合わせてみると（割引現在価値でみて）ちょうど政府債務の増減がゼロとなる場合を考えてみました。

t 期の増加後の国債残高は，「プライマリー・バランス（赤字額）」と「国債残高（$t-1$ 期）＋利払い費」の合計です。

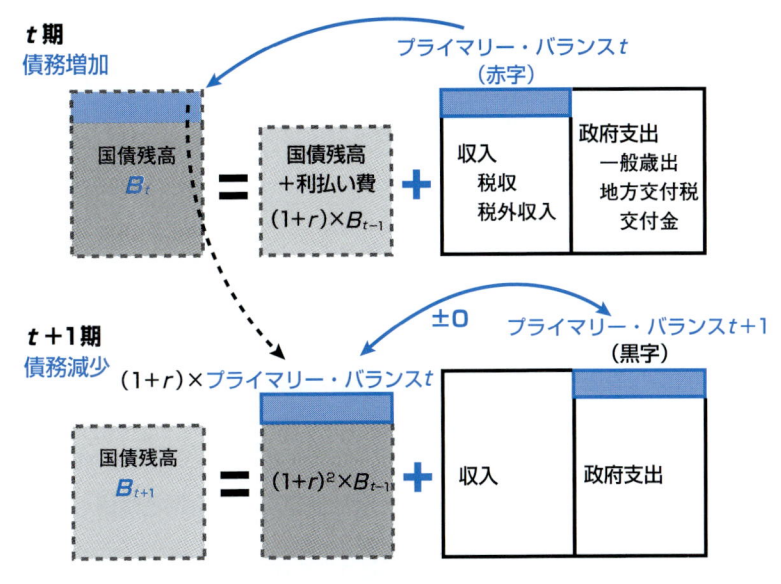

図 4.15 2期間と政府債務：増減がゼロのケース

コラム 4.4　財政の物価理論

　政府債務が増大すると物価が上昇することを説明した，**財政の物価理論**というものがあります。

　政府が**破綻しない条件**に現在の債務を**将来の政府余剰で返済**できるというものがありますが，政府余剰としてプライマリー・バランスの他に，政府が通貨を供給することによる**通貨発行益（シニョリッジ；seigniorage）**があります。

　ここで，中央銀行が金利目標を設定しており，また，プライマリー・バランスを一定とする財政ルールが存在しているとします。この場合に，政府が政府債務破綻に直面すると，破綻を避けるためには通貨発行益を得るしかありません。その結果，通貨の発行によってマネーサプライが増加することで物価水準が上昇します。

　財政の物価理論に対しては批判もあります。例えば，**政府予算制約が成立しないような財政ルール**を行う（**非中立型財政政策**）ことを前提とできるかどうかという問題があります。そもそも，政府が財政運営を適切に行えば，通貨を増加させる必要はありません。

　しかしながら，この批判でもインフレによって政府債務の実質負担が減少するという関係は残ります。政府の債務管理と通貨発行のバランスが崩れないようにすることは重要です。

$t+1$ 期には利払い負担が生じます。そのため，$t+1$ 期に t 期の債務増加額とちょうど同じだけ債務残高が減少するのは，t 期プライマリー・バランス×$(1+r)$ と同じだけ $t+1$ 期にそれが黒字となるときです。プライマリー・バランスを PB として，将来の値を $1+r$ で割り引いた割引現在価値でみると，

$$-PB_t = PB_{t+1}/(1+r)$$

となります。政府債務の維持可能性は長期でこの増減が等しくなるときに満たされると考えるのです。理論的には非ポンジ・ゲーム条件といい（ポンジは，1920年頃の米国でいわゆる「ネズミ講」詐欺を行った人物です），長期において，債務がいつまでも増え続けないのが政府債務の維持可能性条件となります。

具体的には，債務の分だけ将来，黒字となればいいので，

$$B_{t-1} = 将来にわたるプライマリー・バランスの割引現在価値$$

と書くことができます。B_{t-1} は $t-1$ 期末の債務残高ですので，今期に持ち越された債務です。直感的には債務を将来のプライマリー・バランス黒字で返済することができるという意味です。

このように政府債務問題ではプライマリー・バランスが指標となり，その将来動向と現在の債務残高がバランスするかどうかがポイントとなります。

利子率，経済成長率，政府債務

政府債務の許容額は経済規模に依存するでしょう。収入が多ければ，より多くの借金を将来返済することが可能です。政府の場合の収入は税収ですが，その額はGDP（所得）に依存します。そのため，政府債務の対GDP比も重要な指標となります。

政府債務の対GDP比は「政府債務 B /名目GDP」で計算できます。名目GDP成長率を g として，これを変化率で表現すると，

$$政府債務対GDP比の変化率 = 政府債務 B の変化率 - g$$

となります。前述の通り政府債務の変化は，

$$B_t = (1+r)B_{t-1} + 政府支出_t - 収入_t$$

コラム 4.5　財政収支の要因分析

　財政収支動向は，政府の財政運営方針の他に経済状況にも依存し，経済状況が悪くなると赤字化する方向へ動きます。景気に反応する部分を**循環的財政収支**と呼び，それ以外の要因は**構造的財政収支**と呼びます。循環的財政収支が赤字拡大要因であれば景気回復とともに財政収支の赤字は改善していきますが，そうでなければ自然には解消されません。なお，経済対策のための支出や減税は構造的財政収支に含まれます。

　図 4.16 は内閣府が推計した循環的財政収支と構造的財政収支です。この図から，1990 年代の財政赤字拡大のほとんどは構造的要因で説明されることがわかります。

　特徴的なのは，この間，政府債務の負担である利払い費が，むしろ対 GDP 比でみると減少していることです。政府の債務が増大した一方で，低金利が継続していたためです。もう一つの特徴は，循環的財政収支の赤字がそれほど大きくないことです。これは，循環的財政収支は主に失業給付などが対象であり，経済対策としての公共投資支出などの増加は構造的財政収支に含まれるからです。

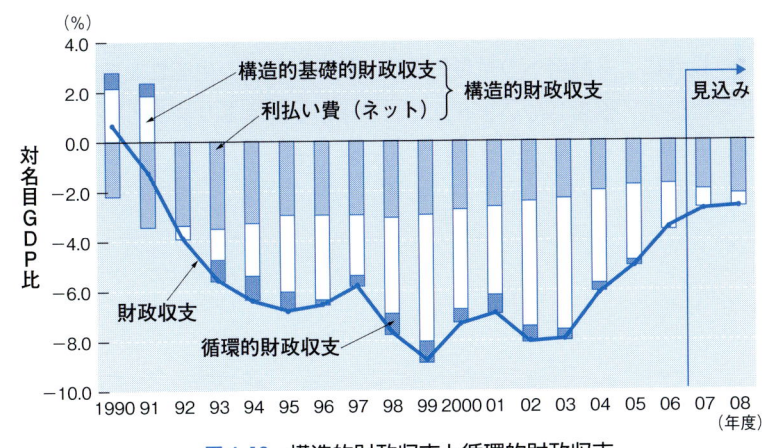

図 4.16　構造的財政収支と循環的財政収支
（出所）　内閣府（2008）『平成 20 年版　経済財政白書』p.95 より抜粋。

なので，プライマリー・バランス（＝政府支出$_t$ − 収入$_t$）が**ゼロのとき**，

$$（政府債務 B の変化率＝）\frac{B_t - B_{t-1}}{B_t} = r$$

となり，ちょうど利子率 r に等しくなります。したがって，**プライマリー・バランスがゼロのとき**には，以上をまとめて，

政府債務対 GDP 比の変化率 ＝ $r - g$

となります。

　名目成長率が名目利子率よりも大きい，あるいは等しい場合には政府債務の対 GDP 比は膨らまず，政府債務は維持可能となります。これを**ドーマーの条件**（$g \geq r$）といいます。**プライマリー・バランスをゼロとする政策目標はそれだけで政府債務の維持可能性を保障するものではありません**。さらに，このドーマーの条件を満たすことが必要となります。

　では，経済成長率は利子率よりも大きくなるのでしょうか。1990 年代の日本では低金利が続いてきたため，おおむねドーマーの条件が満たされ実質的な政府債務の負担は抑えられてきました。

　しかしながら，これが続くとは限りません。利子率が低いために投資が過大となり，長期的に消費が抑えられる状態は**動学的に非効率**と呼ばれます。利子率は投資の限界生産性に対応します。その利子率が成長率よりも小さいということは，投資による経済への循環的効果（投資が経済の生産性をあげ，経済成長をさらに促す）が生じていません。利子率が上昇するリスクも踏まえながら財政運営を決定する必要があるのはそのためです。

コラム 4.6　　非ケインズ効果

　第 11 章でもみるように，公債発行により政府支出の増加や減税による財政政策を行うことで，通常は総需要が拡大して GDP の増加につながると考えられます。しかしながら，公債残高が十分大きい状況で，さらに公債を発行し拡張的な財政政策を行った場合はどうなるでしょうか。政府支出を増やし続けることで経済はますます拡大することになるのでしょうか。

　本章で学んだように，家計は時間を通じた生涯所得から消費水準を決定します。過度の公債発行は，かえって民間経済主体に対して将来の増税を強く予期させることになるでしょう。公債残高の増加が民間需要に負の効果を与えることは，非ケインズ効果と呼ばれます。この場合，逆に減税や支出の削減のほうが民間需要を刺激することが示唆されます。

　例えば，1980 年代のスウェーデンでは，増税が民間需要の拡大を生んだことから，通常の拡張的財政政策の効果（ケインズ効果）と逆の非ケインズ効果の典型例として挙げられます。

　日本でも，1990 年代の大規模な財政政策が景気を浮揚させるほどの効果がなかったことから非ケインズ効果が注目されました。さらに，財政構造改革について，経済財政白書（2002）の「このような効果（非ケインズ効果）に期待できるとすれば，財政構造改革のデフレ効果も相殺できることになる」のように，非ケインズ効果を指摘したものがあります。

　2008 年の金融危機後，さらに大規模な経済対策が行われています。2009 年度の第一次補正後予算での歳出額は 100 兆円を超えました。一人当たりでみると約 80 万円，家族 4 人だと約 320 万円の支出となります（ただし，年金などの所得移転分も含まれる）。国債発行額も 40 兆円を超えそうです。経済対策の効果がどうなるかは，歳出増加による負担を家計がどのようにとらえるのかにも依存するのです。

　ただし，増税によって消費が増大するという可能性は限られているでしょう。本章で学んだ公債の中立命題から考えると，非ケインズ効果が現れるのは，増税の負担を自分の世代で行い，さらに，債務増加によって政府が破綻状態になり，雪だるま式に公債発行以上の負担を将来負うと予想されるような場合です。

■■■ 考えてみよう ■■■

- 財政の透明性や説明責任について考えてみよう。
- 世代会計とは何ですか。
- 財政収支が赤字の場合，政府はどのように資金を調達しますか。
- 国債に建設国債と赤字国債（特例国債）の2種類があるのはなぜですか。
- プライマリー・バランス（基礎的財政収支）とは何ですか。
- 財投債と財投機関債のうち政府保証がないのはどちらですか。
- 10年債の場合，10年後に償還する必要がありますが，その財源はどうしますか。
- 国債の償還や借換えなどを行っている特別会計は何ですか。
- 政府債務の維持可能性をプライマリー・バランスから考えてみよう。

地方財政 5

　本章では,地方財政の範囲と日本の地方財政制度の概要について説明します。最初に,地方制度や地方政府の範囲などについて説明をします。次に中央政府(＝国)と地方政府(＝地方)の役割分担とその実例を紹介し,地方財政収支の現状や地方の歳入・歳出の概要について説明をします。

レッスン
- 5.1　地方制度と地方財政
- 5.2　国と地方の役割分担
- 5.3　地方の歳入
- 5.4　地方の歳出
- 5.5　地方財政収支と財政再建

レッスン 5.1 地方制度と地方財政

地方政府の単位

　日本の場合，地方制度は大きく分けて都道府県と市町村に区分されます。国民経済計算（SNA）では，これらは地方政府に区分されます。2006年3月現在，日本には47の都道府県と1,821の市町村が存在します（コラム5.1，図5.1）。この他，地方政府として東京都23区（特別区）や，1,527の一部事務組合等が存在します。

　都道府県とは，市町村を包括する広域の地方公共団体（地方自治法第2条5項）を指します。市町村は，基礎的な地方公共団体（地方自治法第2条3項）です。東京都23区を合わせて，市区町村と呼ぶ場合もあります。

　一部事務組合とは複数の普通地方公共団体や特別区が，行政サービスの一部を共同で行うことを目的として設置する組織であり，特別地方公共団体である地方公共団体の組合の一つになります。

　近年では，いわゆる平成の大合併で市町村数が減少しています。2004年3月時点で3,132あった市町村数はその1年後に2,395まで減少し，さらに1,821（2006年3月）にまで減少しました。

　第1章で学んだように，地方財政の予算も国の場合と同様に一般会計と特別会計からなっています。ただし，地方財政ではこれらを普通会計と公営事業会計とに分類し直す場合も多くあります。これは，一般会計では予算制度が異なる地方間の財政を比較できないため，普通会計で共通化するためです。普通会計には都道府県や市町村の一般会計のほとんどが入るとともに，公営企業会計以外の特別会計も含まれます。

　公営企業会計とは地方公営企業などの会計です。地方公営企業は独立採算での運営が基本とされますが，一部に一般会計が負担する費用もあります。公営企業会計は公営事業会計に計上され，公営事業会計にはその他に農業共済事業特別会計や公益質屋事業特別会計などが含まれます。

　さらに，地方財政には土地開発公社など地方公共団体が出資する地方公社や，民間機関と共同出資により設置する第三セクターの会計もあります。

> **コラム 5.1　　平成の市町村大合併**
>
> 　地方分権の推進，進展する少子高齢化への対策，広域的な行政需要の増大，行政改革の推進，基礎自治体である市町村の行財政基盤の強化といった目的のため，総務省（旧自治省）は 1999 年度以降，市町村の合併の特例等に関する法律（合併特例法（旧法））による市町村合併を推進してきました。
>
> 　1999 年 3 月末時点で 3,232 あった市町村数は 2006 年 3 月末時点に 1,821（合併特例法適用，申請ベース）にまで減少しました。市町村数はこの間に 1,411 も減少したことになります（図 5.1）。
>
> 　平成の大合併は，財政上の優遇策によって促されました。一つは，合併前と同様の普通交付税の交付を受けられる特例措置（10 年間）で，もう一つは合併年度後 10 年度の間に限り認められる合併特例債の発行です。特に，合併特例債は，元利償還金の 70％ を中央政府が交付措置するもので，通常の地方債と比べてメリットが大きい（地方の負担が小さい）ものでした。
>
> 　さらに，財政上の優遇策が市町村合併を促した背景として，地方財政に関する三位一体の改革（国から地方への税源移譲，国庫支出金の削減，地方交付税交付金の削減）や地方経済の長期低迷，少子高齢化や過疎化などによる地方財政状況の悪化があげられます。
>
> **図 5.1　市町村数の推移グラフ（年度末，年度当初版）**
> 　　（注）　平成 11 年 3 月 31 日以降の市町村数の変遷。
> 　　（出所）　総務省ウェブページより抜粋。

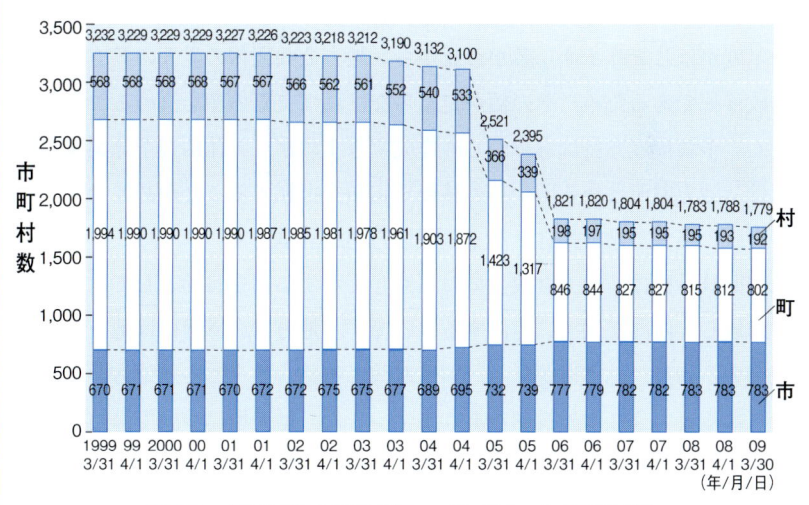

5.1　地方制度と地方財政

地方政府の比重

　表5.1には，国内総生産に占める公的支出の比率を示しました。ここでわかるのは地方政府の支出規模が大きいことです。中央政府支出の対GDP比が5％未満であるのに対し，地方政府の支出は12～13％前後と中央政府の2倍規模に達しています。また，地方政府が政府支出全体（中央・地方・社会保障基金）に占める比率も50％強となっており，政府の経済活動の相当部分を地方が担っています。

　図5.2は国（＝中央政府）と地方（＝地方政府）の目的別歳出規模を比較したものです。ほとんどの費目について地方の比率が高くなっています。国がその支出を多く担っているのは，年金関係や防衛費などに限られます。

　一般行政費や，年金関係を除いた民生費，学校教育費など住民の生活に最も関連が深いと思われる経費はその多くが地方政府による支出です。特に，学校教育費，司法警察消防費，衛生費などは，全体の歳出の79％～94％を地方政府が支出しています。

地方公共団体の予算作成

　地方公共団体の予算は，国の場合と同様に議会での議決の後，4月1日から会計年度がはじまります。しかしながら，地方公共団体の歳入の多くが国からの財政移転であるため，その額が定まらなければ実際の額を決めることができません。予算編成方針はあらかじめ作成できますが，具体的な予算案作成のためには，地方財源となる国からの移転予定額を把握することが必要です。その地方財政の運営計画の指針となるのが地方財政計画です。

　地方財政計画は，地方財政全体の見通しを示すことを目的として総務省が原案を作成し，内閣が国会に提出するものです。地方財政計画には地方財政状況を把握する他に，地方財源保障，国家財政との整合性をとる，地方財政運営の指針となるという3つの役割があります。また，地方債については財政投融資計画に基づく地方債計画が国会に提出されます。

　政府は通常1月頃に経済見通しと経済財政運営の基本的態度を閣議決定し，経済見通しとその見通しに基づく歳入見通しを決定して，国の予算を国会に提出します。地方財政計画はその見通しに基づいて試算されるため，国会への国の予算提出時期に作成されます。

表5.1 国民経済計算における公的支出の推移と内訳

	平成12年度	平成13年度	平成14年度	平成15年度	平成16年度	平成17年度
公的支出	23.9	24.3	24.0	23.5	22.9	22.8
中央政府	4.6	4.6	4.5	4.5	4.1	4.2
地方政府	13.5	13.5	13.3	12.7	12.3	12.1
社会保障基金	5.8	6.2	6.3	6.3	6.5	6.5

（注）数値は対GDP比（％）を表す。
（出所）総務省『平成19年版 地方財政統計年報』。

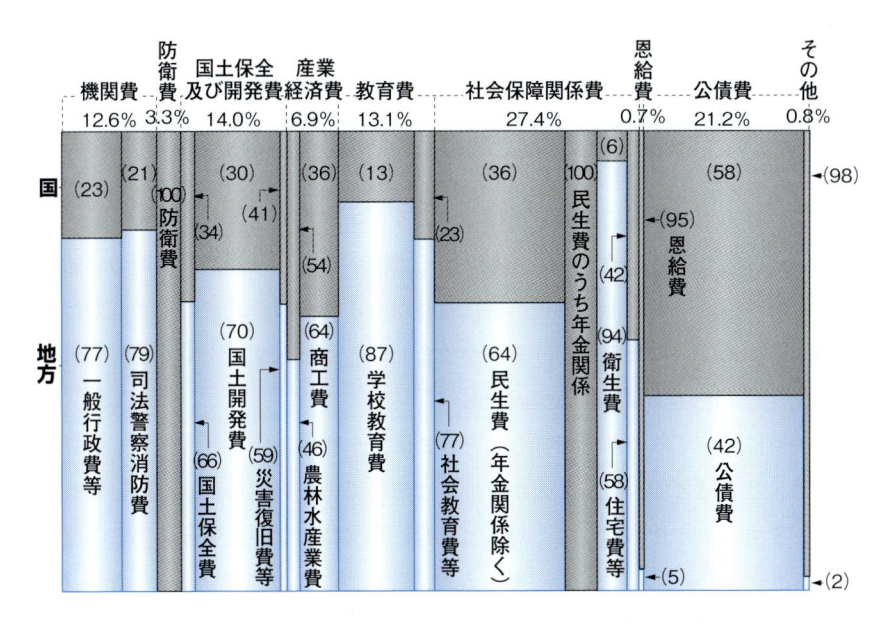

分類	比率	国	地方	内訳
機関費	12.6%	(23)	(77)	一般行政費等
防衛費	3.3%	(21)／100 防衛費	(79)	司法警察消防費
国土保全及び開発費	14.0%	(30)／(34)	(70)／(66) 国土保全費／(59) 災害復旧費等	国土開発費
産業経済費	6.9%	(36)／(41)	(64)／(54)／(46) 農林水産業費	商工費
教育費	13.1%	(36)	(87)／(23) 社会教育費等	学校教育費
社会保障関係費	27.4%	(36)／100 民生費のうち年金関係	(64)／(77)／(94) 衛生費／(58) 住宅費等／(5)	民生費（年金関係除く）
恩給費	0.7%	(6)	—	—
公債費	21.2%	(58)／(95) 恩給費	(42) 公債費／(2)	—
その他	0.8%	(98)	—	—

図5.2 国・地方を通じる純計歳出規模（目的別）
（2006（平成18）年度決算）

（注）（ ）内の数値は，目的別経費に占める国・地方の割合を示す。
（出所）総務省『平成20年版 地方財政白書』より抜粋。

5.1 地方制度と地方財政

レッスン 5.2　国と地方の役割分担

地方の役割とオーツの地方分権化定理

　日本では，地方公共団体は地方自治法第1条第2項において「住民の福祉の増進を図ることを基本とし，地域における行政を自主的かつ総合的に実施する役割を広く担う」とされています。また，同条第2項の2において「住民に身近な行政はできる限り地方公共団体に委ねることを基本とする」旨を述べています。

　表5.2は，日本における国と地方の行政事務の分担を示しています。例えば，生活保護や福祉施設の運営，公立学校，上下水道，都市公園など，生活に密着した事業は地方が担っています。また，道路の中でも都道府県道や市町村道の整備は地方政府がその役割を受けもっています。

　一方，中央政府（国）は外交や防衛を担う他，所得再分配機能にかかわる年金や経済安定化機能にもかかわる通貨の発行を担っています。道路では，地方間を結ぶものとして特に重要な国道や高速自動車道の整備を行っています。

　中央政府と地方政府の役割分担はどのようにすべきでしょうか。オーツ（W. E. Oates）は，所得再分配機能や経済安定化機能，ないしは国家公共財の供給は中央政府が担い，資源配分機能，特に便益がある特定の地域に限定された地方公共財の供給は地方政府が担うことが望ましいと主張しました（図5.3）（地方分権化定理；decentralization theorem）。

　公共財については第7章で詳しく学びますが，簡単にいうと，誰でも消費可能な財・サービスで，政府介入がなければ市場での自発的な供給が難しいものを指します（より具体的には，対価（料金）を支払わない人を排除することが困難（排除不可能性），および，ある人の消費が他の人の消費を減らさない（非競合性）の2つの性質をもつ財・サービスです）。

　このうち国家公共財とは国防・警察・消防・司法などです。一方，地方公共財には住民に密接に関連したサービスである社会福祉や文化施設ないしは下水道の整備などがあります。これらの地方公共財は各地域で住民の選好が異なります。そのため，中央政府が画一的に供給することは住民の効用を低下させることをオーツは示しました。

表5.2 国と地方の行政事務の分担（主なもの）

	治安・経済	国土・社会資本	福祉・教育・その他	許　認　可
国	外交 防衛 通貨 職業紹介	一級河川 国立公園 国道，高速自動車道	年金 大学 教科書の無償給与	医師免許 金融業の登録・免許 鉄道事業の許可 バス事業の許可
都道府県	警察 中小企業支援	二級河川 都道府県立自然公園 都道府県道 （共通） 都市公園，公営住宅，下水道，港湾管理，漁港管理	生活保護（町村の区域） 保健所 児童相談所 高等学校 小・中学校教員の給与	建設業の許可 病院開設の許可 自動車運転免許
市町村	消防	都市計画 市町村道 上水道 ごみ・し尿処理	生活保護（市の区域） 保育所 国民健康保険 小・中学校 幼稚園	

（出所）　総務省ウェブページ資料より作成。

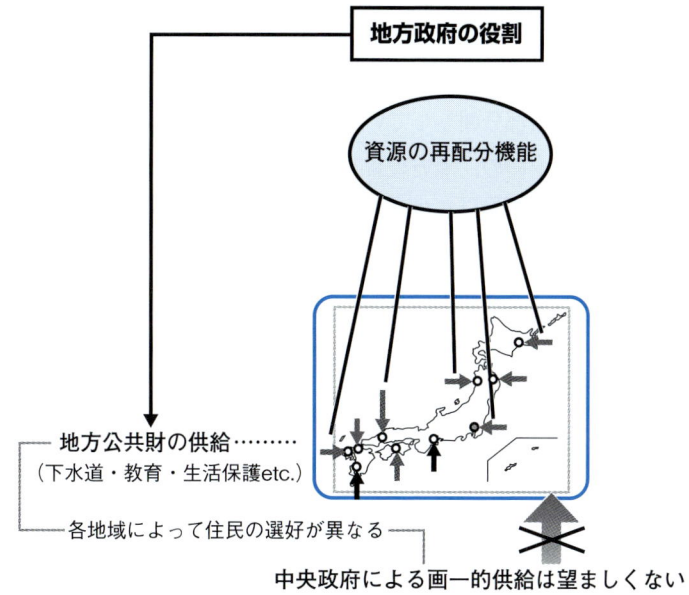

図5.3　地方政府の役割

5.2　国と地方の役割分担

スピルオーバー効果と国の役割

同一国内で地域を超えて人や企業が移動することは，国家間のそれよりも容易です。そのため，ある地域の公共サービスが他地域に漏洩・拡散する（スピルオーバー；spillover effect）こともあります。この性質をもつ公共財・サービスは，過小供給を避けるために国が供給する必要があります。

広い地域に便益が及ぶ高速道路や空港などの公共財・公共サービスの場合は，他の地方政府の費用負担にただ乗り（free-riding）して，自らは供給しないことも可能です。むしろ，ただ乗りすることで費用負担を抑えられますので，積極的に供給しないかもしれません。どの地方政府も供給を抑えることになれば，公共サービスの供給は著しく過小になってしまいます。

別の例として，ある地方政府が所得再分配のために住民税の累進度を高めた場合を考えてみましょう。累進度が高まると，他の地域から貧困者が流入し財政需要がより大きくなります。一方，富裕層が高まった累進度を忌避して，累進度が低いか税率が低い地域へ移住してしまうと，課税ベースが縮小する可能性があります。そのため，所得再分配にも国の役割が必要となるのです。

中央（国）の地方への関与

表5.3にあるように，日本では中央政府が規制や補助金などの手段を用いて，地方政府の仕事に相当部分関与しています。例として，機関委任事務（本来，国が行うべきであるものの，地方の首長（都道府県知事や市町村長）に委託する事務のこと）は地方首長に裁量がないため，国の関与が大きくなります。機関委任事務は地方分権一括法（2000年4月施行，コラム5.2）により廃止されましたが，国が関与する仕組みは依然として法定受託事務の一部に残っています。

財政面でも使途を特定した特定補助金である国庫補助金など，地方政府に裁量がない補助金が存在します。また，使途を特定しない一般補助金である地方交付税交付金も，地方財政計画によって中央政府が予算策定に関与します。

地方政府が発行する地方債は，従来，都道府県が起債する場合には総務大臣の許可が必要でした（市町村の場合には都道府県知事）。この地方債許可制度も，地方分権一括法により2006年度から総務大臣もしくは知事との地方債協議制度へ移行して起債の自由化が行われました。ただし，財政状況が悪化した地方

表5.3 国から地方への関与等（イメージ）

	←強い　　　　　関与の度合い　　　　　弱い→			
	①事務の実施と具体的な水準を法令で義務づけている事務	②事務の実施を法令で義務づけている事務（事務処理の基準を定めるものも含む）	③法令・予算等により地方団体が実施することを想定している事務や実施する場合の基準を法令で定めている事務	④国の関与がない事務
教育・文化	●小中学校教職員 ●高校教職員	●小中学校の設置 ●重要文化財の保護	●私学助成 ●幼稚園 ●図書館，博物館，公民館 ●学校給食	●地域文化振興 ●国際交流
社会保障等	●国民健康保険 ●老人医療 ●介護保険 ●生活保護 ●児童扶養手当 ●児童手当	●児童相談 ●児童保護 ●職業訓練	●健康づくり ●へき地医療 ●母子家庭自立支援	●障害者・乳幼児等医療費助成 ●国保対策（赤字繰出）
公共事業	●直轄事業負担金の支払い ●公営住宅の供給	●道路管理 ●河川管理	●土地改良 ●下水道の整備	●普通河川の管理 ●庁舎の整備
その他	●警察官 ●消防職員	●ゴミ処理 ●戸籍 ●住民基本台帳	●リサイクル ●制度金融 ●国の法律・プロジェクトに係る地域振興	●地域振興（国の法律・プロジェクトに係るものを除く）

（注）　事務の多くは単独事業（国庫を伴わない事業）である。
（出所）　総務省ウェブページより抜粋。

コラム 5.2　地方分権一括法の内容

　2000年度より施行された地方分権一括法では，法定外税の拡充を可能にすることや機関委任事務の廃止など，地方の裁量を高めることがうたわれています。主な内容は以下のとおりです。
(1) 市町村民税への制限税率の撤廃
(2) 法定外普通税の許可制から協議制への移行
(3) 法定外目的税の創設
(4) 地方債の許可制から協議制への移行（実施は2006年度より）
(5) 機関委任事務の廃止
　かつては都道府県事務の80％，市町村事務の40％を占めていた機関委任事務ですが，廃止により自治事務（都市計画の決定，飲食店営業の許可，病院・薬局の開設許可など）と，法定受託事務（国政選挙・旅券の交付・国道の管理など）に再構成・縮減されました。

自治体に対しては起債制限がなされます。

レッスン 5.3　地方の歳入

国と地方の財源配分

図 5.4 は，2004 年度における国と地方の間の財源配分を示したものです。国税が約 48 兆 1,000 億円である一方，地方自治体が徴収する地方税は約 33 兆 5,000 億円です。租税の配分比率は国 60％，地方 40％です。これが，国からの財政移転による配分後の比率は国 40％，地方 60％と配分前から逆転します。したがって，地方政府は独自財源（租税など）以上の支出を行っていることになります。

財政移転には，使途を特定しない一般補助金である地方交付税交付金と特定補助金である国庫支出金があります。

地方交付税交付金は，国の交付税および譲与税配付金特別会計を通じて各地方公共団体へ配分されます。ここからは，第 3 章レッスン 3.6 で学んだ地方譲与税も配分されます（地方譲与税譲与金）。また，恒久減税に伴い減少する地方税収の一部を補塡する暫定的財源として，地方特例交付金もあります。

国庫支出金は，国により使途を特定されているものです。特別会計を通じず，各中央省庁を通じて配分されます。国庫支出金の用途として，主なものに義務教育や生活保護があります。

地方歳入の推移

図 5.5 は地方歳入純計決算額の推移と構成比を示したものです。地方交付税交付金，地方譲与税，地方特例交付金および地方の自主財源である地方税を含めた一般財源は 55％前後で推移しています。一般財源は，どの費目に充当するのかが各自治体の裁量に委ねられているものです。

一方，国庫支出金などは使途が特定されているために特定財源と呼ばれます。地方債は，起債時に使途を特定するための特定財源に区分されます（公用施設の建設事業，公共施設，公営企業など）。国庫支出金，地方債ともに 10～15％の

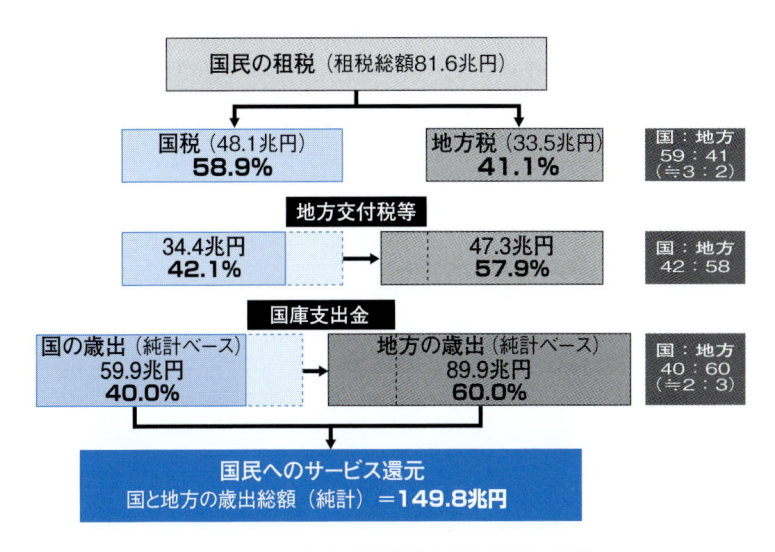

図5.4 国・地方間の財源配分（2004年度）
（出所）総務省ウェブページより抜粋。

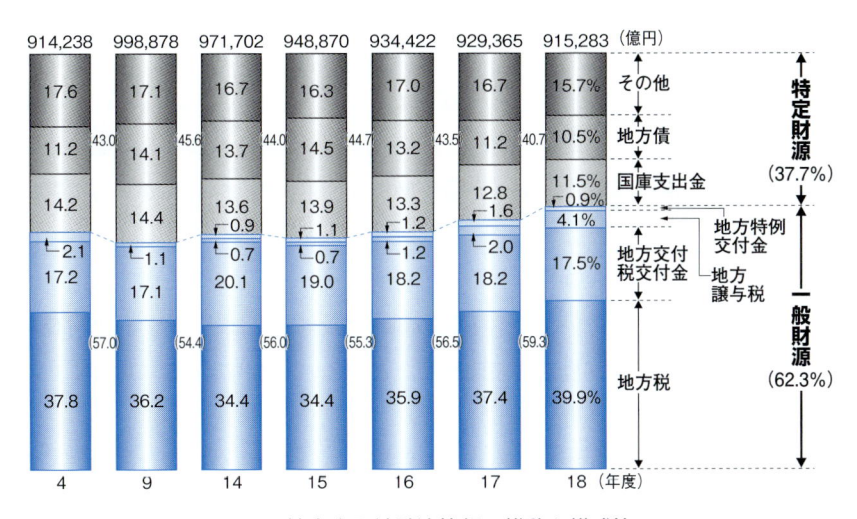

図5.5 地方歳入純計決算額の推移と構成比
（注）国庫支出金には，交通安全対策特別交付金および国有提供施設等所在市町村助成交付金を含む。
（出所）総務省『平成20年版　地方財政白書』より抜粋。

5.3　地方の歳入

範囲で推移していますが，近年は減少しています。国庫支出金の普通建設事業費支出金，自治体の公共事業関係費である普通建設事業費，公共事業関係の地方債発行，義務教育費国庫負担金などが削減されているためです。

図5.6には，都道府県と市町村における歳入決算額の構成比を示しました。地方税の構成比は，都道府県と市町村間でほとんど変わらないものの，地方交付税交付金や国庫支出金ないしは地方債への依存度は，都道府県のほうが若干大きくなっています。ただし，市町村の場合には，都道府県からの補助金である都道府県支出金がありますので，結局，特定補助金への依存度は都道府県と市町村でほとんど同じになります。

税収

地方税は，道府県により徴収される道府県税と，市町村により徴収される市町村税とに大別されます（官公庁の資料では，東京都を省略し「道府県税」と標記しています。東京都を含めた場合には都道府県税となります）。2008（平成20）年度の地方財政計画では，地方税収は約40兆4,703億円とされています（図5.7）。

道府県税では，所得に課せられる道府県民税（個人・法人）と，事業活動を行う個人および法人に課せられる事業税が大部分を占めています。また，5%の消費税のうち1%分は地方消費税として道府県に配分されます。上記の地方財政計画では，道府県税の約66%が道府県民税と事業税，約13%が地方消費税です。

市町村税では，所得に課税される市町村民税（個人・法人）と固定資産税の2つで8割以上を占めています（上記の地方財政計画では約88%）。固定資産税は，土地，家屋，償却資産（設備備品など）といった固定資産に対して，所在地の市町村がその所有者に課す税です。

道府県民税と市町村民税を総称して住民税といいます。住民税は，地方税収の約4割を占めています。住民税の特徴は，個人に対しては均等割と所得割で課税され，法人に対しては均等割と法人税割で課税されることです。いずれも税率および課税最低限が，国の所得税や法人税と異なっていることに注意して下さい。

均等割とは，地方税固有の税であり，定額課税です。すべての住民は何らか

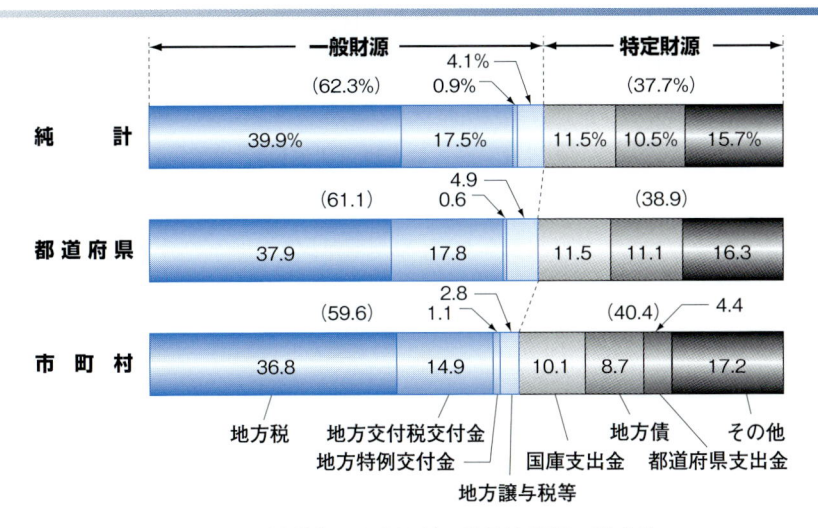

図5.6 都道府県と市町村の歳入決算額の構成比

純計：一般財源(62.3%)　地方税 39.9%　地方交付税交付金 17.5%　地方特例交付金 0.9%　地方譲与税等 4.1%　特定財源(37.7%)　国庫支出金 11.5%　都道府県支出金 10.5%　その他 15.7%

都道府県：一般財源(61.1)　37.9　17.8　0.6　4.9　特定財源(38.9)　11.5　11.1　16.3

市町村：一般財源(59.6)　36.8　14.9　1.1　2.8　特定財源(40.4)　10.1　8.7　17.2　4.4

（注）国庫支出金には，交通安全対策特別交付金および国有提供施設等所在市町村助成交付金を含む。
（出所）総務省『平成20年版　地方財政白書』より抜粋。

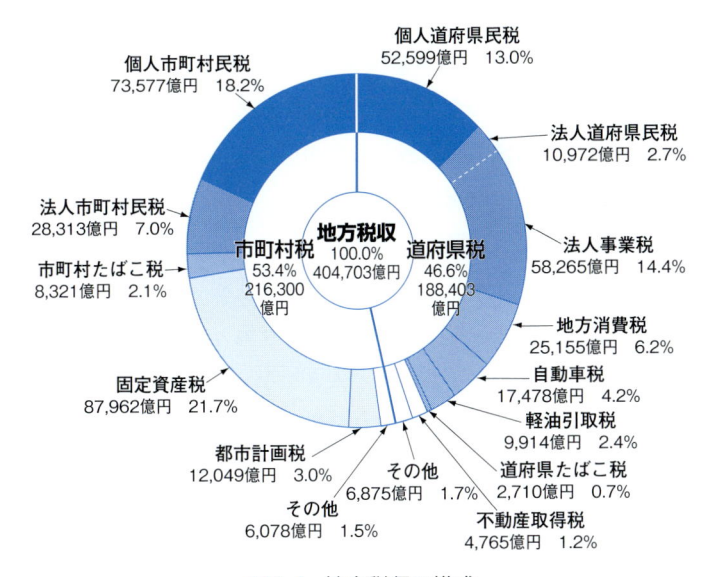

図5.7 地方税収の構成

地方税収 100.0% 404,703億円

市町村税 53.4% 216,300億円
- 個人市町村民税 73,577億円 18.2%
- 法人市町村民税 28,313億円 7.0%
- 市町村たばこ税 8,321億円 2.1%
- 固定資産税 87,962億円 21.7%
- 都市計画税 12,049億円 3.0%
- その他 6,078億円 1.5%

道府県税 46.6% 188,403億円
- 個人道府県民税 52,599億円 13.0%
- 法人道府県民税 10,972億円 2.7%
- 法人事業税 58,265億円 14.4%
- 地方消費税 25,155億円 6.2%
- 自動車税 17,478億円 4.2%
- 軽油引取税 9,914億円 2.4%
- 道府県たばこ税 2,710億円 0.7%
- 不動産取得税 4,765億円 1.2%
- その他 6,875億円 1.7%

（注）1　「個人道府県民税」は利子割，配当割および株式等譲渡所得割を含む。
　　　2　「固定資産税」は，土地，家屋，償却資産の合計である。
（出所）総務省ウェブページより抜粋。

の形で便益を受けており，その費用を等しく負担することが公平の観点から望ましいとの考え方が均等割の根拠です。

所得割，法人税割とは地方版の所得税，法人税です。三位一体の改革によって，2007年度から国税（所得税）から地方税（住民税）へ約3兆円の税源移譲がなされることになりました。所得割の住民税率は，それまでの3段階から比例税率へと変わり，市区町村税率6％，都道府県民税率4％の計10％となりました。

税収格差と地方交付税交付金額

図5.8は，地方税財源の偏在状況を示したもので，三大都市圏に含まれる都府県のうち，東京都と神奈川県，愛知県および大阪府の4都府県とそれ以外の道府県とを比較しています。ここではいくつかの税目を経済的要因（県民所得，民間最終消費支出）と人口要因（住民基本台帳人口）とで分析しています。

法人二税が4都府県に偏在しており，法人税が日本全体の約70％，法人事業税では約50％を占めています。これは，4都府県に本社機能や企業活動が集中していることが一因です。さらに東京一極集中の傾向もあり，東京都の法人税収は日本全体の40％以上，法人事業税収も25％を占めています。

法人事業税と法人住民税の地方法人二税に関しては，2008年度の税制改正で，法人事業税の一部を地方法人特別税として国税化し，地方法人特別譲与税として地方に再配分するように改正がなされました。

国と地方の財政力格差（垂直的財政力格差）と，都道府県・地域間の財政力格差（水平的財政力格差）を是正するのが地方交付税交付金です。

図5.9にあるように，都道府県への一人当たり地方交付税交付金額（2004年度決算）は，県内総生産額が小さいほど大きくなっており，格差縮小に貢献していると考えられます。一方で，地方交付税交付金額は一人当たり税収格差よりも経済格差に対応した配分となっており，一人当たり税収との比較でわかるように過剰な再配分となっている可能性もあります。

基準財政需要とは，標準的な行政運営を行うために必要であると算定された経費です。基準財政需要の算定は複雑で，各地方自治体で必要となる需要額（支出），人口，道路の延長，警察官や教員の数などの測定単位，全国一律の単位費用，自治体の事情に応じて設定される補正係数などから計算されます。

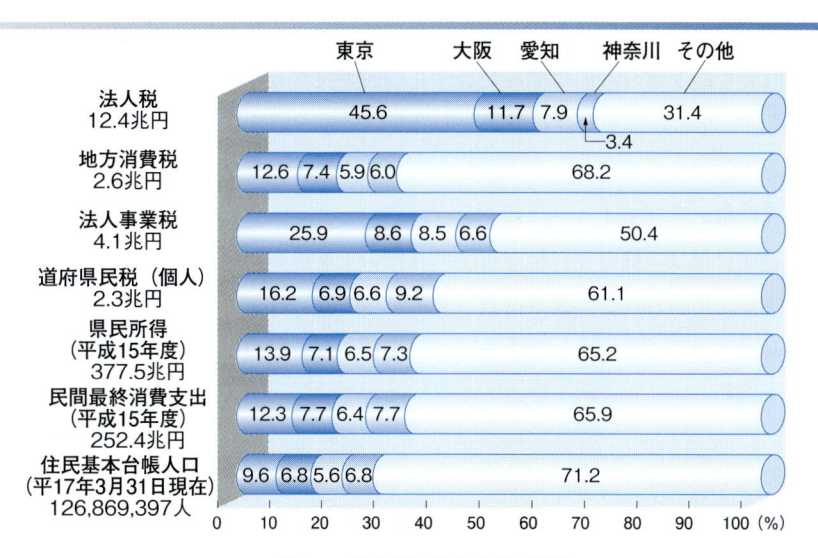

図 5.8 地方税財源の偏在状況

税目	東京	大阪	愛知	神奈川	その他
法人税 12.4兆円	45.6	11.7	7.9	3.4	31.4
地方消費税 2.6兆円	12.6	7.4	5.9	6.0	68.2
法人事業税 4.1兆円	25.9	8.6	8.5	6.6	50.4
道府県民税（個人） 2.3兆円	16.2	6.9	6.6	9.2	61.1
県民所得（平成15年度） 377.5兆円	13.9	7.1	6.5	7.3	65.2
民間最終消費支出（平成15年度） 252.4兆円	12.3	7.7	6.4	7.7	65.9
住民基本台帳人口（平17年3月31日現在） 126,869,397人	9.6	6.8	5.6	6.8	71.2

（注） 1 法人税の局引受分については該当局内の県に比例配分，地方消費税は清算後，道府県民税（個人）は個人均等割，所得割，配当割および株式等譲渡所得割の合算額，民間最終消費支出は名目である。
　　 2 地方分権推進委員会資料に基づき作成。法人税は国税庁ウェブページ（国税徴収表・速報），地方消費税・法人事業税・道府県民税（個人）は総務省『地方税に関する参考計数資料』，県民所得・民間最終消費支出は内閣府『県民経済計算』による。
（出所） 出井信夫・参議院総務委員会調査室（2006）『図説　地方財政データブック　平成18年度版』 学陽書房。

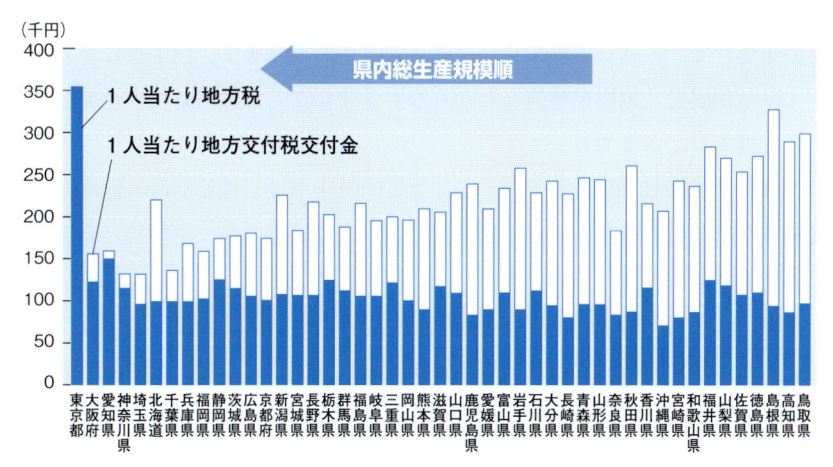

図 5.9 一人当たり地方交付税交付金と経済規模

（注） 2004年度決算，都道府県。
（出所） 地方財務協会（2006）『平成16年度　地方財政統計年報』より作成。

一方，標準的な収入であると算定された額を基準財政収入といいます。基準財政収入を基準財政需要で割った数字を財政力指数と呼びます。財政力指数が1未満，すなわち基準財政需要が基準財政収入を上回る自治体に対しては，国からその超過額を補填するための地方交付税交付金が支出されます。これを，普通交付税と呼びます。

　普通交付税は，地方交付税交付金の9割以上を占めます。残りは，普通交付税の算定に用いられた，基準財政需要の算定方式には含められなかったが，特別の財政需要がある場合に地方自治体に交付されるもので，特別交付税と呼ばれます。

レッスン 5.4　地方の歳出

目的別歳出

　表5.4は，地方政府の目的別歳出純計決算額の構成比の推移を示したものです。主な歳出項目は土木費，民生費，教育費の3つです。さらに，公債の償還のために充当する公債費もかなりの比率にのぼっています。

　土木費とは，普通建設事業費や橋梁費などです。土木費は国の公共事業削減計画を受けて，一貫して減少傾向にあることがわかります。民生費は老人福祉費，生活保護費，児童福祉費などからなります。こちらは高齢化の進展などもあって増加しています。

　教育費は，約18％で推移していることがわかります。性質別にみた場合には，40％強を義務教育費が占めていますが，これには公立の小・中学校と高等学校の教員人件費が含まれています。

　次に，図5.10には，都道府県と市町村に分けた目的別歳出決算額構成比を示しました。まず，土木費は都道府県と市町村の間でほとんど同じである一方，教育費は都道府県での構成比が高く，民生費は市町村での構成比が高いことがわかります。

　教育費が都道府県での構成比率が高いのは，市町村立の小・中学校であっても都道府県が教職員の給与を負担していることや，学校の90％が公立であるこ

表5.4 地方政府の目的別歳出純計決算額の構成比の推移

(％)

年度 区分	2001 (平成13)	2002 (平成14)	2003 (平成15)	2004 (平成16)	2005 (平成17)	2006 (平成18)
総務費	9.2	9	9.8	9.8	9.6	9.7
民生費	14.4	15.1	15.7	16.6	17.3	18.2
衛生費	6.9	6.8	6.4	6.3	6.3	6.2
労働費	0.8	0.5	0.4	0.4	0.3	0.3
農林水産業費	5.7	5.4	5.1	4.7	4.4	4.2
商工費	5.5	5.3	5.2	5.4	5.1	5.3
土木費	19.1	18.6	17.8	16.7	15.9	15.5
消防費	1.9	2	2	2	2	2
警察費	3.5	3.6	3.6	3.7	3.7	3.8
教育費	18.5	18.6	18.6	18.5	18.3	18.5
公債費	13.2	13.8	14.2	14.4	15.4	14.9
その他	1.3	1.3	1.2	1.5	1.7	1.4

（出所）総務省『平成20年版　地方財政白書』より作成。

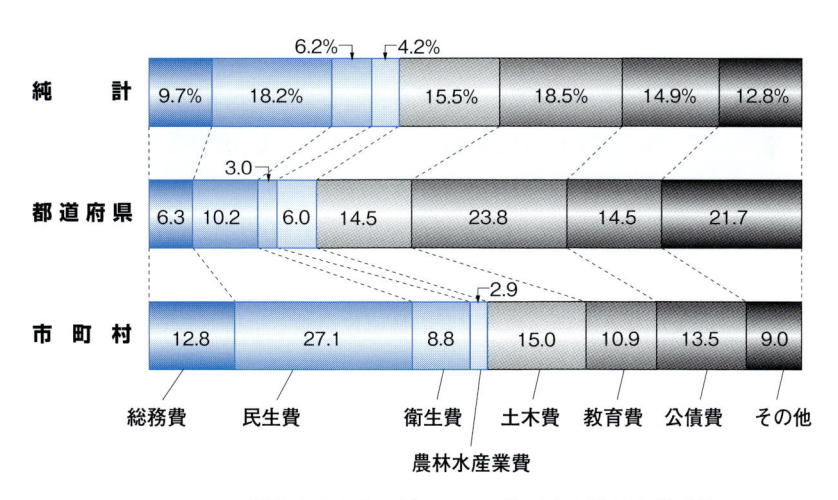

	総務費	民生費	衛生費	農林水産業費	土木費	教育費	公債費	その他
純計	9.7%	18.2%	6.2%	4.2%	15.5%	18.5%	14.9%	12.8%
都道府県	6.3	10.2	6.0	3.0	14.5	23.8	14.5	21.7
市町村	12.8	27.1	8.8	2.9	15.0	10.9	13.5	9.0

図5.10 都道府県と市町村での，目的別歳出決算額構成比
（出所）総務省『平成20年版　地方財政白書』より抜粋。

5.4 地方の歳出

とによるものです。

　民生費については，市町村が介護保険の運営主体になったことに伴い老人福祉費が増加しました。これが市町村財政での構成比率増加の一因となっています。

　また，農林水産業費については，都道府県が市町村の2倍程度を支出していることがわかります。この他，図では示されていませんが商工費も似たような状況です。農林水産業費のうち農地費や，商工費の中の中小企業対策などのための貸付金などは都道府県が中心であるため，これらの費目については都道府県での割合が多くなっています。

性質別歳出

　地方歳出の見方としては，性質別でみる場合もあります。性質別歳出は，大別して義務的経費と投資的経費とからなります。

　義務的経費に含まれるのが職員への給与などからなる人件費，生活困窮者・老人・児童，および身体障害者への支援に充てる扶助費，地方債の元利償還に要する経費である公債費などです。いずれも，カットすることが容易でないという意味で「義務的」経費とみなされます。ここで，人件費には市町村職員や都道府県職員，地方議員のみならず，市町村に消防職員，都道府県に警察官や公立学校教員が含まれていることに注意してください。

　投資的経費とは，地方の担う公共事業を指します。図5.10の「目的別」との関係でいえば，例えば学校の校舎建設費は目的別では「教育費」，性質別では「投資的経費」となります。

　人件費，扶助費，公債費などの経常経費は，ある程度固定されてしまいます。経常経費の一般財源（地方税，地方交付税交付金，地方譲与税など）に対する比率を経常収支比率と呼び，地方財政の硬直度を測る指標として用いられます。

レッスン 5.5　地方財政収支と財政再建

地方債務残高の推移

　図5.11は，地方自治体の公債依存度（＝地方債発行額／歳出総額）と地方債

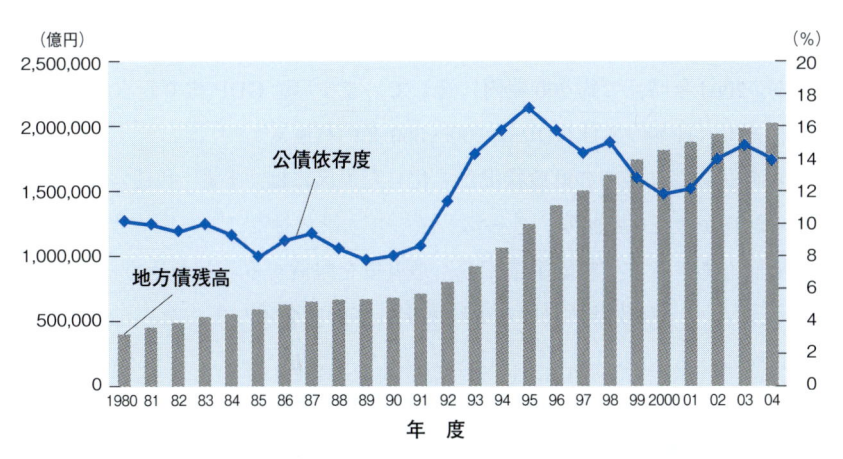

図5.11 地方の公債依存度と地方債残高
（出所）　地方財務協会『地方財政要覧』より作成。

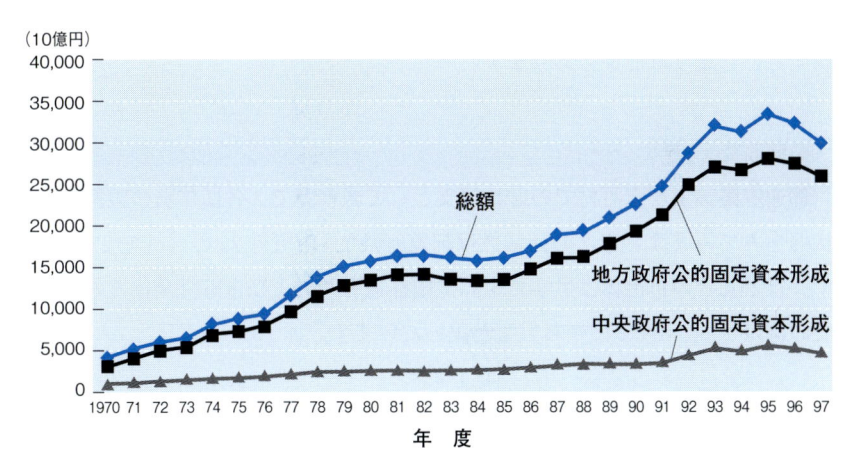

図5.12 事業主体別公的固定資本形成
（出所）　内閣府『国民経済計算年報』より作成。

5.5　地方財政収支と財政再建

残高を示したものです。公債依存度は 1990 年代以前では 10％を超えた年度がなかったのですが，1990 年代に入ると公債依存度が急激に高まり，ピーク時（1995 年）には 18％にも達しました。

地方債残高も増加の一途をたどっています。1990 年代には約 50 兆円程度でしたが，2004 年時点で約 200 兆円に達しています。対 GDP 比でみると約 40％に達します（日本の名目 GDP は 500〜550 兆円程度）。

1990 年代以降に地方の財政状況が悪化した原因には，まず，長期停滞による税収の低迷が考えられます。さらに，国の行う景気対策に地方自治体が動員された側面もあります（補助事業でも，地方債を起債することが認められます）。

図 5.12 は，一般政府における公的固定資本形成を示しました。この図から，一般政府のうち 80％以上が地方政府によってなされていることがわかります。この中には，地方独自の公共事業である地方単独事業の他，国庫補助金などにより行われる補助事業も含まれています。景気対策での補助事業を地方債で賄った結果，地方債残高が増加した可能性が考えられます。

地方単独事業についても，その財源を地方債で調達した場合に，元利償還金（元本と利払い）が地方交付税交付金により補塡される場合があります。このような後年度措置は地方の景気対策を補助する反面，必要以上の地方単独事業を誘発してしまう可能性もあります。

実質収支の推移

都道府県および市町村での財政収支として表 5.5 で，各団体別の実質収支の状況をみてみます。赤字の団体数は都道府県 1，市町村 26 の合計で 27 に過ぎず，ほとんどの自治体は黒字です。全国都道府県および市町村全体での実質収支の値は 1956 年度以降から黒字が続いています。

実質収支 ＝ 歳入歳出差引額（形式収支，決算額）
　　　　　－ 翌年度へ繰り越すべき一般財源
公債費負担比率 ＝ 地方債の元利償還金等の公債費 / 一般財源総額
決算額赤字比率 ＝ 実質財政赤字 / 標準財政規模

しかしながら，図 5.13 にあるように地方自治体の公債費負担比率が 2000

コラム 5.3　地方債について

　地方債は，建設地方債と特例法に基づく地方債とに大別されます。建設地方債は，公営企業や道路や学校などの文教施設の建設のために用いられます。一方，特例法に基づく地方債は，特定目的事業の財源として発行される地方債と，地方税の減収補塡のために発行される地方債とに分けられます。
　特例法に基づく地方債の場合は災害に伴う歳入の欠陥や過疎対策など特に重要な施策の促進の他，減税の実施などに伴う減収補塡（地方税減収補塡債）や地方財源不足対策（財政対策債）などに充当されます。

表5.5　実質収支の状況

区分		平成18年度 団体数	平成18年度 形式収支	平成18年度 翌年度に繰り越すべき財源	平成18年度 実質収支	平成17年度 団体数	平成17年度 実質収支	増減 団体数	増減 実質収支
			億円	億円	億円		億円		億円
全団体	都道府県	47	9,023	5,172	3,850	47	2,262	—	1,588
	市町村	3,363	14,155	2,760	11,394	3,371	10,902	△8	493
	合計	3,410	23,177	7,932	15,245	3,418	13,164	△8	2,081
黒字の団体	都道府県	46	8,970	4,993	3,977	45	2,468	1	1,509
	市町村	3,337	14,604	2,730	11,874	3,345	11,080	△8	794
	合計	3,383	23,574	7,723	15,851	3,390	13,548	△7	2,303
赤字の団体	都道府県	1	53	180	△127	2	△206	△1	79
	市町村	26	△450	30	△480	26	△178	—	△302
	合計	27	△397	210	△607	28	△384	△1	△222

（注）1　平成18年度の赤字の団体には，打切り決算により赤字となった一部事務組合などが含まれている。
　　　2　市町村の額は単純合計である。
（出所）総務省『平成20年版　地方財政白書』より抜粋。

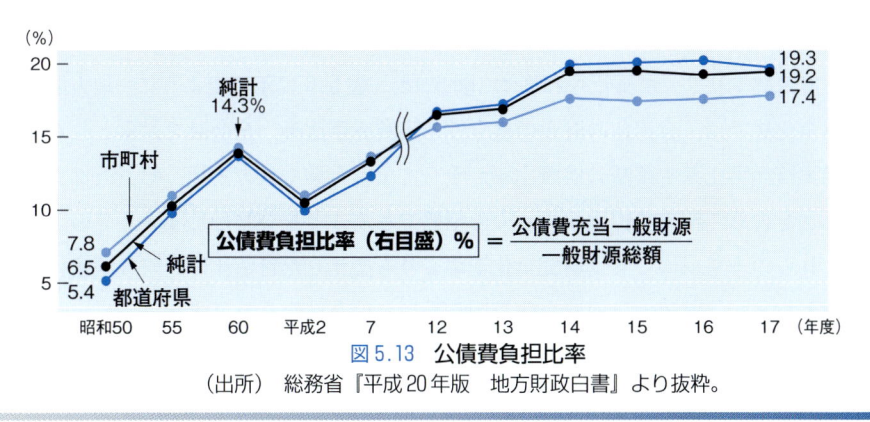

$$\text{公債費負担比率（右目盛）\%} = \frac{\text{公債費充当一般財源}}{\text{一般財源総額}}$$

図5.13　公債費負担比率

（出所）総務省『平成20年版　地方財政白書』より抜粋。

（平成12）年度以降20%弱と高く推移しています．また，公債費充当一般財源そのものについては，2003（平成15）年度までは減少していましたが，2004（平成16）年度以降また増加しています．

公債費の増加は，自治体の財政の自由度を奪うことになります．さらに，公債負担率の分母である一般財源総額には地方交付税交付金が含まれています．これは税収が少ない地方公共団体へより多く配分されていますので，自主財源でみると公債費負担比率は実質的には財源の乏しい地方で高いはずです．そのため，過疎化の進む地域では，人口減少に伴い地方交付税交付金が減少するなどし，財政問題が急激に顕在化してくるのです．

財政再建団体

前年度の決算額赤字比率が，都道府県で5%，市町村で20%を超えた場合には，地方債発行の制限を受けることになります．このとき，「自主再建」の道を選択し，各自治体が独自に財政赤字の削減を行うことが一つの方法になります．

もう一つ，国の援助を仰ぎ，財政再建団体（より正確には準用財政再建団体）の適用を受けて財政再建を図る方法もあります．このための法律が，地方財政再建促進特別措置法（以下，財政再建法）です．

先に述べた数値にまで財政赤字比率が達した場合で，自治体が自主再建を選択しない場合には，財政再建法第22条第2項に基づき，その自治体は財政再建団体の適用を受けることを総務大臣に申し出ます．その上で，自治体は財政再建計画を策定し，総務大臣に提出し，承認が得られれば，財政再建を目的とした地方債の発行が許可されることとなります．

また，2009年度より地方公共団体の財政の健全化に関する法律（いわゆる地方財政健全化法）が施行されます（図5.14）．表5.6に示したように，地方財政健全化法では，自治体の財政の健全性を実質赤字比率，全会計を対象とした連結実質赤字比率や実質公債費比率，そして公営企業や地方公社，第三セクターなどを含めた将来負担比率の4つの指標で示すことを義務付けます．その上で，これらのうち一つでも早期健全化基準よりも悪化した自治体は，財政健全化団体となって，財政の早期健全化を図らなければならなくなります．

近年，財政再建法の財政再建団体の申請・適用を受けた自治体としては，福岡県の赤池町（再建期間10年，1991〜2001年度）と，北海道の夕張市（再建期

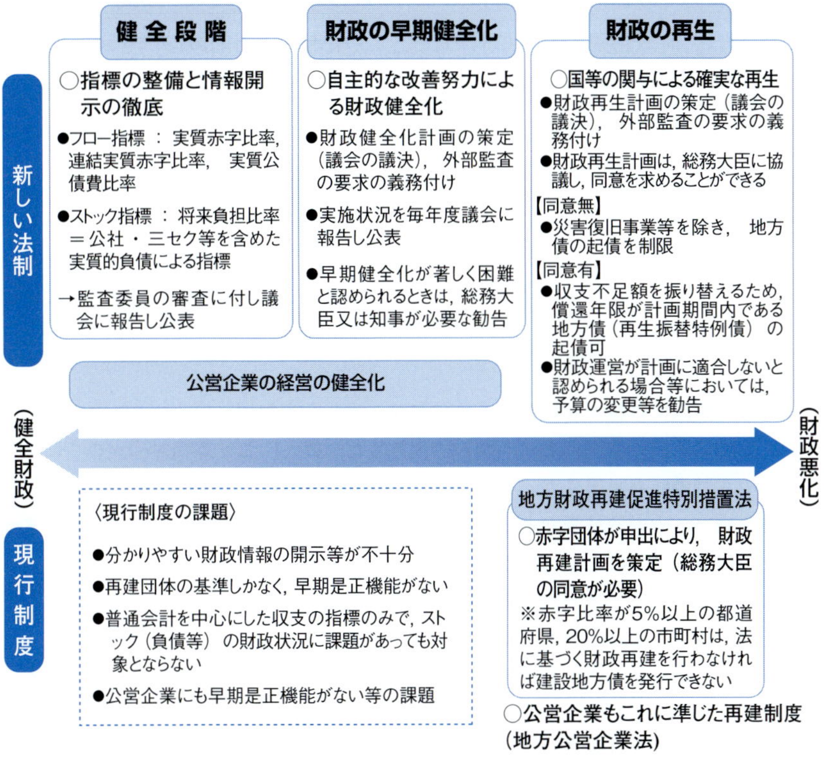

新しい法制

健全段階
- ○指標の整備と情報開示の徹底
- ●フロー指標：実質赤字比率，連結実質赤字比率，実質公債費比率
- ●ストック指標：将来負担比率＝公社・三セク等を含めた実質的負債による指標
- →監査委員の審査に付し議会に報告し公表

財政の早期健全化
- ○自主的な改善努力による財政健全化
- ●財政健全化計画の策定（議会の議決），外部監査の要求の義務付け
- ●実施状況を毎年度議会に報告し公表
- ●早期健全化が著しく困難と認められるときは，総務大臣又は知事が必要な勧告

公営企業の経営の健全化

財政の再生
- ○国等の関与による確実な再生
- ●財政再生計画の策定（議会の議決），外部監査の要求の義務付け
- ●財政再生計画は，総務大臣に協議し，同意を求めることができる
- 【同意無】
- ●災害復旧事業等を除き，地方債の起債を制限
- 【同意有】
- ●収支不足額を振り替えるため，償還年限が計画期間内である地方債（再生振替特例債）の起債可
- ●財政運営が計画に適しないと認められる場合等においては，予算の変更等を勧告

（健全財政 ← → 財政悪化）

現行制度

〈現行制度の課題〉
- ●分かりやすい財政情報の開示等が不十分
- ●再建団体の基準しかなく，早期是正機能がない
- ●普通会計を中心にした収支の指標のみで，ストック（負債等）の財政状況に課題があっても対象とならない
- ●公営企業にも早期是正機能がない等の課題

地方財政再建促進特別措置法
- ○赤字団体が申出により，財政再建計画を策定（総務大臣の同意が必要）
- ※赤字比率が5％以上の都道府県，20％以上の市町村は，法に基づく財政再建を行わなければ建設地方債を発行できない
- ○公営企業もこれに準じた再建制度（地方公営企業法）

図5.14 地方公共団体の財政の健全化に関する法律について

（注）1 地方財政再建促進特別措置法は，この2009年度の地方財政健全化法の施行をもって廃止となります。
2 指標の公表は平成19年度決算から，財政健全化計画の策定の義務付け等は平成20年度決算から適用。

（出所）総務省ウェブページより抜粋。

表5.6 財政の健全性に関する4つの指標

指標	対象	早期健全化団体基準	
		市町村	都道府県
実質赤字比率	普通会計	11.25～15％	3.75％
連結実質赤字比率	↑＋公営企業会計	16.25～20％	8.75％
実質公債費比率	↑＋一部事業組合，広域連合会	25％	
将来負担比率	↑＋地方公社，第三セクター	350％	400％

間 18 年，2006〜2024 年度）の 2 つの自治体があります。

夕張市は約 350 億円の赤字を抱えて，財政再建団体の適用を申請しました。表 5.7 では，財政再建のために行われた，夕張市の歳出削減の例を示しています。夕張市の財政破綻の背景には，歳入面では主力産業であった炭鉱の閉鎖とそれに伴う企業・人口の流出が税収を低下させたこと，歳出面では炭鉱の買取りなど閉山処理の支出がかさむ一方，過大な観光投資が行われたことなどが指摘されています。

考えてみよう

- 地方政府財政には様々な種類がありますが，それらを整理してみましょう。
- 中央と地方政府の歳出における相対的大きさと，歳入における相対的大きさにはどのような特徴がありますか。
- 国から地方への財政移転があるため，地方予算の編成はどのように作成されますか。
- オーツの分権化定理とは何ですか。
- 国の役割をスピル・オーバー効果から考えてみましょう。
- 地方債の起債自由化とは何ですか。
- 住民税には均等割と所得割がありますが，このうちなぜ均等割があるか考えてみましょう。
- 三位一体の改革とは何ですか。
- 地方交付税交付金の役割について考えてみましょう。
- 地方政府の主な歳出項目は何ですか。
- 地方債務残高はどのように推移してきましたか。
- 地方政府全体の実質収支は黒字なのにもかかわらず，なぜ地方財政状況は厳しくなっているのでしょうか。
- 北海道夕張市の財政破綻について，その原因を考えてみましょう。

表5.7 夕張市の財政再建計画（主な歳出の削減）

区　分	見直しの内容
一般職給与等	● 職員数　（H18）269→（H22）103　（4年間で166人減） ● 給与　基本給平均30％及び各種手当削減 　※年収　平均（640→400万円）　管理職（820→440万円）
特別職給与	● 給料（千円）　市長（862→259）　助役（699→249）　教育長（589→239） ● 手当　期末手当（80％以上削減）　退職手当（当分の間未支給）
議員報酬	● 報酬（千円）　議長（371→230）　副議長（321→200）　議員（301→180） ● 期末手当支給率　4.45月→2.45月 ● 定数　18→9人（H19一般選挙から）
その他委員報酬	各種委員会の委員報酬等を平均で60％削減
物件費	事務事業の見直しによる削減のほか内部管理経費の削減
維持補修費	公共施設の廃止・統合による削減
補助費等	各種団体補助及び会議負担金の廃止・縮減

（出所）　夕張市役所『財政再建計画書』より抜粋。

第II部

理 論

政府介入の基礎理論①
：市場の失敗，外部性と費用逓減

　市場の失敗が存在するとき，政府は様々な政策手段を用いて市場経済に介入します。本章では，外部性と費用逓減産業を中心に，政府・財政の役割の基礎理論を学びます。

　外部性とは，ある経済主体の行動が市場を経由しないで他の経済主体に影響を及ぼすことをいいます。ここでは，その性質，外部性が生じたときの資源配分の損失とその解決について説明をします。

　また，費用逓減産業の場合その費用構造から自然独占となり，社会的損失が生じますが，そのメカニズムと政府の役割について説明します。

レッスン
- 6.1　市場メカニズムと市場の失敗
- 6.2　外　部　性
- 6.3　外部性解消の政策
- 6.4　費用逓減産業と政府の役割

レッスン 6.1 市場メカニズムと市場の失敗

市場メカニズム

　不特定多数の経済主体による経済取引は，市場で行われます。通常の財・サービス市場の他にも，労働市場，金融商品を取引する金融市場（債券市場，貨幣市場，株式市場など），外国通貨と自国通貨を取引する外国為替市場などがあります。

　市場では需要と供給が存在します。この2つが一致することを市場均衡あるいは需給均衡といい，最適な価格と数量が決まります。市場で最適配分が達成される過程を，市場メカニズムと呼びます。図6.1は縦軸に価格（p），横軸に数量（Y）をとって，需要曲線，供給曲線とその均衡を示しています。

　市場メカニズムが働くためには，完全競争であることなどの条件が必要です。完全競争とは，買い手や売り手が多数存在し，それぞれが独立に行動し，かつ，情報も完全である状態をいいます（図6.2）。

　ある価格に対する需要量は，どの財を消費するかの選択と，購買力の2つによって決まります。ある財の価格が低下すると，他の財と比較した相対価格が低下するので，他の財からの乗換え需要（代替効果）が生じ，同一所得でも消費できる数量が増加（所得効果）します。

　供給では，企業が財を追加的に生産する費用（限界費用）と価格が等しくなります。例えば，財を1個追加して生産するときの追加費用が10だとします。このとき，財の価格が9であれば，生産増加は1の損失をもたらすので，企業は追加の生産を行いません。価格が限界費用と等しくなるところで供給されるので，供給曲線は限界費用曲線となります。

余剰分析

　余剰分析とは，需要曲線と供給曲線を利用して，市場取引による社会全体での利益（余剰）を計るものです。政策介入の効果をみるときに便利です。

　図6.1で，市場価格（市場均衡のときの価格）から上の需要曲線で囲まれている部分の面積を消費者余剰（consumer's surplus），市場価格から下の供給曲

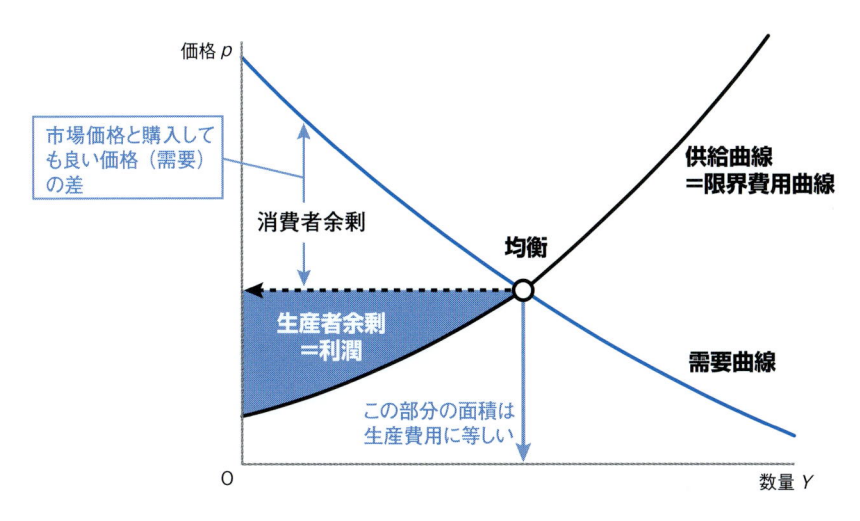

図6.1　需要・供給と市場均衡

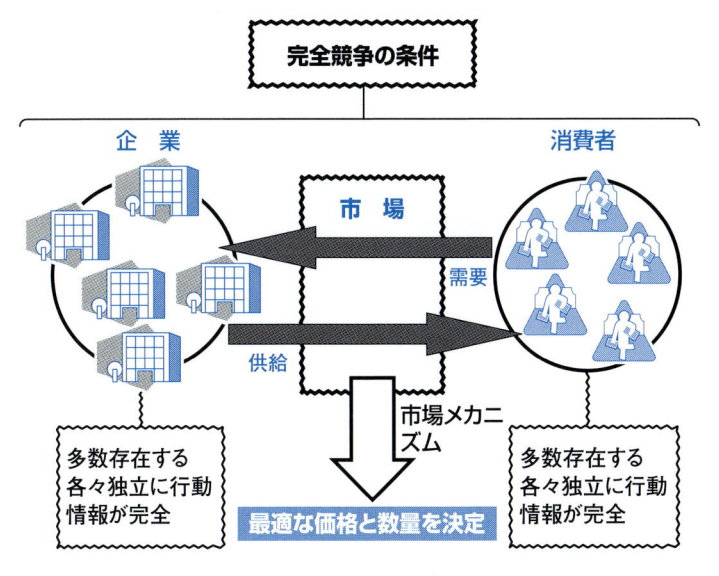

図6.2　市場メカニズム

6.1　市場メカニズムと市場の失敗

線で囲まれている部分の面積を生産者余剰（producer's surplus）ととらえます。

消費者余剰と生産者余剰を合計した面積は、社会的余剰（social surplus）を表します。社会的余剰が最大になるときに最適な資源配分となりますが、市場メカニズムではそれが達成されています。

固定費用（コラム6.1）がない場合、生産者余剰は企業の利潤に等しくなります。供給曲線は限界費用を表していますので、供給曲線から下の部分の面積は総費用に等しくなります。売上げは「価格×販売量」です。売上げから総費用を引いた残りが利潤になります。

消費者余剰は、それぞれの消費者が購入してもよいと思う価格から実際の価格を差し引いた値を、すべての消費者について合計したものです。

例えば、ある人が気に入った服を、定価の1,000円で買おうとして店に行ったとします。ところが、偶然その日に割引セールが行われていて値段が800円になっていたとします。当初、この人は1,000円の効用を服から得られると考えていましたが、実際には800円を支払うのみに止まりました。このとき、支払ってもよい価格と実際に支払った額の差である200円が、消費者の余剰になります。

政府介入による社会的損失

市場メカニズムが働いている場合に政府介入が行われると、需要曲線か供給曲線のいずれかが市場均衡から外れ、社会的余剰に損失が生じます。これが、社会的損失（超過負担・死重損失；dead weight loss）です。

課税の経済効果を例にとって考えます（詳しくは第8章を参照のこと）。いま、政府が財1単位に一定額の物品税を課すとします。1単位という量にかける税は従量税と呼ばれます（一方、日本の消費税のように価格に税率がかかる場合は従価税と呼ばれます）。

さて、図6.3は財に従量税を課したケースを考えています。課税は、企業にとっては費用の上乗せになるため、供給曲線が税負担分だけ上方へ移動します。新たな均衡では、取引量は減少します。このとき、消費者余剰と生産者余剰は課税前に比べてそれぞれ減少しています。一方で、政府には「課税額×取引量」の税収がもたらされ、これは公共サービスの財源となります。

問題は、社会的損失と示された三角形の部分です。この部分は、課税前と比

> **コラム 6.1** ミクロ経済学での「短期」と「長期」，および費用曲線
>
> 　本文では固定費用（fixed cost）を考えませんでしたが，固定費用（固定費用とは生産量にかかわりなくつねに一定にかかる費用）も重要な概念ですので，簡単に紹介します（詳しくは中級のミクロ経済学の教科書を参照してください）。
>
> 　長期（すべての生産要素が可変）でみると，財が多く生産されることで1財当たりの固定費用はならされます。そのため，平均費用を上回る価格であれば，企業の業績は赤字とはなりません。このことは，長期限界費用曲線と長期平均可変費用曲線の交点が損益分岐点となることを意味します。限界費用曲線のうち損益分岐点よりも上の部分が，長期の供給曲線となります。
>
> 　しかしながら，固定費用分をまだ回収できていない短期では，企業は赤字でも操業して，固定費用だけでも回収する場合があります。固定費用がある場合に，短期での企業の供給曲線は操業中止点よりも上の部分（＝限界費用曲線のうち，平均可変費用曲線との交点より上の部分）となります。

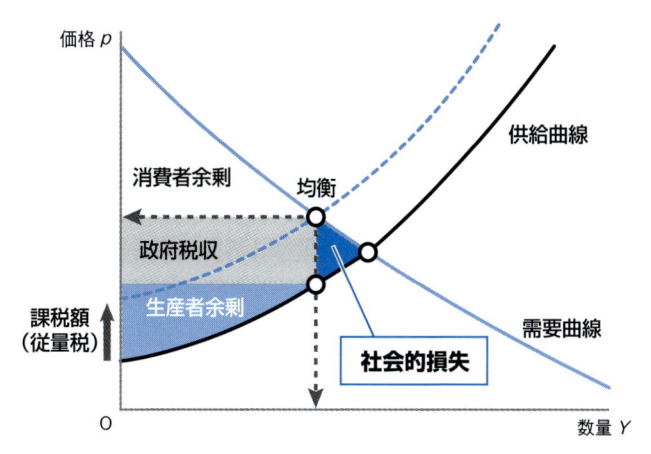

図6.3　課税（従量税）と社会的損失

社会的損失は超過負担（または死重損失；dead weight loss）とも呼ばれます。直感的にはわかりにくい語句ですが，消えた余剰ととらえてください。

べてこの三角形の面積分だけ社会的余剰が消失したことを示します。政府介入の効果の大きさはこの消失面積で測ることができます。

市場の失敗

現実には，何らかの理由で市場メカニズムが働かず，市場の失敗といわれる状態になる場合があります。市場の失敗の原因には，主に (1) 外部性，(2) 費用逓減産業，(3) 公共財，(4) 情報の非対称性 の4つがあります（図6.4）。

(1) の外部性（externalities）の代表的な例は環境問題です。ある企業が公害を発生させていれば，地域住民に健康被害をもたらし，その結果，被害を受けた住民が就業できず，所得を得られないなどの不利益をもたらします。

(2) の費用逓減産業（decreasing cost industry）とは，多額の固定費用が必要であるものの，追加的な生産にあまり費用がかからないため，平均費用が逓減する産業のことをいいます。例えば，ガスを供給する場合，町中にガス管を引く必要があるため，多額の固定費用がかかります。しかしながら，一旦ガス管を張り巡らせると，追加的な生産費用はあまり大きくならず，結果として平均（総）費用が逓減します。ところが，新規参入企業の平均（総）費用は，既存のガス会社のそれよりも大きくなります。その結果，市場に1社だけしか残らない自然独占となってしまいます。独占企業は市場価格よりも高い価格（独占価格）で財を販売するため，完全競争の場合と比べて社会的損失が生じます。

(3) の公共財（public goods）は，通常の財と異なり，対価を支払わない人の消費が排除不可能で，かつすべての人が消費できる（非競合性）ような財・サービスです。例としては，国防や消防などの治安活動があります。公共財は，料金を支払わずにサービスを受ける「ただ乗り（フリー・ライディング）」が可能なため，結局，民間では供給が困難となり市場が成立しません。

(4) の情報の非対称性（asymmetry of information）は，経済主体間での情報量が異なるときに，市場が成立しないことを示します。

例えば，株のインサイダー取引を考えます。発表前の内部情報を使って株の売買が可能であれば，その内部情報をもつ者が圧倒的に有利になります。このとき外部情報しかもたない者が株を購入することは得策ではありません。結局，市場で取引が行われず，企業評価も行われない状態になってしまいます。

このような市場の失敗が生ずる場合に，政府が何らかの対策でそれを解決す

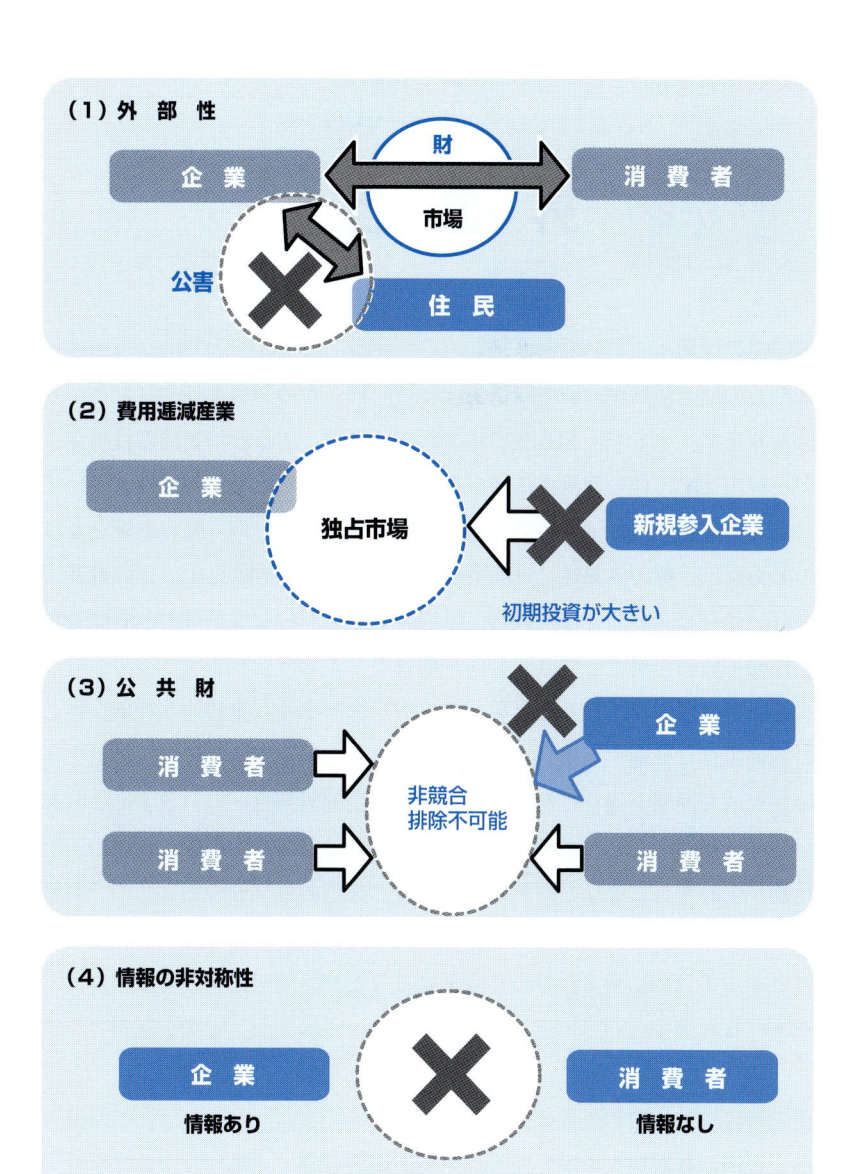

図 6.4　市場の失敗

ることができれば，社会的損失（超過負担）を解消することが可能です。本章では，外部性と費用逓減産業による市場の失敗と政府・財政の役割について学んでいきます。公共財については次章で学ぶこととします。

レッスン 6.2 外部性

外部性の種類

　私たちの経済活動が，別の経済主体に対し何らかの影響を与えることがしばしばあります。中でも，図 6.5 に示されるように，ある経済主体の行動が市場取引を経由せずに他の経済主体に直接影響を与えることを，外部性といいます。それが良い影響であれば，正の外部性（外部経済）といい，悪い影響を及ぼすものであれば，負の外部性（外部不経済）といいます（図 6.6）。正の外部性をもつ財・サービスとしては，教育，研究開発やきれいな風景などがあげられます。外部不経済の例としては，公害や騒音などがあげられます。

　また，外部性には 2 通りの影響の与え方があります。金銭的な評価を通じて，他の経済主体に影響する場合を金銭的外部性といい，それ以外の，経済主体同士の技術的な関係を通じて影響する場合を技術的外部性といいます（図 6.7）。

　金銭的外部性の例としては，鉄道が開通することでその沿線や新設の駅周辺で地価が上昇することなどがあげられます。技術的外部性の例として，養蜂業者のミツバチのおかげで近隣の果樹園の受粉が促進され，果樹園が利益を受けることや，きれいに手入れされた庭を見ることで，周辺住民の心が和むことなどがあげられます。

正の外部性と社会的限界便益

　ある経済活動が個人の限界便益（＝私的限界便益）を高めるだけでなく，社会全体の限界便益（＝社会的限界便益）を高めることがあります。

　例えば，ある人が教育サービスを受けると，将来の職業選択の可能性が広がったり，個人の所得が高まったりといった私的便益が得られます。しかしながら，教育サービスは，個人に便益をもたらすだけではありません。社会の参

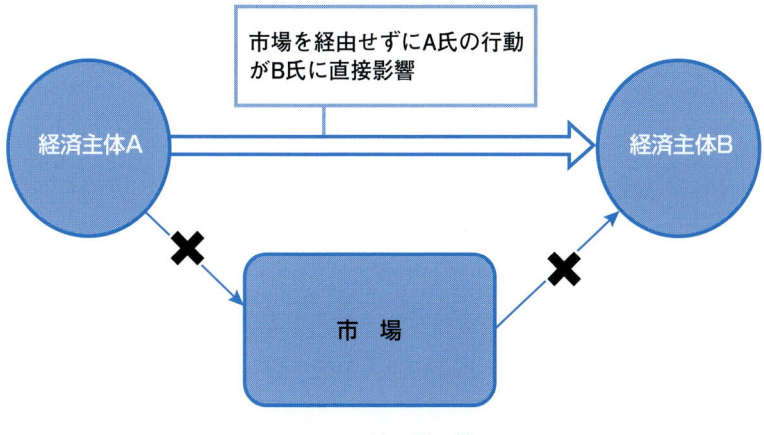

図6.5 外部性

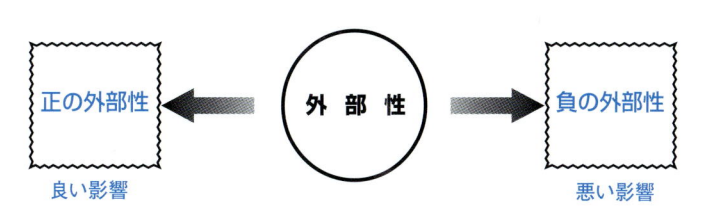

図6.6 正の外部性と負の外部性

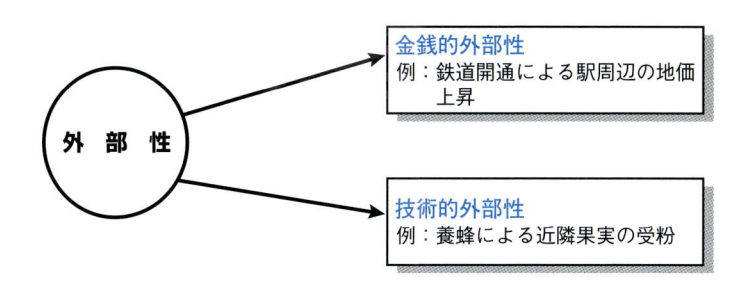

図6.7 金銭的外部性と技術的外部性

加者全員が読み書きなどの能力を身につけることによって，職場や日常生活での様々な摩擦が少なくなるといった社会的便益ももたらします。

ある経済活動が社会全体への良い影響を与える場合の便益を外部便益といいます。外部便益を踏まえると，教育サービスの需要曲線と供給曲線は図6.8のようになります。

私的限界便益に（当該財を1単位追加したときに社会全体が得る外部便益である）限界外部便益を加えたものが社会的限界便益です。図6.8では，社会的限界便益曲線（SMB；Social Marginal Benefit）と私的限界便益曲線（PMB；Private Marginal Benefit）との差額である線分 GH が限界外部便益です。

ここで，自由な市場における教育サービスの私的限界便益曲線と供給曲線（＝限界費用曲線；MC；Marginal Cost）の交点 H は効率的な点ではありません。なぜなら，私的限界便益に正の外部性を加えたものが教育の真の限界便益である社会的限界便益になるからです。社会的限界便益曲線 SMB と供給曲線との交点 E で実現する数量 Q_E が社会的に望ましい供給量となります。

自由な市場で達成される教育サービスの供給量 Q_H（＝私的限界便益と私的限界費用が一致する水準）は望ましい水準（＝社会的限界便益と私的限界費用が一致する水準）Q_E に比べると過少になっています。また，過少になっている分だけ，三角形 EGH の面積に等しいだけの資源配分上の損失（超過負担）が生じていることがわかります。

負の外部性と社会的限界費用

公害などのように，負の外部性（外部不経済）をもたらす場合もあります。例えば，CO_2（二酸化炭素）を発生する財について考えてみましょう。

CO_2 を発生する財の需要曲線と供給曲線は図6.9のようになります。CO_2 が，地球温暖化の主な要因の一つとなっていることはよく知られています。地球温暖化が進むと，陸地が水没したり，異常気象による風水害が起こったりすることで，様々な経済的被害が発生します。

社会的には，CO_2 を発生する財はその被害分（外部損失）だけ生産に要する限界費用が高いのですが，企業はその費用を負っているわけではありません。すると，この財の限界費用は，私的限界費用（PMC；Private Marginal Cost）だけでなく，（当該財を1単位追加したときに社会全体が受ける外部損失であ

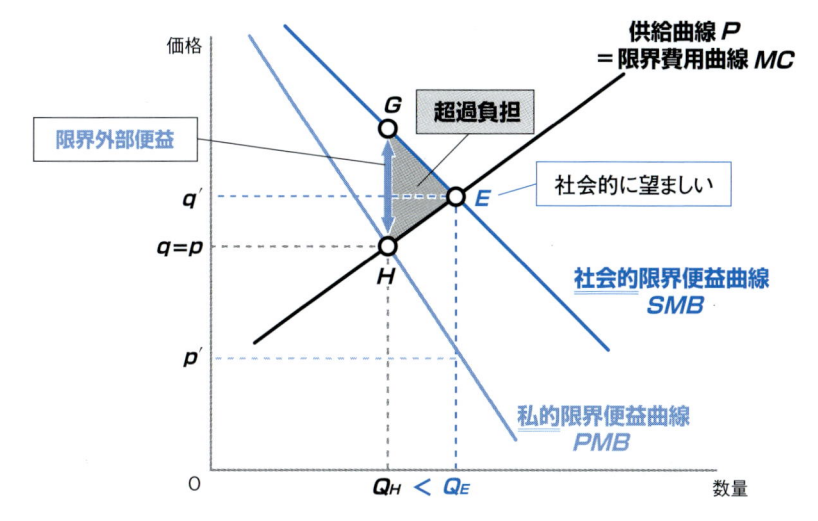

図 6.8　正の外部性をもつ財（教育サービス）のケース

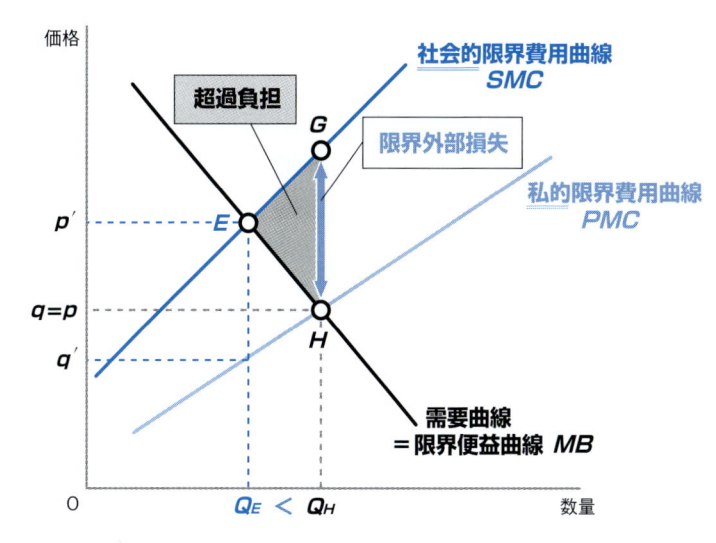

図 6.9　負の外部性をもつ財（CO_2 を排出する財）のケース

6.2　外部性

る）**限界外部損失**を加えた，**社会的限界費用**（SMC：Social Marginal Cost）まで考慮すべきと考えられます。

図6.9では，この限界外部損失は私的限界費用曲線 PMC と社会的限界費用曲線 SMC との差額である線分 GH になります。

ここで，CO_2 を発生する財の限界便益曲線 MB と私的限界費用曲線 PMC の交点 H は，社会的には効率的な点ではなくなります。図にある需要曲線（＝限界便益曲線）と社会的限界費用曲線 SMC との交点 E での数量 Q_E が社会的に望ましい供給量となります。

図からわかるように，自由な市場で達成される当該財の供給量（＝私的限界便益と私的限界費用が一致する水準）Q_H は望ましい水準（＝私的限界便益と社会的限界費用が一致する水準）Q_E と比べると過大になっています。また，過剰に生産されている分だけ，三角形 EGH の面積に等しいだけの資源配分上の損失（超過負担）が生じています。

レッスン 6.3 外部性解消の政策

ピグー補助金

教育サービスの例のように，正の外部性をもつ財の取引を，自由な市場に任せた場合，その数量は望ましい水準と比較して過少になります。では，政府が望ましい取引水準に近づけるための政策を行うことは可能でしょうか。

政府が，人々の行動の及ぼす外部効果を考慮させ行動を変えるようにすることで外部性の問題を解決することを**内部化**するといいます。

図6.10において，望ましい数量 Q_E を実現するためには，消費者の支払価格が p'，生産者の受取価格が q' という水準になる必要があります。そこで，政府は q' と p' の差額分，すなわち図6.10の線分 EF に相当する額を補助金として消費者に与えて，実効支払価格が低いと認識させ，社会的に望ましい数量まで教育サービスの消費を拡大させます。

外部性の内部化のために拠出される補助金を，経済学者ピグー（A. C. Pigou）の名前から**ピグー補助金**と呼びます。

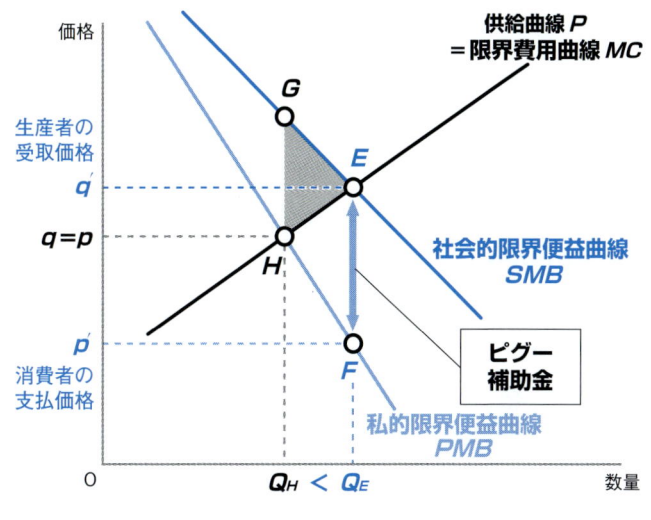

図 6.10　ピグー補助金

| コラム 6.2 | 正の外部性のある投資財のケース |

　先に示した例のうち，企業の研究開発活動（R&D；Research and Development）は，その研究プロジェクトを遂行することで，当該企業のみならずその社会に存在するすべての企業に対して正の外部性をもたらすと考えられます。そのため，企業の研究開発活動は，外部性のある投資財（生産財）であるといえます。政府は，内部化するため，企業に対して補助金を与えたり，優遇税制を敷いたりすることを通じて，企業の研究開発活動を促進することも期待されます。

6.3　外部性解消の政策

教育や研究開発の例でいえば，政府が補助金を教育や研究開発に補助することで，望ましい水準まで教育を受ける，あるいは研究をするように仕向けることになります。

ピグー課税

負の外部性をもつ財についてはどうでしょうか。自由な市場に任せた場合の数量（生産量）は，望ましい水準と比較して過大になります。政府は，望ましい水準に近づけるために生産量を押し下げる必要があります。

政府は，企業に対して私的限界費用と社会的限界費用との差額に等しい課税を行って外部性を内部化しようとします。内部化の方法として，外部損失の分だけ課税（従量税）し，社会的限界費用と企業の私的限界費用を一致させるピグー課税があります。

図6.11において，望ましい数量 Q_E を実現するためには，消費者の支払価格が p''，生産者の受取価格が q'' となる必要があります。そこで，政府は p'' と q'' の差額分，すなわち図6.11の線分 EF に相当する額を生産者に課税し，生産者の受取価格を q'' にさせることで，生産量を Q_E まで削減させ，社会的に望ましい数量を実現させます。

地球環境問題への対応のため，現在，炭素税など環境税の導入が検討されていますが，環境税の導入は，外部不経済を発生する経済主体に対するピグー課税の面から正当化されます。ただし，実際に政府が課税するときの課税額をどれくらいにするのかは，私的限界費用や社会的限界費用を政府が正確に把握していなければ解決できないという問題があります。

外部性の私的解決方法：コースの定理

政府が市場の状態を正しく把握できないとすれば，市場で民間が私的に解決することが望ましいことになります。外部不経済の発生に対して，民間部門での解決法の選択肢としては（1）統合により内部化する，（2）当事者間の交渉に委ねる，といった方法があげられます。

まず，（1）の例としては，汚水を排出する川上の企業と汚染される川下の企業とを合併することがあげられます。外部性を及ぼす主体とそれを受ける主体とを統合することで，社会的限界費用が私的限界費用に変更されます。

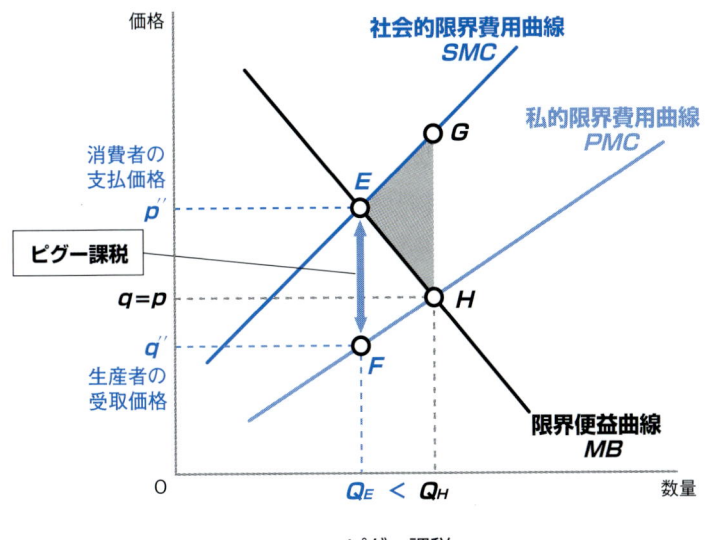

図6.11　ピグー課税

> **コラム6.3**　環境税の「二重の配当」
>
> 　地球温暖化の主なの原因の一つとされるCO_2排出量の削減のために広く検討されてきた課税として炭素税（carbon tax）があります。これは環境問題を解決するために各国で導入されている代表的な環境税です。1990年に，フィンランドで最初に導入され，その後スウェーデン，ノルウェー，英国など，主にEU諸国で導入されています。
>
> 　炭素税には，短期的には省エネや公共交通機関への振替えによるCO_2の削減，石油からより環境にやさしい代替エネルギーへの移行が考えられる一方，長期的には省エネ投資の促進や技術開発への効果など，経済成長を促進する効果があるとされます。このため，炭素税の導入は，長期的には企業投資の促進につながります。炭素税を導入する一方で，法人税や所得税など，企業の経済活動を阻害すると考えられる租税を減らすことで，企業の投資インセンティブを高める政策も考えられます。
>
> 　法人税や所得税の減税が企業の経済活動を促進する一方，税収中立のために炭素税を課すことで，企業の経済活動を活発にし，さらなる経済成長が期待できるのです。これを，環境税の二重の配当といいます。

6.3　外部性解消の政策

（2）の当事者間の交渉とは，外部性を及ぼす主体とそれを受ける主体との間で自発的な交換取引がなされることです。交渉による利益があるときに，民間が当事者間で外部性の問題を解決することは（経済学者コース（R. H. Coase）の名前から）コースの定理（Coase's theorem）と呼ばれます。

例として公害を考えると，公害の被害者はもし公害被害額よりも小さい費用ですむなら，公害の対策費用を負担するはずです。あるいは，公害の被害者側に権利（環境保全の権利，所有権など）がある場合には，企業は補償金や賠償金を支払うことで外部性の問題を解決できます。ただし，コースの定理では外部性は解決できても，その配分は権利設定によって異なることに注意してください。住民に権利がない場合は費用負担が生じます（図6.12）。

しかしながら，この方法は地球温暖化のように多数の経済主体に影響が及ぶ場合には実行が困難となります。さらに，外部性の程度に関する正確な情報が存在しないこと，権利の割当てが不明確であること，交渉を人任せにするフリー・ライダー問題（free-rider problem）が発生すること，交渉のための弁護士費用や裁判のための費用などの取引費用（transaction cost）が大きくなることといった問題もあります。以上の問題により，実際には外部不経済の私的解決は困難が伴います。政府が環境問題を解決することの根拠の一つは，上記の理由により，民間での解決が困難であるからです。

レッスン 6.4 費用逓減産業と政府の役割

費用逓減産業と自然独占

事業を開始する時点で，巨額の固定費用（初期費用）を必要とする産業があります。例えば郵便事業を考えると，事業開始前に配達拠点，収集拠点の設置などの費用がかかります。全国くまなく配達するいわゆるユニバーサル・サービスを実現するためには，多くの配達拠点が必要です。そのため新規参入には，多額の初期投資が必要となります。一方で，一度この初期投資を行えば，郵便量が増えるにつれて費用がさらに大きく増えていくわけではありません。むしろ，郵便量が多くなるほど収益が増え，多額の初期費用がその収益により相殺

(ケース1)
公害対策費用 ≦ 公害被害

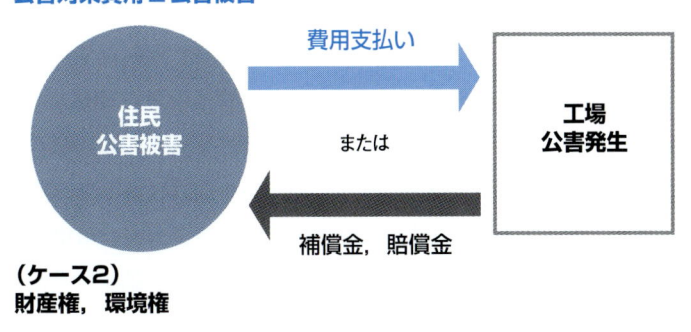

住民 公害被害 — 費用支払い → 工場 公害発生

または

住民 ← 補償金，賠償金 — 工場

(ケース2)
財産権，環境権

図6.12　コースの定理

コラム6.4　　コースの定理の応用：排出権取引

　排出権とは，環境を汚染しても良いという権利です。排出権の取引（emissions trading）を行う市場を，排出権市場といいます。具体的には，まず政府が許容できる温室効果ガスの総排出量を決定します。次に政府は各企業に排出枠を与えます。その上で，排出枠を得た企業は，その量に見合うだけの温室効果ガスを排出し，排出量が期待していたよりも少なくなり，排出枠が余るならば，その分を市場で他の企業に売却できるのです。逆に，排出量がより多くなれば不足分を他の企業から買わなければなりません。

　このように，排出権市場では，個々の当事者が直接交渉をするのではなく，政府が発行する排出権を取引することで，取引費用を削減しながら汚染物質の排出量の削減を試みることになります。

　なお，日本では，2008年9月から，排出権取引が試行的に導入されています。

されます。

このような産業は費用逓減産業と呼ばれます。費用逓減産業では，生産量が増加するのに伴い平均費用（より厳密には長期平均費用）が逓減し，規模の経済性（economies of scale）が働きます。

規模の経済性とは，生産量が増加するにつれて長期の平均総費用が低下することをいいます。規模の経済性がある産業の場合には，平均総費用曲線は逓減します。また，多額の初期費用がかかる産業以外にも，習熟効果が大きく，生産量が多くなるほど生産効率性が高まるような産業も規模の経済性をもちます。

費用逓減産業では，自ずと既存企業の1社のみが財・サービスを提供する自然独占となります。図 6.13 には，規模の経済性のある産業の市場需要曲線 D と1つの企業の長期平均総費用曲線 AC を示しました。長期平均費用曲線は右下がりで費用が逓減しています。

もし1つの企業しか存在しない場合，その企業は，需要曲線上の A 点から B 点の間の価格で財を販売すれば，正ないしはゼロの利潤を得ることができます。一方，2つの企業が存在する場合は，各企業の直面する需要曲線は図の $1/2D$ となります。この需要曲線上では，いずれの価格で販売しても AC よりも低くなります。規模の経済性が大きい産業で，複数の企業が分割して生産を行うと2社とも損失を被るため1社しか存在しえません。

さらに，自然独占となってしまうもう一つの理由は，既存企業に対して新規参入企業が価格競争力をもたないからです。既存企業の平均費用は，新規参入企業のそれよりも低くなります。既存企業はその利点を利用し，新規参入企業の平均費用よりも低く，かつ，利潤が正となるような価格設定（参入阻止価格）をすることで，新規参入を阻止することができます。

公益事業の供給

費用逓減産業の例として，電気，ガス，水道，電信電話，郵便などの公益事業があります。それぞれ電線，発電所，ガス管，水道管，電話線などの敷設に莫大な費用がかかります。これらの事業は，固定費用として大がかりな設備が必要なため事業の場所が限定され，地域独占となる場合が多くなります。

ただし，何らかの政府の関与があったことが多く，現在のこれらの事業は，昔の名残としての地域独占であったり，独占企業の地域分割によって成立した

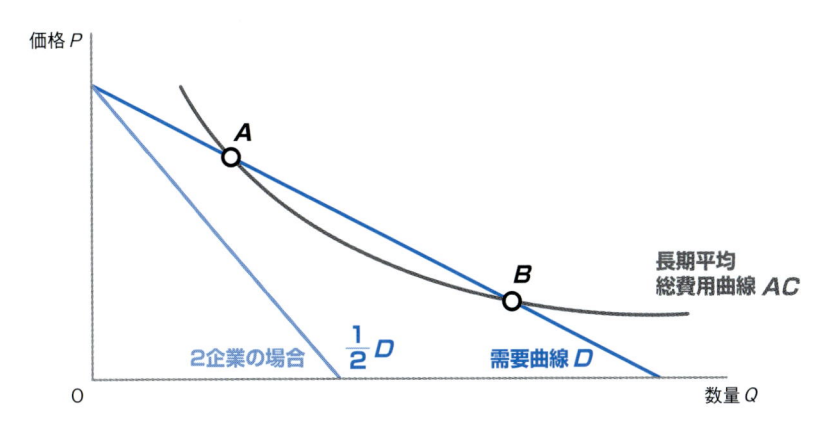

図6.13　規模の経済性と独占の発生

> ### コラム6.5　独占企業の弊害
>
> 　独占企業の弊害としては，**レント・シーキング**と，**X非効率性**が考えられます。
> 　独占企業は，通常の場合，独占に伴う超過利潤（レント）を得ることができます。仮に，独占の原因が政府による参入規制によるもので，それが政治的決定に委ねられるものであったとします。すると企業は，この超過利潤を求めるために，政治家や官僚に対して働きかけることが考えられます。その場合に，独占企業の超過利潤の一部が，この**レント・シーキング活動**に浪費される可能性が考えられます。
> 　もう一つの**X非効率性**（X-inefficiency）ですが，これは，独占企業が競争から隔離されていることにより生じる経営上のスラック（slack；たるみ・弛緩）のことを指します（なお，完全競争市場であっても，大企業では発生する可能性があります）。本来ならば企業の利潤となるべきものが，一部の労働者や経営者に対する高すぎる報酬となることや，経営者が経営改善を怠ったり，労働者が怠けたりすることなどが例としてあげられます。独占事業である公企業の実際の例としては，いわゆる「親方日の丸」で従業員が怠けることや，（当該事業の，民間での業務量や業務内容と比べて）民間よりも高い俸給を得ることなどがあげられます。

6.4　費用逓減産業と政府の役割

ものであったりします。例えば電力供給は，東京電力，中部電力，関西電力というように，地域ごとの電力会社により提供されていますが，これは第2次世界大戦後の分割・民営化によるものです。それ以前は，地域独占であったものが国家総動員法（1938年）のもとで統合されていました。

価格規制の政策介入

　自然独占となるような産業への政策介入の方法の一つが，公共部門による直接的な供給ですが，その他に価格規制や補助金という政策も考えられます。ここでは代表的な限界費用価格規制（限界費用価格形成原理）と平均費用価格規制（平均費用価格形成原理）の2つの価格規制を説明します。

　図6.14には，自然独占の生じる産業の産出量と価格（費用）の関係を示しました。ここで，AC は平均費用曲線，MC は限界費用曲線であり，D は需要曲線，MR は限界収入曲線です。何も規制が無い場合には，独占企業は限界収入と限界費用が一致する図の Q_m の水準で生産量を決定します。消費者の支払う価格は P_m となります。

　社会的余剰が最大になる点は，需要曲線と限界費用曲線の交点である E 点になります。図6.14でいえば，AEB の範囲になります。ここでは生産量は Q_E，価格は P_E となります。社会的余剰を最大にするためには，限界費用と価格が等しくなるように設定すればよいとわかります。このような価格規制を限界費用価格規制といいます。

　ただし，限界費用価格規制では，企業が赤字となってしまいます。平均費用が逓減する産業の場合には，限界費用が平均費用よりも常に小さくなります。価格と限界費用とが等しくなるようにすると，価格は平均費用より低くなるために赤字が発生します。図でも平均費用は AC_E であり，かつ $AC_E > P_E$ であるため，図で示された青いアミがかかった部分の面積だけ赤字が発生しています。したがって，限界費用価格規制を行い，それを企業に受け入れさせるためには，政府は，価格規制を行った上に赤字を補塡するための補助金を出す必要があります。

　一方，企業に赤字を生じさせない方法として，政府が平均費用と等しい価格に規制する平均費用価格規制があります。

　平均費用未満の価格では企業は赤字化してしまいますので，平均費用は赤字

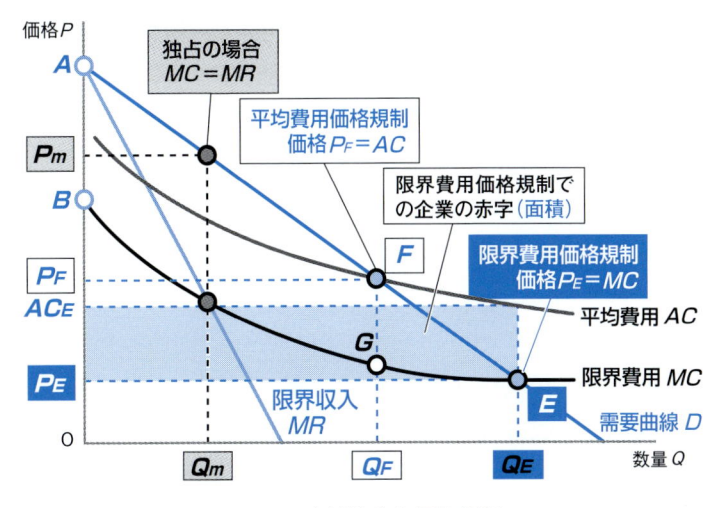

図 6.14　自然独占と価格規制

コラム 6.6　　二部料金制

　限界価格規制では企業が赤字となるので補助金を出さなければならなくなり，平均価格規制では企業が赤字にはならないものの最適量が供給されないという問題があります。これらを解消する方法として二部料金制（two-part pricing）があります。

　二部料金制は電気，ガス，水道などで実際に採用されており，基本料金と従量料金の2部からなる料金体系のことを指します。消費した量にかかる料金の他に，固定の基本料金がかかるのが特徴です。基本的な構造は以下の通りです。

　　　従量料金 ＝ 限界費用
　　　基本料金 ＝ 企業の赤字総額 / 消費者数

　このような体系であれば最適な価格（＝限界費用）と供給量が達成され，かつ企業は赤字を回避できます（基本料金は埋没費用になっています）。

　ただし，排除不可能性のある公共財の場合には，消費しないにもかかわらず基本料金が生じてしまうので適用できません。また，基本料金が高すぎる場合には，消費者の需要が減少するため適用できません。

6.4　費用逓減産業と政府の役割

化するかしないかの損益分岐点となります。図の F 点に等しくなるように，政府が平均価格で規制を行うと企業の赤字化をぎりぎりで回避できます。ここでは，生産量は Q_F，価格は P_F となります。

図のように平均費用価格規制の下での生産量は限界費用価格規制のそれよりも小さくなり，また，価格は高くなります。社会的余剰は，$AFGB$ と，赤字を発生させない範囲では最大となっています。

■■■ **考えてみよう** ■■■

- 市場の役割について考えてみよう。
- 「市場の失敗」について，例をあげて説明してみよう。
- 「逆選択」をキーワードに，「公的」年金がなぜ必要かを考えてみよう。
- 外部性とは何ですか。良い場合と悪い場合の例をあげながら考えてみよう。
- 正の外部性をもつ投資財（生産財）について図で説明してみよう。
- 企業の研究開発への補助金はなぜ正当化されますか。図を用いて考えてみよう。
- 自由な市場に任せた場合に，環境問題が解決できないのはなぜですか。
- なぜ下水道を市役所だけで供給することが正当化されますか。下水道事業の費用構造を考えつつ説明してみよう。
- 限界費用価格規制原理とは何ですか。
- 平均費用価格規制原理とは何ですか。

政府介入の基礎理論②
：公共財と公共選択

　本章では，公共財を中心に公共支出の基礎理論を学びます。まず，公共財供給の根拠とその最適供給について説明します。公共財の最適供給では，各個人の公共財から得られる限界便益の合計が公共財の限界費用と一致します。公共財の最適供給にはフリー・ライダー問題などがあり，それらについていくつか学んでいきます。最後に，政治の経済分析を扱う，公共選択論の基礎を学びます。

レッスン
7.1　公　共　財
7.2　公共財の最適供給
7.3　公共支出の展開
7.4　費用便益分析
7.5　公　共　選　択

レッスン 7.1　公　共　財

公共財とは

　公共財とは，排除不可能性（非排除性）と非競合性の2つの性質をもつ財・サービスのことです。これらの性質をもつ財は，民間に供給を任せておいたままでは全く供給されないか，供給されたとしても過少となります。

　排除不可能性とは対価（料金）を支払わない人の消費を妨げること（＝排除すること）が非常に困難であることをいいます。例えば，国防，治安などは，たとえ料金を払わなくてもその場にいることでサービスを享受できます。

　非競合性とは，ある人の消費が他の人の消費を減らさないという性質のことです。例えば，灯台の光は，その光を目にする船員の数が増えたからといって光の量が減少することはありません。このような性質を等量消費と呼ぶこともあります。

　公共財はその性質に応じ，図7.1にあるようにいくつかに分類できます。2つの性質を完全に有する公共財を純粋公共財（pure public goods）と呼びます。例としては，治安維持活動，司法制度，ないしは灯台などがあげられます。

　また，市場で取引される通常の財は私的財と呼びますが，私的財と公共財の中間に位置する財を準公共財（quasi public goods）と呼びます。

　準公共財には排除不可能性は有するものの非競合性をもたない財や，逆に非競合性をもつものの排除可能である財も存在します。前者の例には天然資源などの共有資源（commons）があります。後者の例には，有料高速道路のように，競合性は有しないものの料金を支払わなければその財の消費をすることはできないクラブ財（club goods）があります。

公共財と政府

　公共財は，基本的には政府が供給するのが望ましいと考えられます。例えば，混雑現象（ある個人の消費量が他の個人の消費量に影響を与えること）がない広大な公園の場合，利用者が1人増えても追加的費用（限界費用）は必要ありません。公共財の社会的な限界費用はゼロのため，政府が無償で供給すること

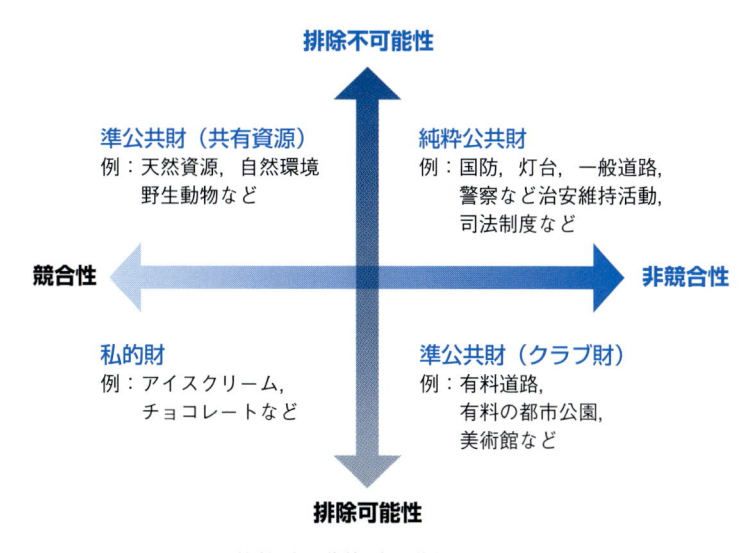

```
                    排除不可能性
                         ↑
   準公共財（共有資源）      純粋公共財
   例：天然資源，自然環境   例：国防，灯台，一般道路，
       野生動物など              警察など治安維持活動，
                                司法制度など

競合性 ←─────────────────────→ 非競合性

   私的財                  準公共財（クラブ財）
   例：アイスクリーム，     例：有料道路，
       チョコレートなど         有料の都市公園，
                                美術館など
                         ↓
                    排除可能性
```

図 7.1　公共財・私的財・準公共財の区分と例

コラム 7.1　「安価な政府」論と純粋公共財

　経済学の創始者でもあるアダム・スミスは，政府は「必要悪」であるとし，財政の規模は小さいほど良いとの「安価な政府（cheap government）」論を主張しました。しかしながら，彼は国防と公共投資，および司法制度という，政府が供給している典型的な純粋公共財については，政府が行うべきであると主張しました。

　ところで，彼の「安価な政府」論の構想には，交通や教育サービスを，政府財源からの支援を受けながらも，中央政府の直轄とせず，独自の収入源をもった管理組織とする意味での「分権化」と，地方政府への権限委譲の意味での「分権化」が含まれています。彼の「安価な政府」論は，現在議論されている公共セクターの改革や，地方分権などにも示唆を与えるものであると考えることもできます。

で利用者が増えれば，その分だけ社会的厚生が増加します。

ただし，公共財・サービスであっても，民間の経済主体によって供給される場合もあります。例えば，公共財的な性質をもつ NGO（非政府組織）や NPO（特定非営利法人）の活動は，人々の寄付などにより民間で運営されています。

一方で，私的財であっても所得再分配上の問題や情報の非対称性などの「市場の失敗」への対応という面から，公的供給が正当化される場合もあります。そのような政府が供給する私的財は，公的に供給される私的財と呼ばれます（コラム 7.2）。

フリー・ライダー問題

公共財・サービスは，対価を支払わずに便益を受けようとする人（フリー・ライダー）を排除できない性質（排除不可能性）があるため，フリー・ライディングを許してしまいます（レッスン 6.3 参照）。消費者が料金を支払わずにただ乗りして便益を受けようとするため，市場では公共財の供給がなされない可能性が考えられます。

フリー・ライダー問題を表 7.1 にある簡単なゲーム理論（自発的供給ゲーム）で考えたいと思います。

いま，7 の利得をもたらす公共財があり，その生産総費用は 8 だとします。A さんと B さんという選好の同じ 2 人の個人に，公共財生産の費用負担を割り当てるとします。A さんと B さんはそれぞれ「負担する」か「負担しない」かを選びます。このとき，2 つの戦略による利得は表の数字で表されます。

両者とも，自分が費用負担をせずに他方が負担する場合に利得が最も高い 7 となります。逆に，自分のみが負担すると利得は −1 となります。どちらも費用負担した場合は費用を分担できるので，それぞれが利得 3 を得ます。どちらも費用負担しない場合には公共財は供給されないので 0 です。

仮に B さんが「負担する」を選ぶとすると A さんの最適な戦略はどうなるでしょうか。負担すると 3，負担しないと 7 のため，A さんは負担しないを選びます。逆に B さんが「負担しない」を選ぶとすると，A さんは「負担する」を選ぶと −1，しないを選ぶと 0 のため，やはり「負担しない」を選びます。

B さんも同様の戦略を選びますから，双方にとっての支配戦略（有利な選択）は「負担しない」ということになります。結局，この場合，公共財生産の費用

コラム 7.2　公的に供給される私的財

地方自治体によって供給される私的財として公営住宅があります。住宅は，対価を払わない人の消費を排除することが可能です。また，各個人が等しい量を消費しているというわけではありません。しかし，低所得者向けに低廉な料金で賃貸住宅を提供することからもわかるように，公営住宅には，所得再分配政策の側面があります。

情報の非対称性という視点から公的に供給されている私的財の例としてはハローワーク（公共職業安定所）があります。雇用者と労働者との間には，企業情報，労働者の能力などについて様々な情報量の格差があります。また，若年者（15～34歳）むけのジョブカフェも 2004 年度から設置されています。

ただし，近年ではハローワークの民営化や市場化テスト（第 9 章レッスン 9.2 参照）の導入も議論されています。市場化テストは，官と民が双方入札に参加することで，行政の効率化を促そうとするものです。この場合，どちらが財・サービスを提供するかは競争入札の結果によります。ハローワークの業務の一部はこの市場化テストの対象となっています。

表7.1　公共財の自発的供給ゲーム

		Bさん	
		負担する	負担しない
Aさん	負担する	3, 3	−1, 7
	負担しない	7, −1	0, 0

負担をする人がいないため，市場で供給されなくなります。

しかしながら，本来はどちらもが「負担する」を選んだほうが社会的厚生は大きくなります。そのため，政府介入が求められるのです。

レッスン 7.2 公共財の最適供給

公共財の最適供給

公共財は，民間に委ねると最適な量が供給されません。そのため公共部門が供給することで社会的厚生は増加しますが，このときの効率的な供給量はどのように求められるでしょうか。

私的財はある価格に対してどれだけ需要があるかを需要曲線で表します。そのため市場全体での需要曲線は，ある価格での個人の需要を合計していくことですから，水平方向に需要を足し合わせることで求められます。すると，均衡価格では，

　　　　Aさんの限界便益＝Bさんの限界便益＝限界費用

となります。私的財の場合は，それぞれの人について，限界便益（価格）の下で異なる需要量が定まります。

一方，公共財には等量消費の性質があり，供給された量をすべての人が需要することが可能です。そのため，ある供給量に対して市場全体でその財をどれくらい評価するのかが問題となります。

したがって，図7.2に示すように，垂直方向に個別需要曲線を足していくことで市場全体の限界便益（限界評価）が得られます。これが公共財に対する社会的需要曲線になります。

この社会的需要曲線と，限界費用である供給曲線が一致するときに公共財の最適供給が実現されます。AさんとBさんの2人だけがいる場合は，

　　　Aさんの限界便益＋Bさんの限界便益＝公共財の限界費用

が成り立ち，効率的な配分が達成されます。

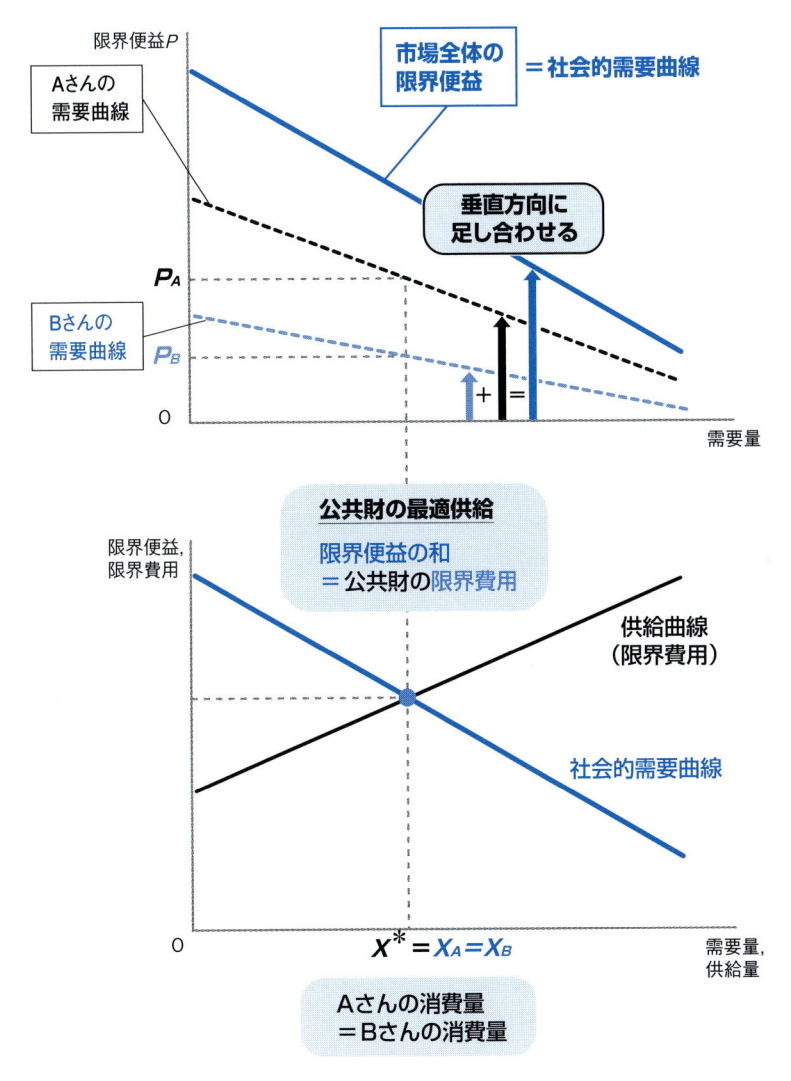

図 7.2　公共財の市場需要曲線の導出

ここで，公共財が最適供給されるためには各個人の需要を把握しなければなりません。そのときに，裏側で働いている公共財の選好表明の方法を説明します。政府は，各個人に公共財需要量を表明させます。その場合，同一の公共財需要量を表明するように負担率を政府が調整することで，公共財の最適供給の実現を目指します。このメカニズムを，リンダール・メカニズムといいます。このときの均衡を（経済学者リンダール（E. R. Lindahl）の名前から）リンダール均衡といいます。

リンダール・メカニズムの問題点

図7.2 での均衡点は，政府が A さんと B さんの公共財の負担比率を調整した上で，各個人に（社会的に最適な）公共財需要量を表明させた結果，実現しているリンダール均衡点であることがわかります。

リンダール均衡は，各個人が自らの限界便益を政府に正しく自己申告した場合にのみ実現可能です。しかしながら，公共財はただ乗りが可能であるため，負担額を過少申告する可能性があります（選好顕示の問題）。

例えば，NHK のテレビ放送は受信機（テレビ）の設置で受信料支払いを求められます。仮にこれを改めて，自己申告によってテレビ放送視聴に対して料金を請求するとした場合にどうなるでしょうか。おそらく，多くの人は視聴していることを申告しないと考えられます。

レッスン 7.3 公共支出の展開

地方公共財

一般政府には中央政府だけでなく地方政府も存在します。公共財の供給において，中央と地方にはその役割分担があります。道路には国道がありますが，県道や市道も存在します。また，多くの場合，公立学校は都道府県や市町村が管轄しています。

便益がある特定の地域に限定されていて，地方政府によって供給される公共財を地方公共財といいます。例えば，市立図書館は市によって運営され，その

コラム 7.3　サムエルソンの条件

　本文では，他の財の市場との関連を排除した部分均衡分析により公共財の最適供給条件を求めてきましたが，私的財との代替関係も含めた一般均衡分析では，より一般的な最適条件について考えることができます。

　私的財と公共財の2つがあるとき，その生産可能量は経済の資源に依存します。資源を利用して最大限に生産しているとき，一方を多く生産すれば，一方を減らす必要があります。このときの増減の比率を限界変形率（技術的代替率）といいます。

　各個人も，公共財と私的財の双方を消費することにより効用を最大化させています。このときの消費可能範囲における2つの財の代替関係を限界代替率といいます。

　公共財の最適供給は，

　　各個人の限界代替率の和＝限界変形率

となり，この条件を（経済学者サムエルソン（P. A. Samuelson）の名前から）サムエルソンの条件といいます。

コラム 7.4　国家公共財と地方公共財の実際

　料金を徴収しない一般道路や橋などの社会資本は，純粋公共財の一つです。なお，高速道路などの有料道路や料金を徴収する公共公園・庭園などは，排除が可能であるため準公共財（クラブ財）と考えられます。

　中央政府の行う公共投資には，高速道路や空港など，地域を越えた外部性をもつ国家公共財にあたるものが多くあります。中央政府の場合には，一般政府だけでなく，公的企業も公共投資を行います。例えば，高速道路は，以前は日本道路公団や本州四国連絡橋公団がサービスを供給していました。

　一方，地方政府の行う公共投資には，公立図書館や市町村道の建設などの便益のほとんどがその地域に居住する人たちに限定されている事業が多く，地方公共財的な性質をもつ公共投資が高い割合を占めています。

　ただし，地方自治体の財源は，地方の独自財源（地方税）ではない地方交付税交付金や地方債の割合が高くなっています。公共事業費も例外ではなく，地方単独事業も存在しますが，中央政府から補助を受けて行う補助事業も多く存在します。補助率は国が100％担う場合から地方半分・国半分の場合まで様々あります。

市以外の市町村住民は基本的にはサービスの対象外となるため，地方公共財に分類されます。**ティブー**（C. M. Tiebout）は地方公共財のこのような性質から，**足による投票**（voting with one's feet，自分の選好する地域へ住まいを移すこと）による**地方政府間競争**が起こることを示しました。地方政府が競争をすることで，公共サービスが向上するというものです。

ただし，ティブーの議論は**ポイント7.1**に示される仮定のもとで成立しているため，現実には当てはまらない場合も多くあります。さらに，例えば，人々が各地方間を自由に移動できたとしても，サービスの差が十分大きくなければコストを考慮して移動しないでしょう。

地方分権と公共財

もし，地方政府のほうが中央政府よりも地域の実情をきめ細かに把握できるならば，中央よりも地方政府が公共財を供給するほうが効率は高まりそうです。オーツの**地方分権化定理**は，中央と地方で地方公共財の限界費用が同じとき，中央政府が地方公共財を各地域に同じ数量だけ供給するよりも，地方政府が供給したほうが効率的であることを示しています。

図7.3には，各地域の公共財に対する限界便益を示しました。地方公共財供給の際の限界費用は C で一定とします。地域1に対して地域2の住民は，地方公共財に対する評価が相対的に大きくなっています。そのため，地域1の住民の限界便益曲線 MB_1 は，地域2の住民の限界便益曲線 MB_2 よりも下にあります。

ここで，各地域の行政を担うそれぞれの地方政府は，その住民の選好（＝地方公共財への限界効用）を完全に把握していると仮定します。一方，中央政府は地域1と地域2の住民の平均的な選好しか把握できないとします。

まず，中央政府が地方公共財の供給を行う，**中央集権的システム**の場合を考えます。ここでは，中央政府は，各地域の住民の限界効用の平均値である $(MB_1+MB_2)/2$ をもとに地方公共財の供給を行います。

すると，公共財の水準は，限界費用 C との交点である G_m になります。しかしながら，各地域の真の限界便益はそれぞれ MB_1 と MB_2 になりますので，地域1にとっての最適な供給水準 G_1 と比較すると過大，地域2にとっての最適な供給水準 G_2 と比較すると過少になります。また，図7.3に示したように，

◆ポイント 7.1　地方政府間競争の仮定

(1) 地方公共財が外部効果をもたない。
(2) 個人が完全に自由に移動可能。
(3) 個人が各地域の公共サービスや税の情報を完全にもつ。
(4) 十分に多くの地域が存在し、各個人の公共サービスへの需要を満たす。
(5) 公共サービス1単位当たりの費用が一定。

(注)　ここでの外部効果（または外部性）とは、ある地方公共財・サービスが他の地域へ何らかの影響を与えることです。スピル・オーバーともいいます（第5章も参照のこと）。

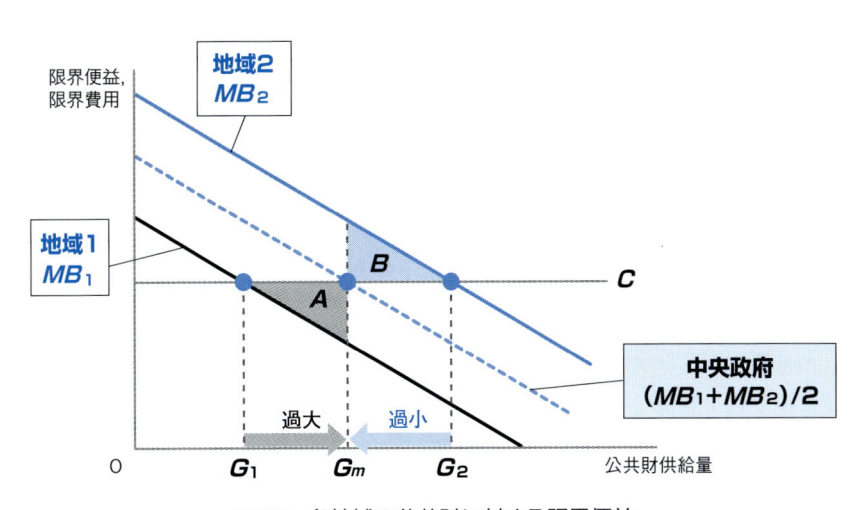

図 7.3　各地域の公共財に対する限界便益

7.3　公共支出の展開

それぞれ A と B だけの超過負担が発生しています。

一方，各地方政府に供給を委ねた地方分権システムでは，地域1には G_1，地域2には G_2 という各地域にとって最適な供給水準が実現します。さらに，中央集権の場合と比較すると，地域1の住民にとっては A，地域2の住民にとっては B だけ，消費者余剰が増加しているため，地方分権によって各地域の住民の厚生が増加しています。

このように，中央政府に地方公共財の供給を委ねるよりも，地方政府が供給するほうが社会的厚生は増加します。

国際公共財

国際公共財とは，ある国の支出が国際的な関係の中で世界の国々と共通の便益となる公共財のことを指します。具体的には，国防，対外援助，そして地球環境などが国際公共財的な性質をもつ財としてとらえられます。

例えば，日本が，地球温暖化の主な原因の一つとされる CO_2（二酸化炭素）削減の数値目標を達成するために環境規制を行ったとします。CO_2 削減策を導入することは，日本の環境を改善することはもちろん，地球全体の環境を守ることにもつながるため，その恩恵は他の国にも及ぶことになります。

逆に，他国からの酸性雨や光化学スモッグで日本が被害を受けるように，ある国の環境の悪化は他の国の環境の悪化にも影響を与えます。

また，ODA などの対外援助として，例えば，発展途上国に対する伝染病の予防など衛生状況を改善させるための援助を行うとします。このことにより，その国の公衆衛生が改善することにつながるのみならず，伝染病や風土病などが世界的に広がることを抑制できます。

ある国が競合性をもたないこれらの財・サービスを供給すると，他の国も当該財の便益を無償で得ることが可能です。

国際協調

国際公共財を各国が自発的に供給する場合は，公共財の私的供給と同様にフリー・ライダー問題が発生してしまいます。ここでは，先進国と発展途上国の間での環境税導入のゲームを例に説明します。

もし両国が環境税を導入すると，利得は表7.2に示したようにそれぞれ5と

> **コラム 7.5　地球環境問題に対する国際協調**
>
> 　地球環境問題に対しては，数度の国際会議において地球温暖化を食い止めるための話し合いがなされてきました。
> 　代表的なものの一つは，気候変動枠組条約締約国会議であり，2009 年には 15 回目の会議（COP15）があります。中でも，1997 年に京都で開催された，第 3 回目会議（COP3），いわゆる京都会議では，先進国の温室効果ガス排出量について，法的拘束力のある数値目標が各国に設定され，
> - 排出量取引
> - クリーン開発メカニズム（温室効果ガス排出削減プロジェクトの資金・技術面での，先進国から途上国に対する協力）
> - 共同実施（先進国間における，温室効果ガス排出削減プロジェクトの実施と，その結果生じた削減量の関係国間での移転）
>
> など国際的に協調し，目標を達成するための仕組みの導入をうたった，京都議定書が採択されました。問題点としては，途上国が含まれていないことや，米国の離脱などがあげられます。今後は，京都議定書で定められていない 2013 年以降の枠組み（ポスト京都議定書）についての国際協調が求められます。

表 7.2　環境税導入のゲーム

		発展途上国	
		導入する	導入しない
先進国	導入する	5, 5	−2, 8
	導入しない	8, −2	1, 1

なります。しかしながら，途上国にとっては，導入を選択しない場合にはその分だけ経済成長が見込め，利得が8と高くなるため，先進国の負担にただ乗りすればいいと考えて，「導入する」を選択しません。すると，先進国が「導入する」を選択した場合，その分だけ負担を被るため，その利得は−2という水準になります。

結局は先進国も「導入しない」を選択するため，両国とも環境税を導入しないことになり，利得は1という低い水準になります。結局，環境は悪化してしまいます。

本来は，すべての国で環境対策を行うことがどの国においても望ましいのですが，このゲームによっても説明されるように，環境問題に対する国際協調は困難となります。

レッスン 7.4　費用便益分析

費用便益分析

公共財を政府が供給する場合の基準は，それが最適供給か否かです。しかしながら，実際には政府が各個人の便益をどのように計測するのかという問題があります。実際の公共支出（費用）と社会的便益を推計し，供給の是非や望ましい供給水準を事前に検討するための枠組みを費用便益分析（cost-benefit analysis）といいます。特に，道路やダムなどの公共事業プロジェクトなどを実施すべきかどうかの判断のために使用されます。

最も単純な方法については，将来にわたる社会的便益の現在価値をBとし，費用をCとした場合，「$B>C$（または$B/C>1$）」ならばプロジェクトを実行してよいと判断します。また，複数の計画から1つを選択する場合は，最も高いB/Cではなく，最も高い「便益マイナス費用（$B-C$）」をもつ計画を選択すべきとなります。

しかしながら，社会的便益や費用の算定には大変な困難が伴います。市場取引されていない公共財には市場価格がないため，それをどのように金銭的評価をするのかが問題となります。

コラム 7.6　費用便益分析の実際

　日本でも，公共事業の実施の際には費用便益分析が義務付けられています。図7.4には，国の道路事業の費用便益分析のフローを示しました。

　日本の費用便益分析の場合には，以下の問題があげられます。まず，将来発生するであろう便益を，現在の価値に直す場合に用いられる社会割引率は4%ですが，これは欧米諸国と比較すると低い水準です。このため，現在価値が過大に出やすいとの指摘がなされています。また，道路建設での利用者便益を算定する際には交通量を予測することになりますが，この交通量の予測に恣意的な要素が入りやすいため，結果として便益が過大に見積もられているとの疑念を生んでいます。

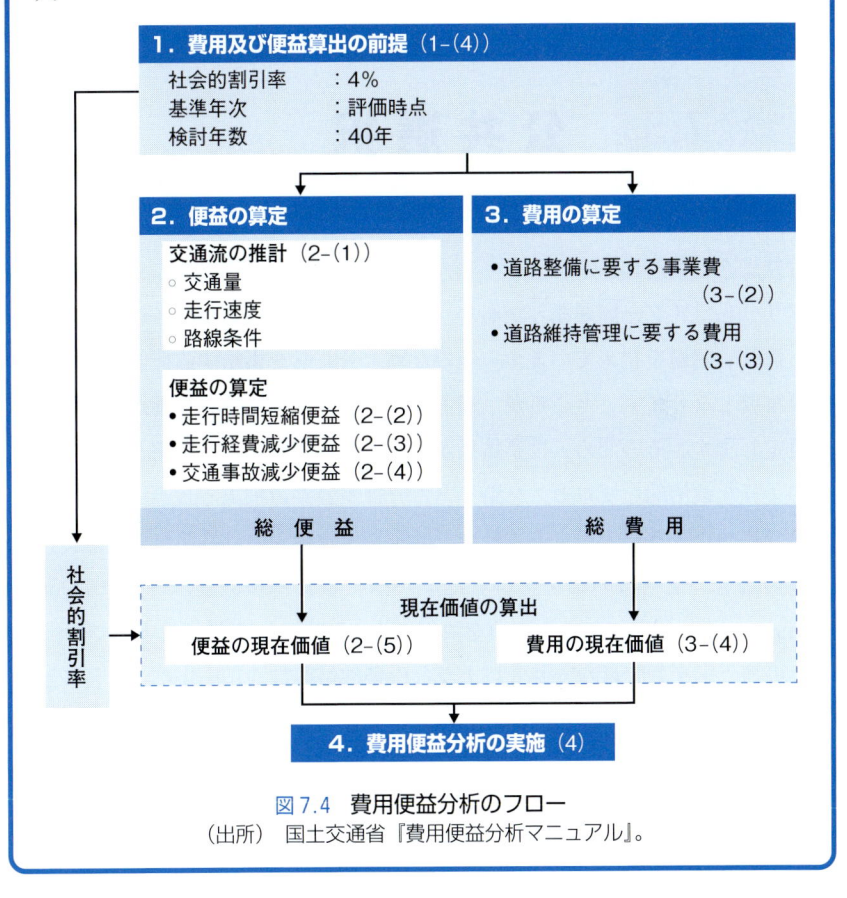

1．費用及び便益算出の前提（1-(4)）
- 社会的割引率　：4%
- 基準年次　　　：評価時点
- 検討年数　　　：40年

2．便益の算定

交通流の推計（2-(1)）
- 交通量
- 走行速度
- 路線条件

便益の算定
- 走行時間短縮便益（2-(2)）
- 走行経費減少便益（2-(3)）
- 交通事故減少便益（2-(4)）

総便益

3．費用の算定
- 道路整備に要する事業費（3-(2)）
- 道路維持管理に要する費用（3-(3)）

総費用

社会的割引率

現在価値の算出
- 便益の現在価値（2-(5)）
- 費用の現在価値（3-(4)）

4．費用便益分析の実施（4）

図7.4　費用便益分析のフロー
（出所）国土交通省『費用便益分析マニュアル』。

また，公共投資は将来にわたり便益をもたらすものです。そのため，長期にわたる社会的便益を評価する割引現在価値を求める必要がありますが，その値は割引率をどのように設定するかに大きく依存してしまいます。

　さらに，振替効果（新たな施設を建設することで既存の施設の利用者がそちらへ行ってしまうこと）や，環境への事前評価（環境アセスメント）をどのように扱うかなどの問題も考慮する必要があるでしょう。

　具体的な推定手法としては，例えばヘドニック・アプローチ（Hedonic approach）があります。これは，環境整備や社会資本整備が周辺の土地価格に影響を与えることを利用して，公共投資の便益を推定するものです。他にも，アンケート調査によって便益を推定する仮想市場法（CVM；Contingent Valuation Method）などがあります。

レッスン 7.5　公共選択

公共支出と政治経済学

　フリー・ライダー問題などがあり，公共財が実際に最適供給されるのか否かは，難しい問題を抱えています。そのため，公共財を供給する機能としての政府が重要となります。ところが，民主主義では，人々の投票行動が政府の行動を規定します。そのため，投票結果が最適であるのか否かが問題となります。このような政治的なプロセスを踏まえた分析が公共選択論や政治経済学です。

　上で述べたように，民主主義社会で政府を規定するのは投票です。直接民主主義の場合，過半数の票を獲得した案が採択される多数決ルール（majority voting rule）に従って様々な事項を決定するのがもっとも単純な方法です。

　その他，過半数ではなく 2/3 以上などの条件付多数決ルールや，全員一致を必要とする全員一致ルール，あるいは国際連合の安全保障理事会のように一部に全員一致を要求する（拒否権（veto）をもつ）方法などがあります。

投票のパラドックス

　しかしながら，多数決ルールは常に明確な結論をもたらすとは限りません。

表7.3 ある党の総裁選挙：支持候補者順位

	○○氏	△△氏	□□氏
A議員	1	2	3
B議員	2	3	1
C議員	3	1	2

（注）例えばA議員は○○氏を1番支持し，次に△△氏，3番目に□□氏の順になります。

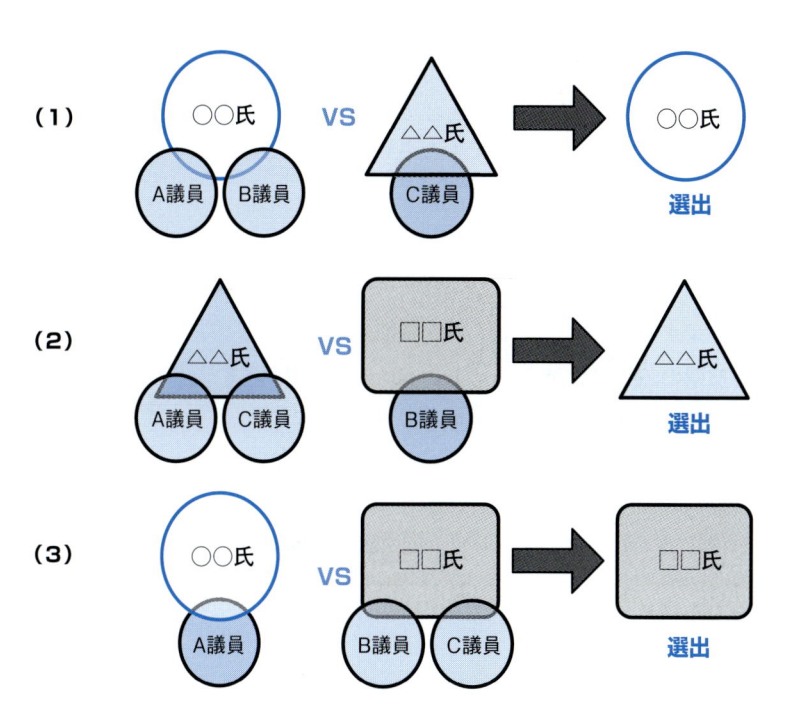

(1) ○○氏（A議員，B議員） VS △△氏（C議員） → ○○氏 選出

(2) △△氏（A議員，C議員） VS □□氏（B議員） → △△氏 選出

(3) ○○氏（A議員） VS □□氏（B議員，C議員） → □□氏 選出

図7.5 ある党の総裁選挙：支持候補者順位

表7.3をみてください。例として，ある党の総裁選挙を考えてみます。3人の議員A，B，Cがいて，○○氏，△△氏，□□氏の3人の総裁候補者がいます。A，B，Cの3人の議員の支持順位が表7.3にあります。

図7.5は総裁候補者のうち2名の間で投票を行った場合を示したものです。図の(1)は○○氏と△△氏の投票結果です。B議員は□□氏を第1に支持していますが不在のため，ここでは2番目の○○氏に投票します。そのため，2票獲得した○○氏が選出されます。

図の(2)は△△氏と□□氏の投票結果です。A議員は○○氏を第1に支持していますが，ここでは2番目の△△氏に投票します。そのため，2票獲得した△△氏が選出されます。

図の(1)と(2)の投票結果から投票の選好順序をまとめると

　　　○○氏　＞　△△氏　＞　□□氏

となります。

ところが次に図の(3)をみてください。○○氏と□□氏の投票を行うと，□□氏が選出されます。これは，

　　　□□氏　＞　○○氏

を意味しますから，(1)と(2)の投票結果と矛盾します。このような矛盾した結果を投票のパラドックス（voting paradox）といいます。

この例では，多数決ルールを適用しても結論が得られず，そのままでは投票を続けるしかありません。このことを循環（cycling）といいます。

あるいは，このような投票のパラドックスが生じるケースでは，投票の順番で結果が変わるととらえることもできます。投票の順番を操作することで望ましい結果を得ようとすることは議事操作（agenda manipulation）と呼ばれます。

投票のパラドックスとピーク

投票のパラドックスが生じるのは複数ピーク型選好（double-peaked preference）をもつ投票者がいるときです。

図7.6で例題をグラフ化しています。このグラフで頂点を示していますが，A議員とC議員の頂点が1つ（単ピーク型選好；single-peaked preference）な

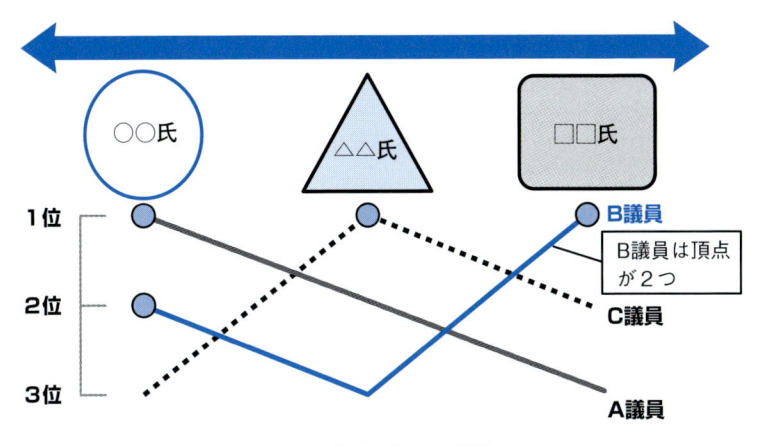

図 7.6　複数ピーク型選好

（B議員は頂点が 2 つ）

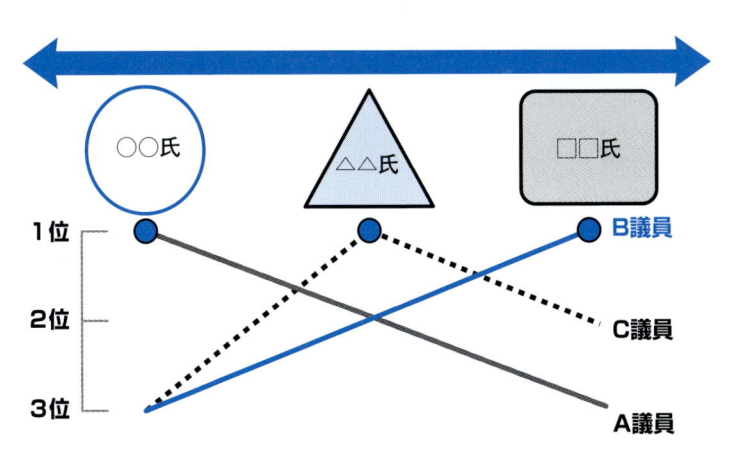

図 7.7　すべての議員が単ピーク型の選好

7.5　公 共 選 択

のに対して，B議員は頂点が2つあります。このようにグラフ上で複数の頂点をもつ投票者の選好を**複数ピーク型選好**といいます。

この例の総裁候補者の主張順に並んでいるとしましょう。例えば，○○氏は公共投資増大，△△氏は現状維持，□□氏は削減をそれぞれ主張しているとします。A議員はできるだけ公共投資を増やしたいと考え，C議員は現状維持か減らすほうがよいと考えています。ところがB議員は減らすか，さもなければ増やすという極端な選好を示しているのです。

中位投票者定理

すべての投票者が単ピーク型選好とします。前の例のB議員を単ピーク型へ変更した図7.7をみてください。このときの投票結果を考えてみます。B議員の○○氏と△△氏の支持順位が入れ替わっただけです。

このとき，図7.8のような投票結果となり，

　　　△△氏　＞　□□氏　＞　○○氏

という順序に落ち着きます。

さて，それぞれの投票組合せの結果をみてみると，いずれのケースでもC議員が投票した候補者が選出されています。前項にあげた例ではC議員はちょうど中間的な政策を支持しています。C議員のような投票者を**中位投票者**といい，投票が中位投票者の投票結果と同じになることを**中位投票者定理**（median voter theorem）といいます。

この例では3人のみの投票結果から確認しましたが，さらに人数が増えた場合でも同様です。

二大政党制

中位投票者定理は，米国やカナダなど**二大政党制**の国の政治状況を説明するときに有用です。仮に，いまL党とD党という2つの政党だけが存在するとします。D党はL党の立場を所与とします。政策の焦点を公共支出の水準だけに絞り，選挙でL党が国民に対して提示する公共支出水準はG_L，D党の水準はG_Dとします。

二大政党制のもとでは，与党である場合には次の選挙も勝って政権を維持し

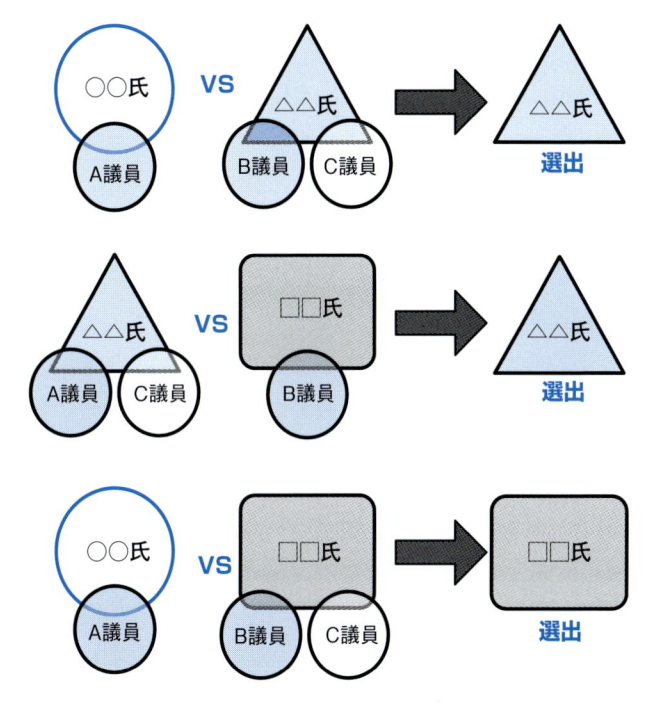

図7.8　中位投票者定理のもとでの選挙

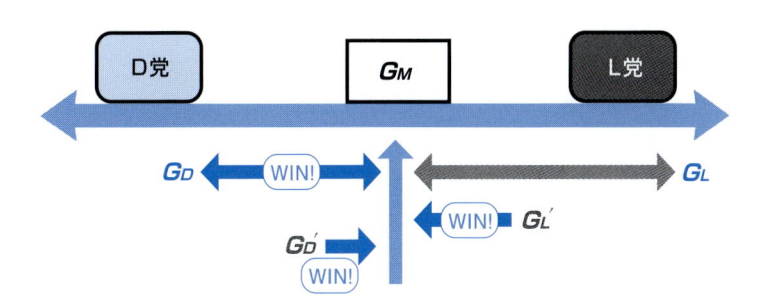

図7.9　中位投票者定理と二大政党制

7.5　公共選択

ようと行動し，野党である場合には次の選挙で勝つことを目指すと考えられます。このため，各党は投票数を最大化して選挙に勝つことが目的であると仮定できます。ここで，中位投票者の需要する公共支出の水準は，図7.9のように，G_M とします。

まず，L党が $G_L > G_M$ となる政策 G_L を提示しているとします。このとき，D党は，距離「$G_L - G_M$」よりも小さい距離「$G_M - G_D$」となるような公共支出水準 G_D を提示することで選挙に勝つことができます。

対して，L党は，D党よりも G_M に近い G_L' という水準を提示すると選挙に勝つことができます。しかしながら，それに対応し，D党はさらに G_M に近い公共支出水準 G_D' を提示します。この過程は，両党が同じ立場，すなわち中位投票者の需要する公共支出水準 G_M を取るところまで続きます。

この結果は，二大政党制のもとでは政策が「中道的」なものになりやすいという考え方を反映するものといえます。また，昨今の日本では，自由民主党と民主党という2つの大政党がありますが，両党の政策にそれほど差異がなくなってきたことも，この中位投票者定理から説明をすることが可能かもしれません。

考えてみよう

- 公共財の2つの性質とは何ですか。
- 共有資源とクラブ財の違いは何ですか。
- 公共財におけるフリー・ライダー問題を考えてみよう。
- 公共財の社会的需要曲線はどのように求めますか。
- 私的財の市場需要曲線はどのように求めますか。
- 公共財の最適条件は何ですか。
- リンダール均衡で各個人の消費量はどのようになりますか。
- リンダール均衡における問題点について考えてみよう。
- 足による投票を説明してみましょう。
- 地方分権化定理について考えてみよう。
- 国際環境問題を解決するためには，どのような国際協調が必要だと考えますか。
- 投票のパラドックスとは何ですか。また，どのようなときにそれが生じますか。
- 民主主義における公共財の供給量について考えてみよう。

租 税 理 論 8

　本章では租税のあり方を考えます。最初に，どのような租税制度が望ましいのか，その原則について説明します。次に，租税原則のうち，公平性と効率性について詳しくみていくことで，租税理論を学んでいきます。所得課税と消費課税の違いとは何か，超過負担とは何かがポイントとなります。

> レッスン
> 8.1　租税原則
> 8.2　租税の公平性
> 8.3　資源配分の効率性と税の帰着
> 8.4　超過負担と最適課税

レッスン 8.1　租税原則

　租税制度が望ましいものであるか否かの基準として，以下の5つの原則をあげます。本章では，これらの原則を踏まえた租税制度とは何かを理論的に考えていきます。

> (1) 公平であること
> (2) 資源配分の効率性を阻害しないこと
> (3) 徴税方法が簡素であること
> (4) 柔軟な税制であること
> (5) 透明な税制であること

　(1)の公平性は，租税は国家権力によって強制的に徴収されるものですから，民主主義社会において当然の要請です。ただし，公平性を計る概念にはいくつかの種類があります。

　(2)の資源配分の効率性を阻害しないということは，租税が市場の資源配分機能（市場メカニズム）を阻害してはならないことを意味します。また，逆に，市場の資源配分が最適でない場合には，それを補正することも要請するものです。中立性という言葉が用いられることもあります。公平性と資源配分の効率性はしばしば矛盾します。例えば，累進度の高い所得税は，公平性を確保する一方で（とりわけ）高額所得者の勤労意欲を削いでしまいます（図8.1，コラム8.1）。

　(3)の徴税費用（税を集めるときにかかる負担や手間）には，税務当局が税を徴収する直接的な費用と，納税者によって負担される間接的な費用の2つがあります。これらの費用は相当大きなものですが，なるべく抑制する必要があります。

　(4)の税制の柔軟性は経済情勢の変化に対応して，税率が柔軟に変化することを要請するものです。例えば，不況期に減税，好況期に増税となる自動安定化機能（ビルトイン・スタビライザー）を組み込んだ租税制度の設計をするといったことです。

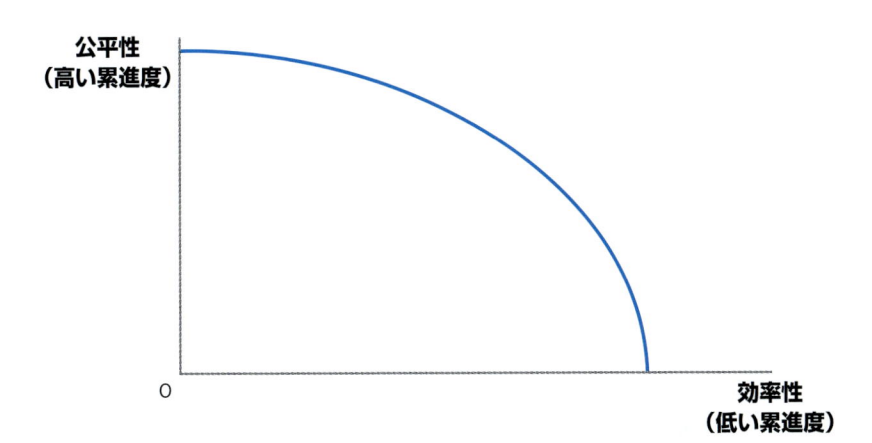

図8.1 所得税制における公平性と効率性のトレード・オフ

> ### コラム 8.1　効率性と活力
>
> 　最近では，租税の原則でみた「資源配分の効率性（中立性）」ではなく，「活力」という概念が重要であるとの主張がしばしばなされます。
> 　活力とは，効率性を分析する際のもう一つの柱である「経済主体の行動を（できるだけ）変えないこと」にかかわる問題と重要な関連があります。
> 　高すぎる税負担は個人の労働意欲を減少させたり，企業の投資意欲を削いだりします。このため，「個人の活力を引き出すことが重要」との考え方から，活力への配慮が必要との主張がなされていると考えられます。
> 　しかしながら，租税の資源配分への影響をみる上では，経済主体の選択だけでなく，租税の転嫁と帰着，そこから派生する厚生損失の分析も必要です。税の制度設計の仕方によっては，個人の選択が変わり，さらにそれに伴う資源配分の損失が生じてしまいます。ゆえに，「活力」のみを租税原則とすることはミスリードです。

（5）の**透明性**は税制に対して，誰が負担者で，誰が受益者であるのかがわかりやすくなっていることを要請するものです。

本章では，租税制度のあり方によって経済への影響がどのようになるのかを学びます。特に，（1）公平性と（2）効率性について考えていくことになります。

レッスン 8.2 租税の公平性

公平性の原則

租税負担を公平にするというときに用いられる公平性の基準として，「**応益原則**」と「**応能原則**」の2つの考え方があります。

応益原則とは，政府から受けるサービスや利益に応じた分を各人に課税することをいいます。ただし，この応益原則を貫くことは困難です。政府が供給する財・サービスの多くは公共財的な性質をもつため，便益の範囲と受益者を特定することが難しいからです。それでも，便益の及ぶ範囲が当該地域に限定されているため，地方税の場合には応益原則に基づいた設計が望まれます。

応能原則とは，各人の負担能力（税負担能力）に応じて課税するのが公平であるという考え方です。応能原則についても，政府が個人の負担能力をどのように測定すべきか，あるいは個人にどのように税負担させるべきかといった問題があります。これについては，図8.2にある**水平的公平**と**垂直的公平**という2つの尺度から負担を定めます。

水平的公平とは，等しい状態にある人々は等しく扱われるべきであるという考え方を示します。選好や属性の違いによって個人の税負担に差が生じてはならないことや，課税前後で個人の効用水準が変わらないようにすることを要請します。

垂直的公平とは，よりよい状況にある人がより多く負担すべきであるという考え方です。租税負担能力が高い個人には，より多くの税負担をしてもらうというものです。例えば，後述の所得課税は，所得が大きい人ほど税負担が多くなるよう設計されています。

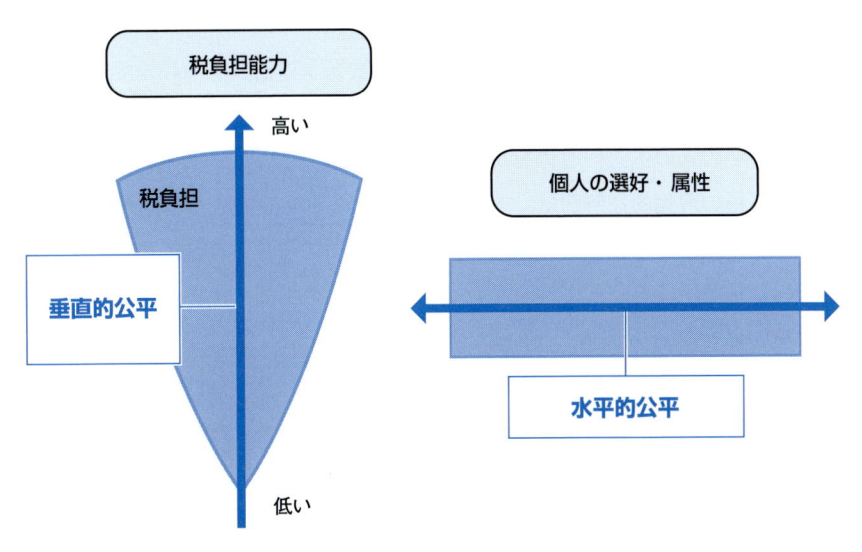

図 8.2　垂直的公平と水平的公平

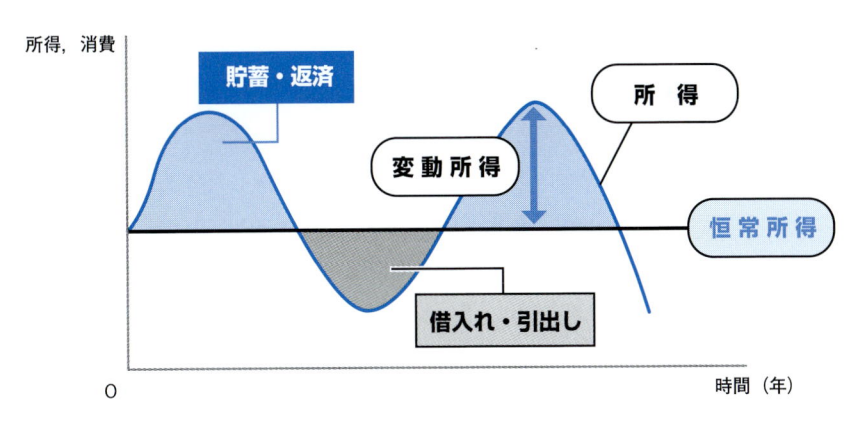

図 8.3　恒常所得と変動所得

税負担能力と課税方法

　さて，垂直的公平の議論で租税負担能力がでてきましたが，この能力の測り方の違いにより，課税方法が所得課税と消費課税の2つの立場に分かれます。

　所得課税の立場とは，ある時期（例えば，ある1年間）の所得がその人の税負担能力を示すと考えるものです。一方の消費課税は消費への課税ですが，これは恒常所得（あるいは生涯所得）への課税と等しいとみなされます（図8.3）。消費が，その人の生涯の所得を反映しているからです。

　消費課税の理論的な解釈は，フリードマン（M. Friedman）の恒常所得仮説によってなされます。恒常所得仮説では，消費は主に恒常所得に依存します。恒常所得は長期間にわたる平均的な所得で，その人の生涯の平均所得といい換えても構いません。

　他方，臨時的にたまたまある時期に一時的に変化した所得は変動所得といいます。変動所得は，長期でならすと恒常所得に対して小さな変化しかもたらさないので，消費への影響は小さいものとなります。

　個人の消費行動は，多くの場合，その時点での所得額よりも一生涯の所得を考慮して行われることが多くみられます。特に，住宅や自家用車などの耐久財の購入はその典型例です。住宅ローンを組んで住宅を購入する場合には，借り手だけでなく，貸出し側の金融機関も購入者の生涯所得を審査します。

課税標準（課税ベース）

　何に課税するか，その対象となる課税標準（課税ベース）には，先に述べた所得と消費と，さらに資産があります。ここではもう少し具体的に，課税対象について考えてみましょう（表8.1）。

　まず，所得課税の具体例として，労働所得税，資本所得税，法人税などいわゆる「所得」にかかわる租税があげられます。所得については，どのように発生したのかは問題としないという立場を取ることがあります。この立場では，すべての所得は合算して総合課税されることになりますが，これは包括的所得税と呼ばれるものです。例外もありますが，日本の所得税における総合課税の原則は，この考え方を踏まえています。

　一方で，所得の種類を分ける場合もあります。例えば労働の対価である勤労所得に対して，利子やキャピタル・ゲイン（コラム8.2），その他資産からの収

表8.1 課税ベースと直接税,間接税

	直 接 税	間 接 税
所得課税	労働所得税,資本所得税,法人税など	
消費課税	支出税	一般消費税 個別物品税
資産課税	相続税など	

コラム 8.2 「総合課税」の例外（日本のケース）

　日本の所得税制度には様々な所得控除があります。また，以下の点で総合課税を免れている側面があります。
(1) 現金の取引を伴わない消費の多くは課税されません。例えば，持ち家から発生する居住サービス（帰属家賃），主婦（夫）の家事サービス，諸手当・社宅・社員旅行費・定期代・慶弔金（けいちょうきん）などの企業の現物給付（＝フリンジ・ベネフィット）などは，非課税になります。
(2) 資産所得の多くも分離課税されていたり，課税を免れていたりします。特に，キャピタル・ゲイン（土地や株式などの資産の値上がり益）は発生時でなく，資産を売却して値上がり益が現金化されたとき（＝実現時）にしか課税されません。いい換えると，値上がりしても資産を売却しないで保有し続ける（未実現という）場合には，資産価値の評価が困難なことと，未実現時の利益に課税すると納税者が流動性不足のため，納税が著しく困難になる場合があることなどを根拠に，課税されません。
(3) 法人段階の課税と個人段階の課税で二重課税にならないための調整が，完全にはなされていません。

入である不労所得により大きな租税負担率とすることがあります（分類所得税）。

消費課税は，直接税である支出税と間接税である一般消費税および個別物品税とに大別されます。

直接税（納税者と担税者が同じ）と間接税（納税者は税負担をしない）について，しばしば，課税ベースでの表現と納税者と担税者の違いによる分類とを混同する場合があります。表8.1に区別を示しましたので，それも参照してください。

支出税では，貯蓄を積み増しするときには課税ベースから控除されていますが，引出し時に課税ベースに算入されます。同様に，キャピタル・ゲインも実現時で課税ベースに含まれます（未実現の利益の問題は生じません）。

消費課税では，ある人が生涯所得を使い切らないで亡くなる場合もありますが，その遺産には相続税がかかります。ある一定期間内（通常は1年）の所得は，消費されるか貯蓄（一定期間内の資産の純増でフロー概念）されるかのどちらかです。資産課税は消費されない所得部分への課税となります。

その他の資産課税でも財産の所有に着目します。具体的には，上で述べた相続税などがあげられます。

等　価　性

生涯の租税負担でみると，労働所得と消費への課税は等しい効果をもち，これを労働所得税と消費課税の等価性といいます。

表8.2に示したような，簡単な数値例で確認してみます。個人の生涯を，若年期と老年期に分けて，この個人の生涯の予算制約を考えます（このようなモデルをライフサイクルモデルといいます）。

ある個人は，若年期に100万円の労働所得がありますが，退職後の老年期の労働所得はゼロになるとします。このため，若年期の労働所得のうち若年期の消費に50万円だけを振り分け，残りの50万円を老後の消費のために貯蓄します。

貯蓄にかかる金利は5％とします。彼（彼女）は，元本の50万円と利子収入の2万5,000円を合わせた52万5,000円を老年期にすべて消費のために支出します。

さて，労働所得（利子収入は含まない）と消費支出はともに10％の税率で課

表 8.2 労働所得税と消費課税の等価性

利子率5％＝割引率　割引現在価値＝名目値／(1＋割引率(0.05))　税率10％

	若年期	老年期	合計
労働所得額	100万円	0	
課税額	10万円	0	10万円
割引現在価値	10万円	0	10万円
消費支出額	50万円	52.5万円	
課税額	5万円	5.25万円	10.25万円
割引現在価値	5万円	5万円	10万円
利子収入にも課税する場合（例）			
労働所得＋利子収入	100万円	2.25万円	
消費支出額	45万円	47.025万円	
貯蓄額	45万円	0万円	
課税額	10万円	0.225万円	10.225万円
割引現在価値	10万円	0.214万円	10.214万円

（労働所得税と消費課税の等価性）
（利子の二重課税）
（貯蓄額＋利子収入－課税額）

(注) 労働所得＋利子収入の割引現在価値は四捨五入しています。

コラム 8.3　消費課税と経済成長

　生涯の租税負担額でみると労働所得税と消費課税には等価性がありますが，消費課税のほうが，資本蓄積の阻害の程度は小さくなります。

　本文の例でみると労働所得税は，若年期の世代からより多く徴収されます。このため，労働所得税の増税は，若年期での貯蓄形成を阻害することになります。貯蓄は投資の原資です。投資は資本ストックとして蓄積され，経済成長に影響を与えます。すると，労働所得税の増税は，資本蓄積を阻害し，結果として経済成長率を低下させることとなります。

　一方，消費課税は，若年世代と老年世代から同等に徴収します。すると，負担は若年世代のみに集中することはなく，労働所得税と比較した場合，資本蓄積の阻害の程度はより少ないものとなります。

　このように，経済成長への阻害の程度は，労働所得税よりも消費課税のほうが小さくなります。

税されるとします。表8.2にあるように，この個人の生涯の課税額の割引現在価値（第4章コラム4.2参照）は，労働所得課税と消費課税がどちらも10万円で一致しています。生涯の割引現在価値で，労働所得と消費支出が同じため，課税額も同じになります。これが労働所得税と消費課税の等価性です。

ここで，利子収入には課税されていないことに注意してください。もし，表8.2の例（若年期の貯蓄額が45万円，なお当該個人は，各期間とも，税引き後に消費・貯蓄する）のように，利子収入（2万2,500円）にも10％の税率で課税されると，労働所得と利子収入にかかる課税額の割引現在価値は約10万2,140円となり，消費課税の場合よりも多くなります（貯蓄額を増やすほど課税額は増加します）。

これは，すでに若年期の労働所得に税がかかっているところに，さらに利子収入に二重課税されるためです。そのため，包括的所得税の場合は利子の二重課税が生じます。

直接税（主に労働所得税）と間接税（消費課税）の直間比率（第3章レッスン3.1参照）を指して「日本はヨーロッパに比べて間接税の比率が低い」という議論が聞かれます。直間比率は税構造を比較するための基礎的な指標ですが，等価性が示すように個人の一生涯を対象とする限りは，税負担の指標とはなりません。

所得税の累進度

公平性を議論する上では，垂直的公平をかなえるための累進度に関する理解が必要です。ここでは，累進度に関するいくつかの概念の整理をします（以下では，Y を課税ベース，T を租税負担とおきます）。

まず，基本的な用語として，平均税率と限界税率という言葉を説明します。平均税率とは，課税単位あたりの税率を示すものであり，$\frac{T}{Y}$ となります。次に，限界税率とは，所得が1単位増加したときの追加的な税負担を示し，$\frac{\Delta T}{\Delta Y}$ と書きます。

図8.4の2つの図をみて下さい。この2つの図で課税最低限は Y_0 であるとします。税率の設定方法の違いによって，課税方式はいくつかの種類への区分が可能となります。

最初に比例税について説明します。これは，所得 Y の水準にかかわらず平均

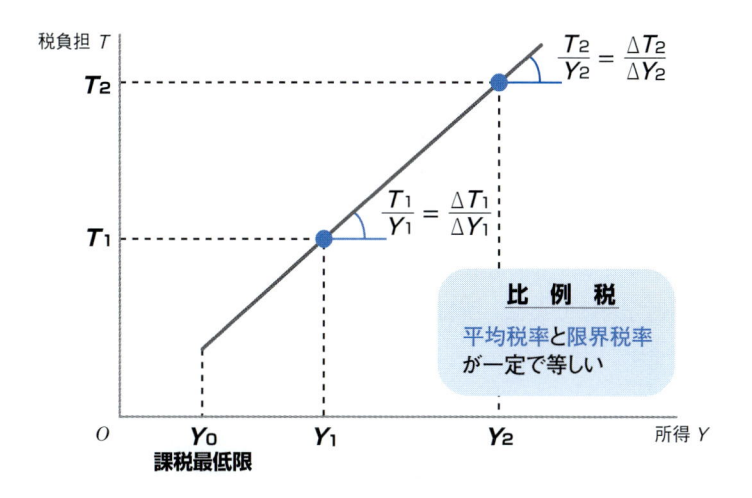

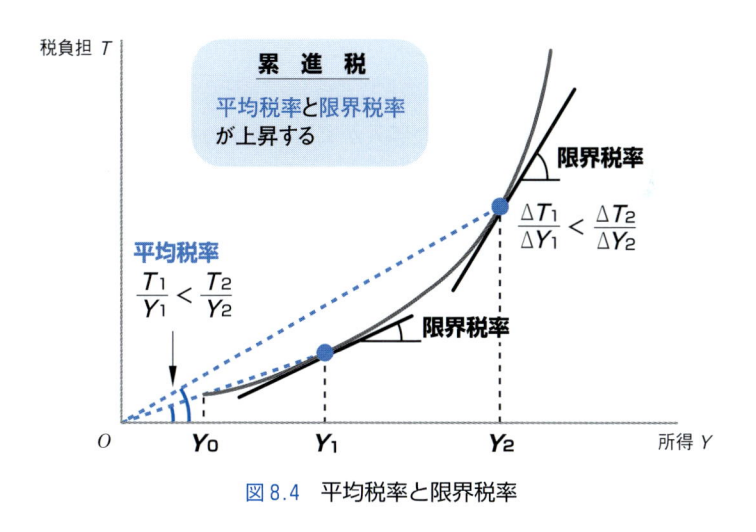

税負担 T

$\dfrac{T_2}{Y_2} = \dfrac{\Delta T_2}{\Delta Y_2}$

$\dfrac{T_1}{Y_1} = \dfrac{\Delta T_1}{\Delta Y_1}$

比 例 税
平均税率と限界税率が一定で等しい

O　Y_0　Y_1　Y_2　所得 Y
課税最低限

累 進 税
平均税率と限界税率が上昇する

限界税率

$\dfrac{\Delta T_1}{\Delta Y_1} < \dfrac{\Delta T_2}{\Delta Y_2}$

平均税率

$\dfrac{T_1}{Y_1} < \dfrac{T_2}{Y_2}$

限界税率

O　Y_0　Y_1　Y_2　所得 Y

図 8.4　平均税率と限界税率

8.2　租税の公平性

税率が一定である税のことを指します。図にあるように，平均税率と限界税率は常に等しく一定となります。

次に，累進税です。累進税では，所得 Y が増加するときに平均税率と限界税率がともに上昇します。図では，所得が Y_1 から Y_2 に増加するにつれて平均税率は $\frac{T_1}{Y_1}$ から $\frac{T_2}{Y_2}$ に上昇しており，限界税率も $\frac{\Delta T_1}{\Delta Y_1}$ から $\frac{\Delta T_2}{\Delta Y_2}$ に上昇しています。

日本の所得税制は，基本的にこの累進税制を採用しています。ただし，日本では，所得水準の段階に応じて税率が上昇し，さらに，その基準以上の超過分のみの税率が上昇する超過累進課税方式を採用しています（納税額の計算方法は第3章図3.3を参照してください）。

一方，超過分だけでなく，所得全体への税率が上昇する方式を単純累進課税方式と呼びます。

レッスン 8.3　資源配分の効率性と税の帰着

資源配分の効率性の論点

租税の資源配分問題では，租税の導入が家計や企業の行動にどのような影響を与えるのかを考えます。このとき重要となる概念は税の帰着です。税の帰着とは，税を実際に（最終的に）負担している人が誰であるのかということです。

もう一つの論点は，課税による社会的損失（超過負担・死重損失，以下超過負担として統一）です。これは，課税の結果個人の選択が課税前と変わることや，資源配分の損失が起こることで生じます。

このレッスンでは，税の帰着について学びます（超過負担は次のレッスンで学びます）。

では，なぜ税の帰着が論点となるのでしょうか。

例えば，図8.5に示すように，生産者（事業者）が納税義務者であるような租税を考えます。政府は生産者に課税します。このとき，生産者が税負担分をそのまま価格に上乗せすると，その税負担は消費者が負うことになります。

このように，納税義務者が他の人に対して税負担を移し変えることを転嫁と

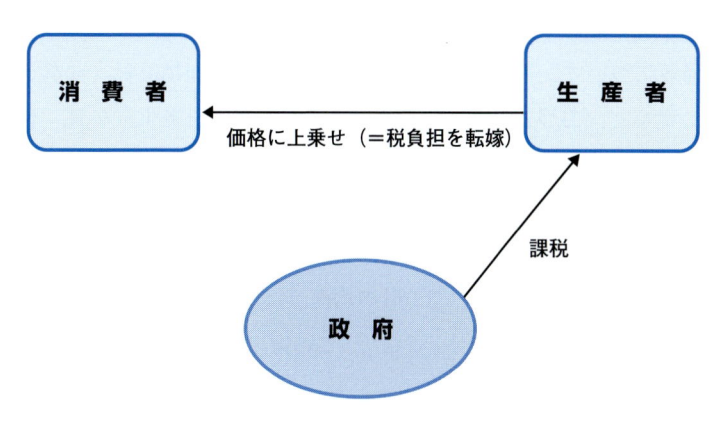

図 8.5　租税の転嫁と帰着

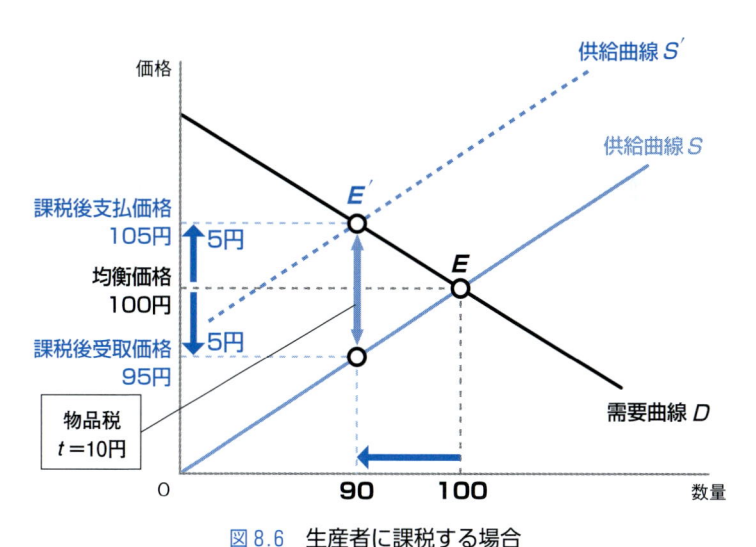

図 8.6　生産者に課税する場合

8.3　資源配分の効率性と税の帰着

いいます。転嫁がある場合は，本来の租税負担予定者ではない人が租税負担してしまうことになります。

個別物品税の帰着：生産者に課税される場合

税の帰着について，従量税でかつ消費課税である個別物品税（日本では酒税やたばこ税など，コラム8.4）を取り上げて明らかにします。なお，本章では，ある一つの財・サービスについての市場を取り出して，他の市場との関連や波及効果を考えない部分均衡分析を用いていきます。

最初に，生産者に課税される場合について，図8.6をもとに考えていきたいと思います。図8.6の例では，この財の均衡点は E，均衡価格は100円，需要・供給量は100個となっています。ここで，この財1個当たり10円の物品税が課せられたとします。

税が課せられた場合でも需要曲線 D は変化しませんが，供給曲線は移動します（$S \to S'$）。

生産者は税を含む総受取価格をみて供給量を決定しています。生産者に課税された場合には，その税負担額10円が企業の限界費用に上乗せされることになります。すると，生産者はその分をあたかも価格が110円になったように考えて，110円に対応する供給量（ここでは90個）まで生産を削減します。換言すると，税負担10円分を上乗せした費用で生産を行うことになるわけです。この結果，供給曲線が物品税額分だけ上方へ移動することになります。そして，図の E' が新たな均衡となります。

なお，この財の取引では，

(消費者の) 支払価格 ＝ 物品税額 ＋ (生産者の) 受取価格

という関係があります。税金がないときは受取価格と支払価格とが一致しますが，物品税により両者が異なっていることがわかります。

このときの税の帰着について考えてみましょう。物品税により消費者の支払価格が上昇することで，税負担が消費者に転嫁されていますが，すべてが消費者に転嫁されるわけではありません。

支払価格は5円上昇していますが，受取価格も5円減少しています。すなわち，この例では消費者と生産者にそれぞれ負担が等しく及んでいます。税負担

> **コラム 8.4**　「行動経済学」とたばこ税の根拠
>
> 　代表的な個別物品税としては，たばこ税があげられます。喫煙により生じる負の外部性への対処と，将来への悪影響を過小評価する意思決定を是正することなどが，たばこ税を課す根拠としてあげられます。
> 　後者の理由については，近年進展の著しい行動経済学の考え方を援用することができます。すなわち，将来疾病に罹患する可能性があるにもかかわらず，現在の喫煙により得られる効用を重視する結果，個人が喫煙をしているとします。このときには，将来を軽視する意思決定を是正するための課税として，たばこ税が正当化されます。

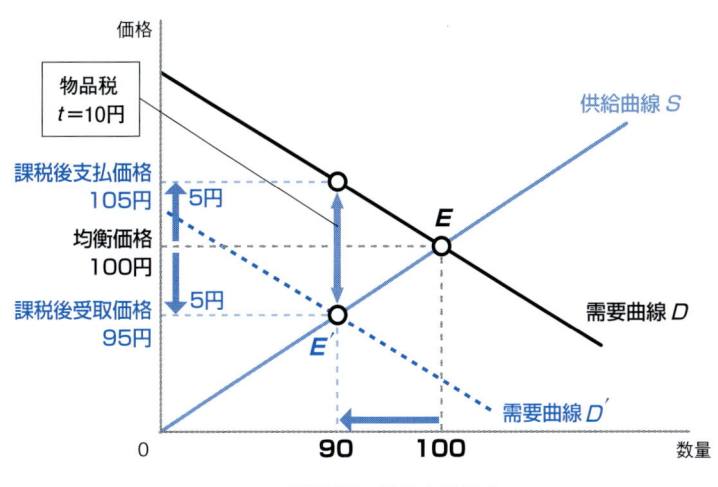

図 8.7　消費者に課税する場合

8.3　資源配分の効率性と税の帰着

は消費者に対して 100% 転嫁されるわけではないという点が重要です。

個別物品税の帰着：消費者に課税される場合

次に，物品税が消費者に課された場合を図 8.6 と同じ例で考えてみましょう。図 8.7 のように，1 個当たり 10 円の物品税が消費者に課せられたとします。物品税がないときには，受取価格と支払価格とが一致していましたが，物品税が課せられると両者は一致しなくなります。

生産者に物品税が課せられる場合と異なるのは，供給曲線 S は課税後も動かず，需要曲線 D が移動することです（$D \to D'$）。生産者に対しては課税されないため，その価格における供給量は変化しません。一方，消費者は税を含めた総支払価格をみて需要量を決定しています。

この例では，彼または彼女は課税前価格が 100 円の場合，10 円の課税によってあたかも価格が 110 円になったかのように考えて需要量を決定します。このときの需要量は，図では 90 個となります。

結果として，需要曲線は税負担分（10 円）だけ下方に移動することになります（$D \to D'$。結局，E' が新たな均衡となります）。

このときの税の帰着を考えると，生産者の受取価格は，税負担分だけ下がります。それでも，物品税額（10 円）はすべてが生産者に転嫁されるわけではありません。ここでは，消費者も一部を負担することになります。

この例では，支払価格は 5 円上昇し，受取価格は 5 円減少することで，消費者と生産者とにそれぞれ負担が及びます。個別物品税は，もし需要曲線と供給曲線の両方が，その弾力性が極端でなく，かつ等しいときには，売り手に課せられた場合と買い手に課せられた場合でまったく同じ効果をもつことがわかります（コラム 8.5）。

税の帰着と価格弾力性

物品税が生産者に課せられた場合にどの程度消費者に転嫁されるかは，需要曲線と供給曲線の価格弾力性に依存します。

まず，供給曲線について考えてみましょう。例えば，土地は供給量が一定であり，再生産不可能な財・サービスの一種です。このため，供給が価格に対して非弾力的です。このような財の供給曲線は垂直になります。

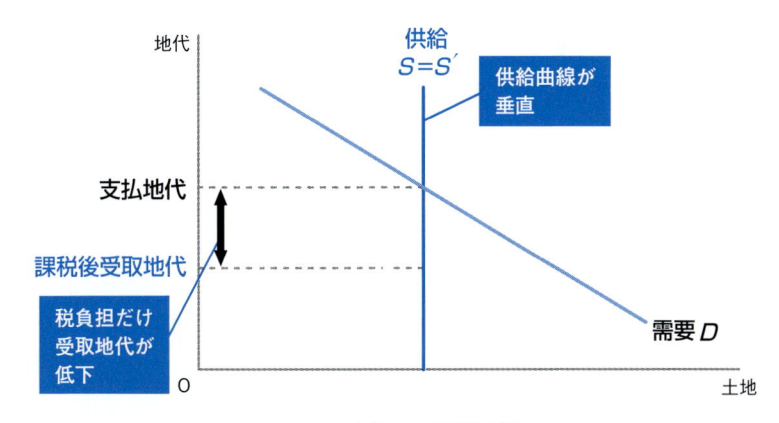

図8.8 　土地への課税の例

(図中ラベル: 地代／供給 $S=S'$ ／供給曲線が垂直／支払地代／課税後受取地代／税負担だけ受取地代が低下／需要 D ／土地)

> **コラム8.5　帰着の応用例：社会保険料**
>
> 　現在の日本の社会保険料は，従業員側と使用者側で半分ずつ支払う（労使折半をする）ようになっています。ここで，社会保険料は税金の一種（理論的には，労働所得税に相当）です。
> 　社会保険料を労働市場での課税とみなすと，従業員の負担金は労働供給曲線を右上方へシフトさせ，使用者の負担金は需要曲線を左下方へシフトさせます。このとき両者の負担は等しくなっています。
> 　仮に，この負担をすべて従業員が負ったとしましょう。この場合でも，本文での説明と同じく，使用者への転嫁が生じることで両者が等しい負担となります。結局，労働者側（＝消費者側，労働供給曲線）に課そうが，使用者側（＝生産者側，労働需要曲線）に課そうが，同じような効果しかもたないことになります。すると，現在のような労使双方で負担を折半することは，理論的には何ら意味をもたないことになります。

この場合，土地の供給者（地主）はどのような受取価格の水準であれ，一定量を供給することになります。すると，図8.8に示したように，課税後の供給曲線 S' は課税前の供給曲線 S に重なってしまい，結局のところ供給曲線は課税後も同じままになります。

一方，需要曲線 D は変化しないため，消費者の支払価格（＝支払地代）は変化しません。すると，生産者の受取価格（＝受取地代）のみが税額分低下することになり，税負担は土地の供給者にすべて帰着することになります。

次に需要曲線 D について考えてみましょう。海外旅行やブランド品などぜいたく品に象徴される，需要の価格弾力性が大きい財を考えてみます。このような財の場合は，需要曲線はより水平に近くなだらかになります。

この場合に物品税が課されても，支払価格はあまり上昇しません。結果として，消費者への転嫁が最小限となり，税の多くは生産者に帰着します。

逆に，供給曲線の価格弾力性が大きい場合や需要曲線の価格弾力性が小さい場合（例えば米や麦などの必需品）であれば消費者への転嫁が大きくなります。

レッスン 8.4　超過負担と最適課税

個別物品税の超過負担

もう一つの資源配分の効率性にかかわる問題である，超過負担について学んでいきましょう（直感的な説明は第6章を参照）。政府が生産者側に個別物品税を課す例を考えてみます。課税後は，（生産者および消費者の両方に課税したとしても）個別物品税は，消費者の支払価格を上昇させ，生産者の受取価格を低下させます。

図8.9には生産者に課税した前後の様子を示しました。ここでは，弾力性は需要曲線と供給曲線で同じであるとします。課税前には，消費者余剰は $a+b+c$ の面積，生産者余剰は $e+d+f$ の面積になります。

ここで，t だけ生産者に課税します。すると，課税後に，消費者の支払価格は p_0 から p_1 になります。一方，生産者の受取価格は p_2 になります。

このとき，消費者余剰は a の面積へ，生産者余剰は f の面積へとそれぞれ変

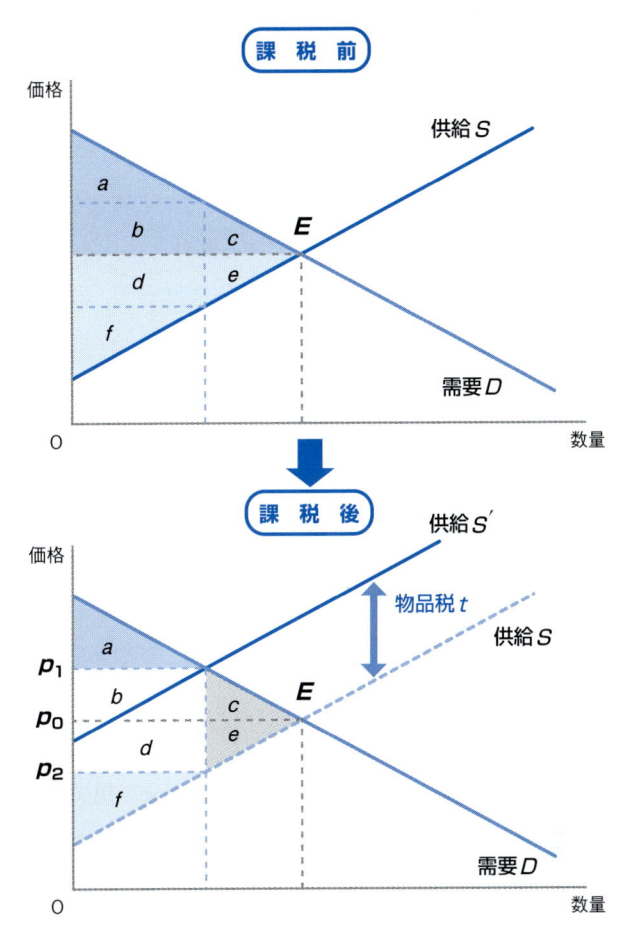

図 8.9 課税前・後の消費者余剰と生産者余剰，税収，超過負担

コラム 8.6　　一括固定税と人頭税

　人頭税は，一人ひとりに均等に課税する租税のことで，一括固定税と同じ効果をもちます。サッチャー政権下の英国で導入が試みられ反対されました。日本でも，小泉内閣で導入が検討されたことがあります。個人住民税の**均等割**は（第5章レッスン 5.3 参照）人頭税や一括固定税と同じ効果をもちます。

8.4　超過負担と最適課税

化します。また税収（＝税額×数量）は $b+d$ の面積になります。

　税収として政府に徴収された $b+d$ の部分は，政府サービスの支出（＝警察，国防，道路や環境対策など）に充当されます。税の負担といっても，それは政府の供給するサービスとしてもう一度民間に還元されます。

　ところが，図の三角形 $c+e$ は，課税前には c は消費者の余剰の一部，e は生産者の余剰の一部であったのに，課税後には「どこにも属さない」資源の損失になっています。実は，真の意味で「負担」する部分とは，図の三角形 $c+e$ の部分です。この課税によって生じる社会的余剰の減少分が，税が社会全体に対してもたらす超過負担であるととらえます。

労働所得税の超過負担

　次に，労働所得税の超過負担を2財モデルで説明します。

　2つの課税の方法を考えます。一つは一括固定税（定額税）であり，もう一つは労働所得税です。一括固定税は所得や消費にかかわらず一定額を課税するものです。一定額を課すため，労働者間の賃金変化や財・サービス間の相対価格の変化をもたらしません。結果，代替効果は生じず，所得効果のみをもちます。

　一方の労働所得税は，各人の所得水準に応じて課税するもので，相対的な賃金や価格の変化をもたらします。労働所得税は，所得効果だけでなく代替効果ももつため，（経済主体の行動を変えて，かつ資源配分の損失をもたらすという意味で）「歪みのある税（撹乱税；distortionary tax）」の一つです。

　図8.10で労働所得税の効果を考えてみましょう。個人の時間は限られているので，余暇を増やそうとすれば労働時間を減らす必要があります（図8.11）。すると，所得が減少するので消費が減ってしまいます。このように，個人は余暇か消費かの選択をする必要がありますが，その関係が U で表されるものとします。

　非課税の場合の予算制約線を AA' とします。余暇を0にして消費（労働）のみを行えば A' だけ消費が可能です。消費を0にすると A の余暇が得られます。2財の代替関係を表す無差別曲線 U と接する E 点が最適点（効用が最大）です。労働所得税が課されると，その分だけ相対的に労働が安くなります。それぞれの労働時間での消費が減少するので，予算制約線は AC' となり，新たな最適点は E' です。このとき，E 点から E' 点への変化は所得効果と代替効果からなり

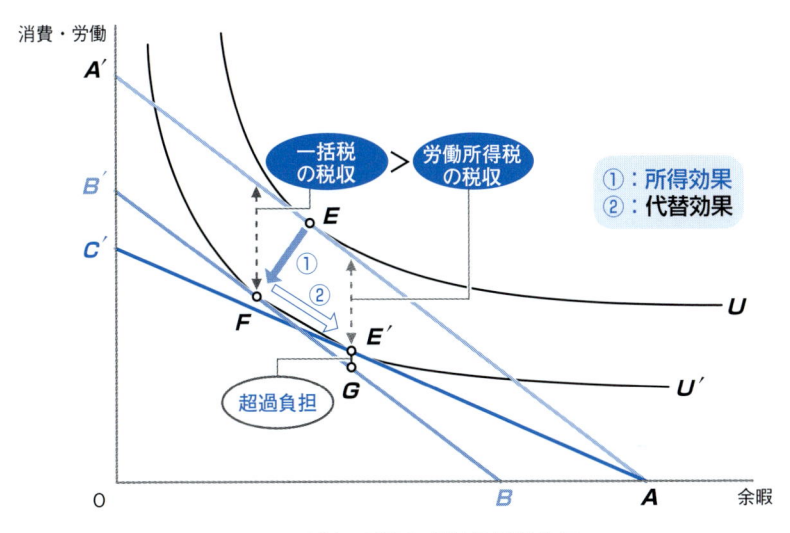

図 8.10　2 財モデルにおける超過負担

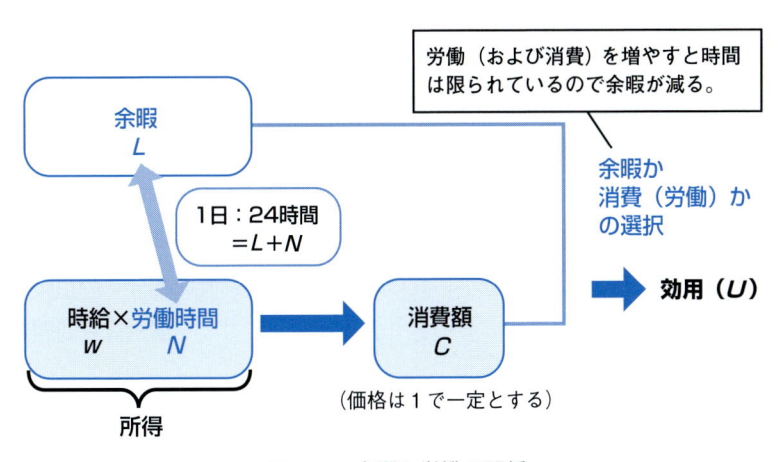

図 8.11　余暇と労働の関係

8.4　超過負担と最適課税

ます。所得効果は，図の①の変化でとらえられます。

　さらに，消費者にとってみれば，課税がなされることで労働をすることが相対的に魅力的でなくなるため，消費（労働）から余暇への代替が発生します。この代替効果は図の②の変化でとらえられます。

　ここで，①の所得効果と同等の効果をもつ一括固定税による税収（BB'の予算制約線）と，代替効果をもたらす労働所得税での税収の比較を図で確認してください。一括税の場合に比べて，労働所得税の場合のほうが税収が少なくなっています。この差額が撹乱税により生じた超過負担です。

　このように，労働所得への課税は，個人が労働よりも余暇を，あるいは消費よりも貯蓄をより多く選択するように促す場合があります。そのため，労働所得税は消費行動や労働供給における歪みを生じます。

最適課税問題

　資源配分への影響を考慮した場合には，一括固定税が最も優れた課税方法といえますが，現実に一括固定税を採用することはとても難しいと考えられます。課税対象を限定した一括固定税により，課税と税収による所得再分配の両方を行う場合を考えてみましょう。

　このとき，もし個人の能力を政府が完全に識別できるならば，「能力の高い人に課税し，低い人に再分配する」ことが可能になりますが，現実には政府は個人の能力を完全には識別できません。また，課税されてしまう能力の高い個人は，能力が高いことを正直に名乗り出るインセンティブをもたないと考えられます。

　資源配分上の損失を生む税である労働所得税，利子所得税や物品税などが現実に採用されているのは，上記の理由のように一括固定税の導入が難しいからです。このとき，税の資源配分への負の影響，すなわち資源配分上の損失を最小にすることを考慮した上で，税のあり方を議論することを最適課税問題といいます。

　最適課税問題，特に最適間接税でポイントとなるのは需要の価格弾力性です。図8.12は課税による超過負担が，需要の価格弾力性の違いによってどの程度異なるのかを示しています。課税後の均衡点が同一で，単位当たり課税額（従量税）が等しいとした場合，需要の価格弾力性が大きいほど課税の超過負担（図の青いアミのかかった部分の面積）が大きくなっています。

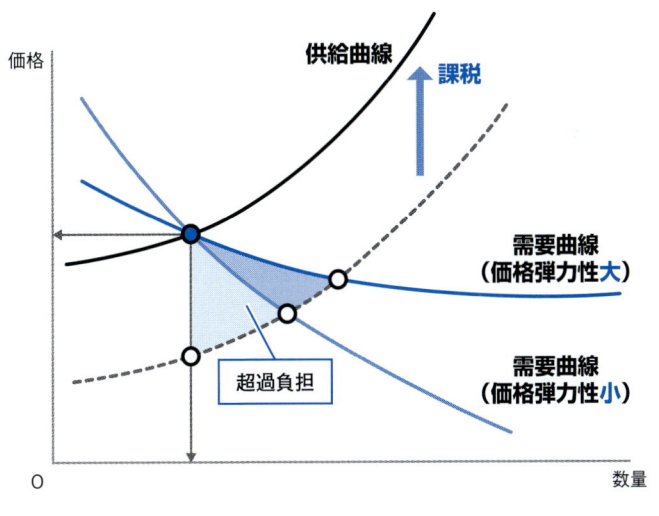

図 8.12　課税と弾力性

最適間接税と最適所得税

個別物品税にかかわる**最適間接税**は、**ラムゼイ・ルール**（哲学者・数学者 F. P. Ramsey の名前から）と呼ばれる考え方で説明されます。中でも重要なのは、図 8.13 に示した「需要の価格弾力性の大きい財（＝ぜいたく品）は超過負担が大きいので低い税率を課し、小さい財（＝必需品）はそれが小さいので高い税率を課す」ことで、超過負担を抑えるとの考え方です。このもとで、税率は需要の価格弾力性の逆数に比例させるという**逆弾力性命題**が成り立ちます。

一方で、代替効果が同じような財であれば、異なる税率を設定する必要はありません。税率上昇による損失は、税率が高ければ高いほど大きくなります。同じ税収を達成するためには、多くの財で均一にし、できるだけ税率を低くしたほうが損失は小さくなります。これを**均一税率の命題**といいます。

所得税の場合は、労働に対してはマイナスに作用します。しかしながら、公平性の観点からは累進度の高い税率が望ましいとの考え方もあります。**最適所得税**問題は、この効率性と公平性の間のトレード・オフを扱います。

現在までいろいろな分析がなされ、結論の違いも出てきています。近年の米国の研究では、（望ましい）最高税率が 50% を超えることを報告したものもあります。

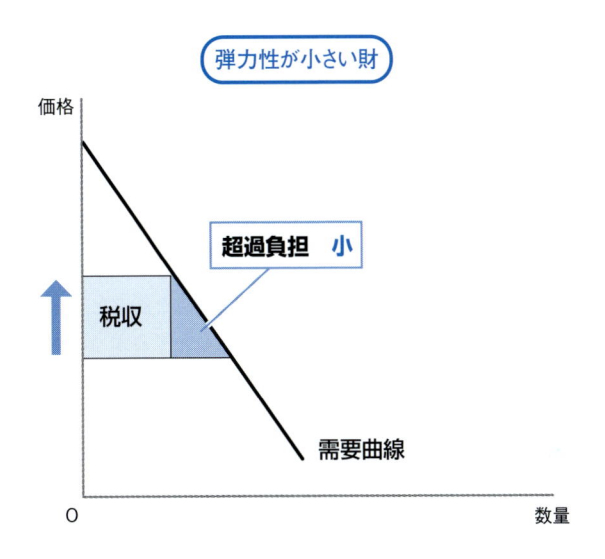

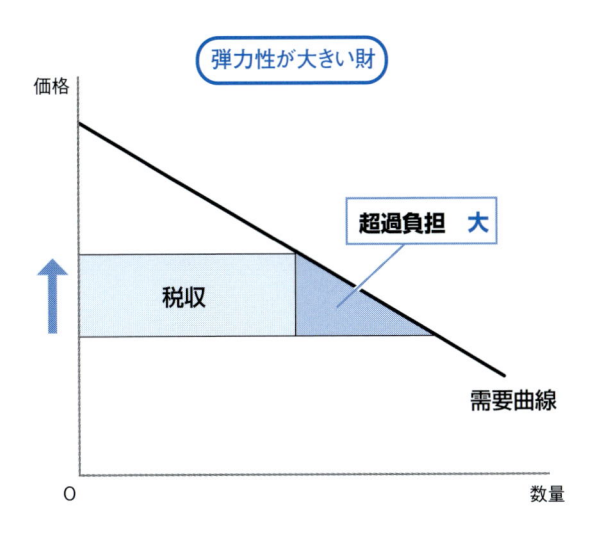

図 8.13　ラムゼイ・ルールの図解

■■■ 考えてみよう ■■■

- 望ましい租税制度が満たすべき5つの原則とは何ですか。
- 「活力ある社会を作るために法人税を減税しよう」との意見が聞かれることがあります。これは正しいかどうか考えてみよう。
- 課税標準（課税ベース）にはどのようなものがあるでしょうか。
- 「直間比率を是正するために，所得減税をして消費税を増税しよう」との考え方は「恒常所得仮説」の下で正しいでしょうか。
- 限界税率と平均税率をそれぞれ説明しなさい。
- 横軸に課税ベース（＝所得），縦軸に税負担を取って，超過累進課税を図で示してみよう。
- 横軸に労働量，縦軸に実質賃金を取って，社会保険料を雇主と従業員に課した場合で，経済効果がどのようになるのか，図を用いて考えてみよう。
- 政府が生活者の負担を軽減しようとして，コメやパンなどの生活必需品の税率を低くしました。この政策は目的を達成できるでしょうか。
- 消費・貯蓄選択モデルを用いて，利子（資本）所得税のもたらす超過負担を考えてみよう。
- 生活必需品とぜいたく品の税率は，資源配分の効率性の面からはそれぞれどのように設定したほうが望ましいでしょうか。

第III部

政策

日本財政の変化 9

　第Ⅱ部で学んだように，公企業や政府介入は非効率をもたらすことも多く，日本では近年，行財政改革が促されています。本章では，行財政改革や規制緩和を主なテーマに，戦後の日本財政を跡づけながら，なぜ行財政改革が行われるようになったのかを考えます。

レッスン
9.1　戦後の日本財政
9.2　規制緩和の理論
9.3　行財政改革の実際

レッスン 9.1 戦後の日本財政

均衡財政から国債発行へ

日本の財政法（1947（昭和22）年施行）は，軍事支出が膨張しインフレーションを招いたという戦前の反省点（コラム9.1）から，特例公債（赤字公債）発行の禁止（第4条）や公債の市中消化の原則（第5条）などの健全財政をうたっています（コラム9.2）。ところが，現在まで中央政府の財政収支は赤字が続いています（公債は政府が発行する債券。国債は中央政府が，地方債は地方政府が発行します。以下では国債を主にみていきます。なお，国債の場合も慣用的に公債と呼ぶ場合があります）。

1960年代前半までは国債発行のない均衡財政でしたが，「昭和40年不況」対策のために1965（昭和40）年度補正予算において，戦後はじめて国債を発行しました。翌1966（昭和41）年度からは，公共事業に使途を限定した建設国債を継続的に毎年度発行するようになりました（図9.1参照）。

1970年代には，ニクソン・ショックや変動相場制への移行など，国際情勢の変化や石油ショックにより，日本経済には大幅な経済構造の変化が起こりました。

高度経済成長期から低成長期に移り，税収の大幅増が見込めない一方で，福祉や社会資本整備の拡充が求められました。1975（昭和50）年度補正予算では特例国債（赤字国債）が発行されました。

この頃，日本を含めた経済規模の大きい国が財政支出を拡大させて世界経済を浮揚させる機関車論が唱えられ，拡張的財政政策が行われました。1979（昭和54）年度には一般会計の公債依存度は35％にまで達しました。

1980年代の財政再建

公債依存度の高まりや政府債務の増加を受けて，1980年代には増税なき財政再建という歳入の増加に頼らない財政再建が試みられました。

歳出については，前年度の予算からの伸びをなしとするゼロ・シーリングや，減少とするマイナス・シーリングといったシーリング方式により抑制を図りま

コラム 9.1　戦前の日本財政のトピック：松方正義と高橋是清

　明治政府は，西南戦争や殖産興業に必要な資金調達のために不換紙幣（金・銀と交換できない）を大量に発行しました。その結果，インフレーションと経済危機が生じていました。

　1881（明治 14）年に大蔵卿（大蔵大臣）に就任した松方正義は緊縮政策をとりました。松方は通貨を独占的に供給する日本銀行を設立して，銀貨兌換（引き換えることができる）の兌換銀行券を発行させ，それまでの不換紙幣を廃止して通貨の安定化を図りました（1897（明治 30）年には金本位制へ移行）。さらに，増税（地租など）によって財政状況の改善を目指しました。貿易が伸びた反面，経済はデフレに陥りました。これを松方デフレと呼んでいます。

　1929（昭和 4 年）年 11 月に，米国での株価暴落による世界大恐慌が発生します。日本は金解禁（金の輸出入の解禁）を 1930（昭和 5）年に行い，国外へ金が大量に流出する事態となりました。金本位制のもとでの金の流出は，デフレの効果をもたらしました。

　1931（昭和 6）年に大蔵大臣に就任した高橋是清は，金輸出を禁止しました。さらに，日本銀行券の金兌換を停止して金本位制を廃止しました。財政では，1932（昭和 7）年に歳入補填公債を発行し，その日銀引き受けをはじめ，また公共事業を拡大するなどの拡張的財政政策を行いました。これらの政策はインフレを招き，高橋は，緊縮政策を敷きました。その中で，陸軍の予算削減を行おうとしたところ軍部の反発を招き，二・二六事件で暗殺されました。

コラム 9.2　終戦直後の財政状況：ドッジラインとシャウプ勧告

　第 2 次世界大戦後，連合国軍最高司令官総司令部（GHQ，1945 年～1952 年）は，農地改革や財閥解体など様々な日本の制度改革に取り組みました。戦後直後の課題は，物資の不足と政府債務膨張によるインフレへの対処でした。供給不足対策として，傾斜生産方式や経済復興金融公庫による特定産業への重点融資などが行われました。しかしながらインフレは収まらず，1940 年代後半に安定化策を需要抑制政策および政府支出抑制へと転換します（経済安定 9 原則）。1949（昭和 24）年，米国から来日したジョゼフ・ドッジ（J. M. Dodge）によるドッジラインでは，政府支出抑制としての超均衡予算の採用，経済復興金融公庫の廃止，為替レートの固定化（1 ドル＝360 円）などが行われました。

　また，同時期に来日したコロンビア大学教授のカール・シャウプ（C. S. Shoup）を団長とする使節団が GHQ からの要請を受けて，日本の税制度改革案であるシャウプ勧告を作成しました。このシャウプ勧告は，当時複雑だった日本の税制に，所得税・法人税を中心とした総合課税制度，地方税制の整備，平衡交付金制度（のちの地方交付税交付金制度），累進課税方式，富裕税の導入，資産課税の強化（相続税）などの変化をもたらし，現在の税制の基礎を築きました。

した。各省庁の前年度の支出総額に対する伸び率について，一定の率での総枠をあらかじめ設定し，その枠内での概算要求のみを認めたのです。

ただし，シーリング（ceiling；概算要求枠）は当初予算のみ適用され，補正予算には適用されませんでした。1980年代においても，毎年のように補正予算を策定することで公共投資支出の追加が行われました。

1980年代後半には円高不況への対応が必要となりました。また，経常収支不均衡に対し日米貿易摩擦問題が生じ，米国からは規制緩和や財政拡大も含めた内需拡大が求められました。

それでもこの頃のバブル景気が税収の自然増をもたらし，財政状況は改善しました。1990（平成2）年度（当初予算）には特例国債（赤字国債）発行ゼロの目標が達成されました。翌1991（平成3）年度には，決算においても特例国債発行がゼロとなり，公債依存度が 9.5% とひと桁台へ低下しました。

バブル崩壊と財政運営

しかしながらわが国では，1990年代初頭にバブル経済が崩壊し，その後は失われた10年（あるいは15年）とも呼ばれる長期の経済停滞を経験しました。政府は，経済対策を毎年のように行い（表9.1参照），その財源の多くを国債に依拠することとなりました。

1992（平成4）年度以降，一般会計の財政収支赤字は拡大を続け，1994（平成6）年度以降では基礎的財政収支（プライマリー・バランス）も赤字化しました。1991（平成3）年度の国債（このときは建設国債のみ）発行額は約6兆7,000億円ですが，1996（平成8）年度に約21兆7,000億円，1999（平成11）年度では約37兆5,000億円（建設公債と特例公債合わせて）を発行しています。

ただし，1997年には緊縮財政へと政策方針が転換され，財政再建路線への転換も試みられました。橋本龍太郎内閣時，1997年6月に財政構造改革会議が発足し，そこでまとめられた歳出や国債発行の削減策をもとにした財政構造改革法（財政構造改革の推進に関する特別措置法）が成立しました（図9.1）。

財政構造改革法では，2003年まで（のちに2005年まで延長）の財政健全化目標（例えば，国と地方の財政赤字を合わせて対GDP比3%以下にするとして赤字国債の発行を制限）によって財政状況の改善を行うものでした。1997（平成9）年度の国債発行額は約18兆4,000億円と前年度より3兆円程度減少してい

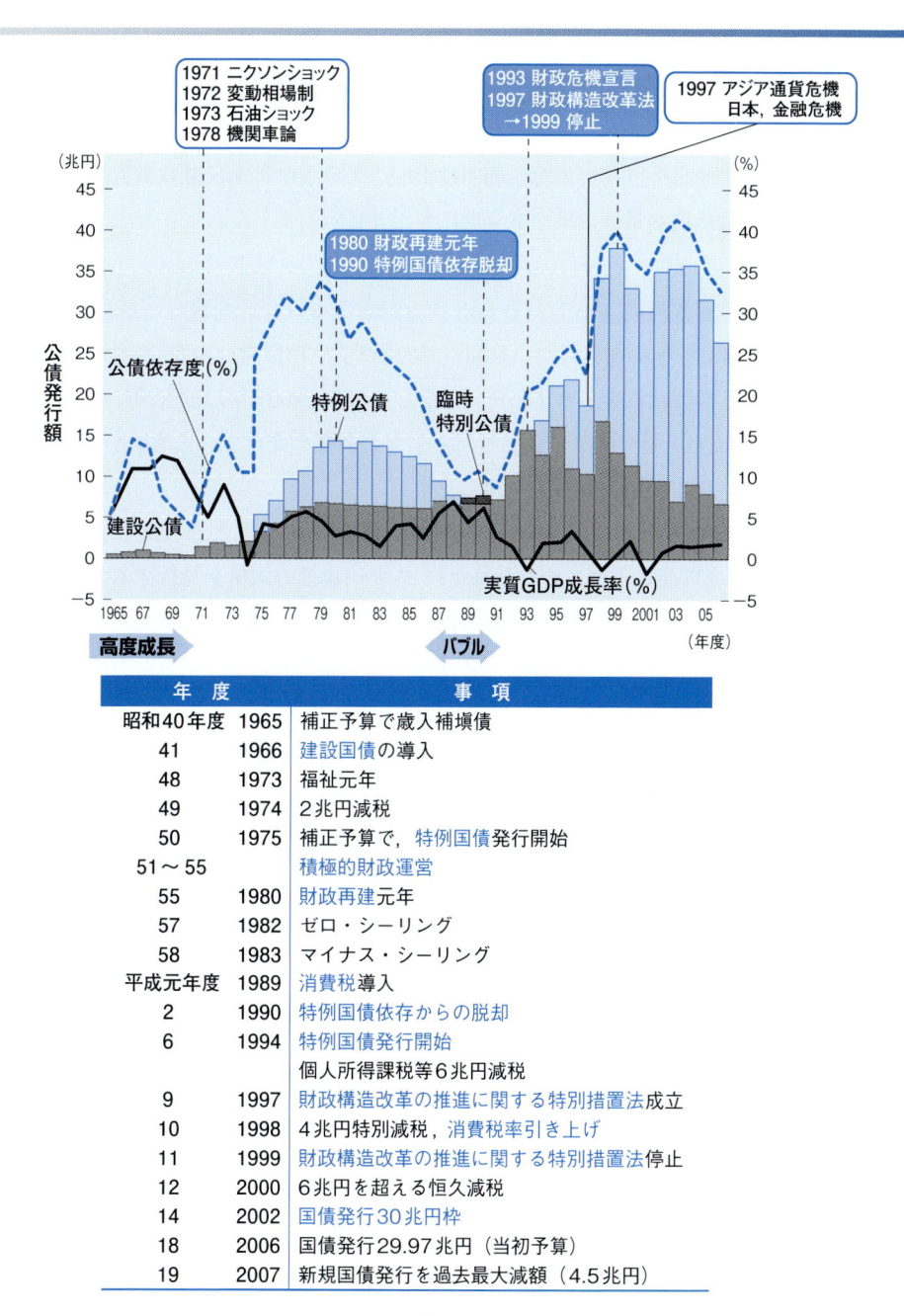

図9.1 日本財政のあゆみ

グラフ注記:
- 1971 ニクソンショック
- 1972 変動相場制
- 1973 石油ショック
- 1978 機関車論
- 1993 財政危機宣言
- 1997 財政構造改革法 →1999 停止
- 1997 アジア通貨危機 日本,金融危機
- 1980 財政再建元年
- 1990 特例国債依存脱却

グラフ凡例: 公債発行額(兆円)、公債依存度(%)、建設公債、特例公債、臨時特別公債、実質GDP成長率(%)、高度成長、バブル

年　度		事　項
昭和40年度	1965	補正予算で歳入補塡債
41	1966	建設国債の導入
48	1973	福祉元年
49	1974	2兆円減税
50	1975	補正予算で, 特例国債発行開始
51〜55		積極的財政運営
55	1980	財政再建元年
57	1982	ゼロ・シーリング
58	1983	マイナス・シーリング
平成元年度	1989	消費税導入
2	1990	特例国債依存からの脱却
6	1994	特例国債発行開始
		個人所得課税等6兆円減税
9	1997	財政構造改革の推進に関する特別措置法成立
10	1998	4兆円特別減税, 消費税率引き上げ
11	1999	財政構造改革の推進に関する特別措置法停止
12	2000	6兆円を超える恒久減税
14	2002	国債発行30兆円枠
18	2006	国債発行29.97兆円（当初予算）
19	2007	新規国債発行を過去最大減額（4.5兆円）

図9.1　日本財政のあゆみ
（出所）　財務省『財政金融統計月報　平成20年度予算編』より作成。

ます。

ところが，1997年にはアジア通貨危機や，北海道拓殖銀行や山一證券など大手金融機関が経営破綻した金融危機が起こり，経済情勢は悪化しました。

橋本内閣の後を受けた小渕恵三内閣は1998（平成10）年末に財政構造改革法を凍結し，大規模な景気対策を2年度にわたり策定しました。

構造改革と財政再建

2001（平成13）年に成立した小泉純一郎内閣では，国債発行の30兆円枠を設定するなど，抑制政策をとりました。しかしながら，2001年には米国におけるITバブル崩壊やテロリストによる9・11事件の影響を受けて，失業率が5％を超えるなど，日本経済は大きく減速します。

2001（平成13）年度の実質GDP成長率は再びマイナスとなります。2002（平成14）年度以降3年度にわたり毎年約35兆円規模の国債を発行することになりました。この頃，規制緩和や行財政改革などの構造改革が本格化します。背景には，政府債務の増大に伴い，もはや政府支出拡大による景気対策は不可能であったことがあげられます。

2003年4月に日経平均株価は7,607円とバブル経済崩壊後の最安値をつけますが，その後は緩やかながらも長期にわたり景気は回復します。税収が増加して，財政状況が改善する中，2006年の「経済財政運営と構造改革に関する基本方針2006」（骨太の方針2006）では，2011年度までの国・地方のプライマリー・バランス（基礎的財政収支）の黒字化目標が設定されました。

財政の課題

2007年以降，再び状況は変化しています。特に，2008年9月の米国大手証券会社リーマン・ブラザーズ破綻を契機に，世界金融は混乱に陥りました。欧米各国は，かつての日本のように金融機関への公的資金注入などの対応を迫られ，さらに政府支出や減税などの大規模な財政政策が行われています。日本もより厳しい景気後退に直面し，過去最大規模の経済対策を行うことになりました。骨太の方針2009ではプライマリー・バランス目標も見直されています。

図9.2では現在の財政課題をまとめています。日本でも再度景気が後退して財政出動が行われました。一方で，政府債務残高は減少しておらず，再び財政

表 9.1 1990 年代の経済対策

(単位：兆円)

発表日付	名称	内訳（主なもの）									合計
		公共投資・社会資本整備等	中小企業対策	民間設備投資促進	貸し渋り対策	雇用対策	減税	地域振興券	阪神淡路・防災関係	
1992 8/28	総合経済対策	8.6	1.2	0.9						10.70
1993 4/13	総合的な経済対策	10.6	1.9	0.5		0.028	0.15			13.20
1993 9/16	緊急経済対策	5.2	0.8							6.00
1994 2/8	総合経済対策	7.2	1.4	0.1		0.01	5.9			15.25
1995 4/14	緊急円高・経済対策	0.33	1.4						5.1	7.00
1995 9/20	経済対策	11.4	1.3			0.014			1.4	14.22
1998 4/24	総合経済対策	7.7	2.0			0.05	4.6			16.65
1998 11/16	緊急経済対策	9.3			5.9	1.0	6.0	0.7		23.90
1999 11/11	経済新生対策	6.8	7.4			1.0				18.00
2000 10/19	日本新生のための新発展政策	4.7	4.5						0.5	11.00

政府債務

2008年度末（予算）
国　　615兆円（対GDP比105.0%）
地方　197兆円（対GDP比37.4%）
合計　778兆円（国・地方の重複分を除く）
　　　（対GDP比147.6%）

少子高齢化
社会保障費増大
世代間格差
少子化対策
総貯蓄率低下

経済
低経済成長
産業構造の固定化
失業
環境問題

格差
非正規雇用問題
若年失業問題
生活保護
地方の問題
教育

グローバル化
国際的価格競争
資源（原油等）問題
経常収支
人材
国際協力

政治
小さな政府，大きな政府
行政改革
地方分権化
公的年金制度

特殊法人・公益法人改革
公務員制度改革
社会保障制度改革
特別会計改革
政府金融改革など

金融
国際金融危機
金融システム
インフレーション
為替レート
金利動向

図 9.2 財政の課題

赤字が拡大することは国家破綻の危機をも意味します。経済成長率や国債利子率の他に，国際情勢も見定めた財政の舵取りが求められています。

レッスン 9.2 規制緩和の理論

政府の失敗の要因

　日本の財政運営の歴史の中での論点は，財政規模について大きな政府か小さな政府かの選択でした。近年では，民間の活力を活用すべく，小さな政府を目指した規制緩和や行財政改革などの構造改革が多く行われました。

　小さな政府を望ましいと考える立場では，政府介入によって起こる政府の失敗を重視します。政府の失敗とは，市場の失敗に対して介入した政府が，より社会的厚生を低下させてしまうことです。政府の失敗の要因として，以下の4つが考えられます。

　第1は，公共部門の効率性とサービスの質の問題です。例えば，費用逓減産業における限界費用価格規制では，公企業が市場を独占し，かつ政府が企業の赤字を補塡します。そこから，公企業が独占による超過利潤（レント）を目指して，レント・シーキング（rent seeking）をするインセンティブが生じます。また，補助金による政府の介入は，ともすれば赤字を容認することにもつながるため，企業経営の放漫化を招きかねません。すなわち，政府介入による追加的（X）な非効率性から，第6章コラム6.5で説明したX非効率性が生じる恐れがあります。

　第2は，政府による経済状況把握の限界と政策結果の不確実性です。例えば，限界費用価格規制では，政府が限界費用を正しく計測できることが前提となります。あるいは経済対策では，景気後退が需要不足によるのか供給問題によるのかでとるべき政策は異なりますが，誤った政策はむしろ経済状況を悪化させます。

　第3は政策の実効性です。政府が民間に対して限定的な影響しかもっていなければ，政策を行える範囲は限られてしまします。例えば，1990年代に日本ではゼロ金利政策や量的緩和政策を行いましたが，金融機関が不良債権の処理に

コラム 9.3　政府（行政）の失敗への取組み

　政府の失敗を避けるためには，何らかの政策評価が必要です。政策評価制度は2001年1月の省庁再編を契機にスタートし，政策マネジメント・サイクルとしてのPDCAサイクル（企画立案（Plan）・実施（Do）・評価（Check）・企画立案への反映（Action），第2章コラム2.1参照）に組み込まれました。また，公共事業，研究開発，ODAと同様に規制の事前評価が義務付けられました。新たな規制を設ける前に，そのコストや便益を分析しています。

　政策評価は各省庁が自ら行いますが，総務省もチェックします。毎年約1万件の政策評価が実施され，結果は予算にも反映されます。2002（平成14）年度からの4年度の間，164事業（約3兆2,000億円）が中止・廃止されました。政策評価結果はウェブページ上に公表される他，表9.2にある白書などにも掲載されます。皆さんも一度目を通してみてください。

表9.2　白書などに政策評価の取組みを記載している例
（2008年3月31日現在）

公正取引委員会	公正取引委員会年次報告
国家公安委員会・警察庁	警察白書
金融庁	金融庁の1年
法務省	法務年鑑
外務省	外交青書
文部科学省	文部科学白書
厚生労働省	厚生労働白書
農林水産省	食料・農業・農村白書，森林・林業白書，水産白書
経済産業省	経済産業省年次報告書，経済産業省年報
国土交通省	政策評価レポート
防衛省	日本の防衛

（出所）　総務省ウェブページ資料より作成。

追われ予裕のない状況下で貸出額は容易には増えませんでした。

最後に政治プロセスの問題があります。民主主義のもとでは公共財，公共サービスが最適供給されるとは限りません。例えば，議員や首長が次の選挙での当選を目指して，地元の利益集団に対してのみ恩恵を施すなど，生産性の向上に必ずしも寄与しない公共投資を行うかもしれません。

ソフトな予算制約問題

なぜ公企業に経営努力が必要ないのかを分析してみます。もし，公企業の利潤がマイナスとなったときに，「事後的」に政府からの救済が得られることがわかっていれば，それが「事前」には経営者が経営努力を怠るインセンティブとなってしまいます。これをソフトな予算制約問題（soft budget constraint）といいます。事後的な政府の決定（救済する）が，事前においては最良の選択（努力する）をもたらさないことは，時間的非整合性（time inconsistency）とも呼ばれます。

ソフトな予算制約問題を，ゲーム理論を使って説明しましょう。図 9.3 の展開型ゲームで，プリンシパル（＝依頼主）である政府と，エージェント（＝代理人）である公企業の経営者との間でのゲームを考えます。このゲームでは，エージェントが経営努力をするか否かを事前に決定し，努力するならば経営状況は良好となり，努力しない場合には結果的に経営破綻してしまいます。

この公企業は破綻しなければ，事業から 20 の利得を得るとします。このときの経営者への報酬は 7 としますが，経営努力には時間や身体的ストレスなど 2 の経営努力のコストがかかるため，純利得は 5 になります。

経営者が努力しない場合には，政府が救済するか否かで利得が異なります。救済しない場合には経営者，公企業双方とも利得が 0 となります。救済する場合には公企業（および政府）の利得は，政府からの援助費用の 5 を差し引いた 15 となり，経営者の利得は努力コストがかからないので 7 となります。

政府が救済しないことを「事前」に公企業の経営者が予測をするならば，

「努力する」利得 5 ＞「努力しない」利得 0

となるため，「努力する」を選択します。しかしながら，公企業の経営者が「救済する」との期待を形成するならば，

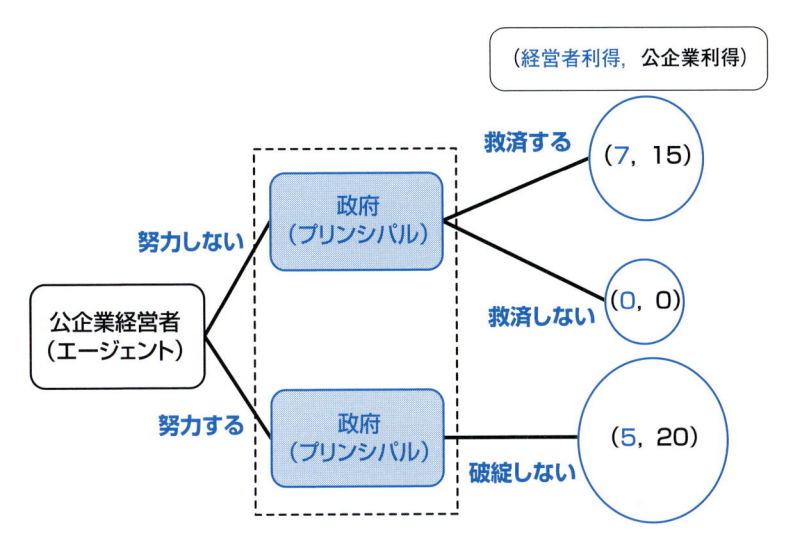

図9.3 ソフトな予算制約問題：展開型ゲーム

（経営者利得，公企業利得）

- 努力しない → 政府（プリンシパル）
  - 救済する：(7, 15)
  - 救済しない：(0, 0)
- 努力する → 政府（プリンシパル）
  - 破綻しない：(5, 20)

公企業経営者（エージェント）

コラム9.4　サマリア人のジレンマ

ソフトな予算制約問題では，事後的な救済が事前の意思決定に影響を与えます。このようなケースは，公企業に限らず様々な政府の経済活動で存在します。

経済学者のジェームス・ブキャナン（J. M. Buchanan Jr.）は，社会保障や財政援助がむしろ社会厚生を低めてしまうことを**サマリア人のジレンマ**（Samaritan's Dilemma）と呼びました（サマリアは古代イスラエル北王国の首都です。サマリア人は，ユダヤ人がバビロンへ連れ去られたのちに，イスラエル人とその地に住んでいたアッシリアからの移民との間に生まれた人々です。サマリア人は，聖書では慈悲深い人々として登場します。サマリア人のような慈悲深さが，モラルハザードを生む可能性があることから，このようにいわれます）。

国際援助などの分野で考えると，世界機関や先進国が行う貧困国への援助が，貧困国の自立をむしろ妨げてしまう可能性があることを説明できます。あるいは，政府間財政移転では，国から地方への移転が，その移転増加を望む地方が無駄な支出を増やしてしまうおそれがあることを説明できます。

「努力する」利得5＜「努力しない」利得7

となるため，「努力しない」ことになります。

　政府の利得は破綻するとゼロですので，政府は温情主義的でなくとも公企業を救済します。経営者はそのことを知っているためモラルハザードが生じ，経営努力をしなくなります。重要なのは，このような仕組みはシステムとして失敗するということです。政府が「救済しない」ことを確実に履行する（コミットメントを遵守する）場合や，経営者の経営倫理がしっかりしていれば避けられるかもしれませんが，残念ながらそれらが常に守られるとの保証はありません。

規制緩和の条件

　ソフトな予算制約問題による非効率化を解決するための方法として，規制緩和が用いられます。しかしながら，そもそも「市場の失敗」が存在しているため，政府の介入がなければ財・サービスの最適供給はなされません。では，どのようなときに規制緩和は成功するのでしょうか。

　一つは代替品・代替サービスの登場です。自然独占となるような産業においても，時間とともに代替品や代替サービスが出てくれば，もはや公営である必要はなく，民営化や規制緩和で社会的厚生は高まります。

　例えば，郵便事業は民間の宅配便業者との間でサービスの代替関係にあります。また，はがきや手紙などもインターネットや携帯電話による電子メールの普及によって，やはり代替サービスが普及しました。

　ただし，民間企業が参入する場合に，高収益を得られる一部の分野にのみ参入してしまうクリームスキミング（cream skimming）が起こる可能性もあります。そうすると例えば，郵政民営化後の郵政事業が収益が低い（あるいは赤字）地域があるにもかかわらずユニバーサル・サービスを維持しようとすれば，過疎地域での事業が郵政全体の収益を押し下げてしまうかもしれません。一方で新規参入の民間業者は都市圏など利益率の高い地域のみでサービス供給をするかもしれません。

　もう一つの規制緩和の論点は潜在的競争です。コンテスタビリティ理論では，潜在的な競争が存在すれば，（自然）独占市場でも効率化が可能であると考え

コラム 9.5　日本の航空規制緩和

　1990年代半ば以降，羽田—博多間のスカイマーク，羽田—千歳間のエア・ドゥ（北海道国際航空）などが国内航空産業に安値で新規参入しました。しかしながら，この新規参入は必ずしも成功したとはいえません。エア・ドゥは1998年に運行を開始しましたが，その4年後の2002年には民事再生法の適用を受けています。

　この理由としてはいくつか考えられますが，一つは既存の大手航空会社も価格を引き下げたことです。さらに，大手航空会社は料金体系を，早割やプレミアムシートの導入などによって，利用者の価格弾力性に合わせたものに変更しました。

　安く乗りたい人は，新規参入の航空会社を利用しなくても，大手航空会社に早めに予約すればよいだけになりました。また，北海道出身の筆者一人の感想では，新規参入会社の便は，搭乗口が空港入り口から遠くにあったりして快適性にも欠けていました。快適に乗りたい人にとっては，既存の航空会社を利用してもそれほど割高ではなくなりました。

　コンテスタビリティ理論は，埋没費用が小さいことの他に，価格変更が行いにくいことを条件とします。ところが，航空産業ではこの条件が当てはまらなかったのです。

　規模の経済性も引き続き働きました。各社はマイレージを導入しましたが，単一路線のみを運行する新規参入企業は，多くのネットワークを有する既存企業に対しマイレージでの競争力がありません。飛行機を利用する回数が多い人ほど，既存の航空会社を利用することになります。

　とはいえ，規制緩和はすべてが失敗ともいい切れません。これらの新規参入があった路線は他の地方路線に比べて割安で，様々な選択肢があります。利用者にとっては利便性が増しました。

　羽田空港では，2010年に新滑走路共用開始予定であり，今後も「空」の自由化はますます重要となっていきます。

ます。すなわち，潜在的にでも競争参入（contest entry）が可能であれば，企業はその参入を阻止するために対抗（競争）する必要があります。

潜在的競争は，初期投資が回収できて埋没費用（サンクコスト，回収不能な費用のこと）が小さく，価格変更がしにくい場合に生じます。例えば，航空産業では航空機購入の費用が大きいですが，市場からの退出時に売却が可能なことを考慮すればネット（純計）では埋没費用が小さくなります。また，機体をレンタルすることも可能です。

民営化と独立行政法人化

これまで，価格規制に対する規制緩和を主に考えてきましたが，他にも公企業や公共サービスの効率化の手法があります。その一つが公社，公団，公庫など特殊法人の民営化であり，これらは分割される場合もあります。あるいは，事業の主体を存続させないで廃止し，市場でのサービス提供を求める方法もあります。

民営化の例としては，1985年の日本電信電話公社（さらに1999年に分割）と日本専売公社，1987年の日本国有鉄道（分割民営化）や，最近では2005年の日本道路公団（分割民営化），2007年の郵政民営化があります（**コラム9.6**）。

民営化する公企業は株式を発行します。はじめに政府などが株式を保有しますが，徐々に株を売却していき，売却が終わった時点で完全民営化となります。例えばゆうちょ銀行は，国有の日本郵政株式会社（政府が全株式を保有）がはじめに全株式を保有しますが，2007年から2017年の間に株式をすべて処分する予定です。政府も3割超を残して，日本郵政株式会社の株式を売却する予定です。

民営化しないまでも，政府から独立して事業を提供する手法として，1999年に設定された独立行政法人通則法などに基づく独立行政法人化があります。国立大学法人や公立大学法人などもこの独立行政法人の一種です。

独立行政法人へは国からの運営交付金があり，中期目標に基づく範囲で財務の自主性が認められます。一方で，財務の透明性が求められたり，評価を受けたりします。ほとんどの場合で職員は非公務員となります。ただし，公共性が高く，守秘義務などがある場合は公務員と同様の責任を負うみなし公務員となります。

> **コラム 9.6** 民営化の例

日本電信電話公社は 1985 年 4 月に民営化されて日本電信電話株式会社（NTT）となり，電信電話事業参入の規制が緩和されました。さらに 1999 年に分割（NTT 東日本，NTT 西日本，NTT コミュニケーションズ）され，NTT はこれらの持ち株会社となりました。現在ではその他にも，NTT ドコモや NTT データなど様々なグループ企業が存在しています。

日本専売公社は，たばこや塩を専売していましたが，1985 年 4 月に民営化されて日本たばこ産業株式会社（JT）となりました。

国鉄は 1987 年 4 月に民営化され，6 つの旅客鉄道会社（JR 北海道，JR 東日本，JR 東海，JR 西日本，JR 四国，JR 九州）や日本貨物鉄道（JR 貨物）へと分割されました。

その後，小泉内閣の構造改革で，2005 年に日本道路公団が分割民営化（東日本高速道路株式会社，中日本高速道路株式会社，西日本高速道路株式会社など）されました。また，首都高速道路公団，阪神高速道路公団，本州四国連絡橋公団の各高速道路公団も株式会社となり民営化されました。

郵便事業も，かつては郵政省という国の省庁の一つが行う事業でした。2001 年の中央省庁再編で総務省の一部となり，2003 年に公社化され，2007 年に民営化されました。民営化後は日本郵政株式会社が持ち株会社となり，郵便，ゆうちょ銀行，かんぽ生命保険，郵便局（窓口）の業務ごとに株式会社に分かれました（図 9.4）。

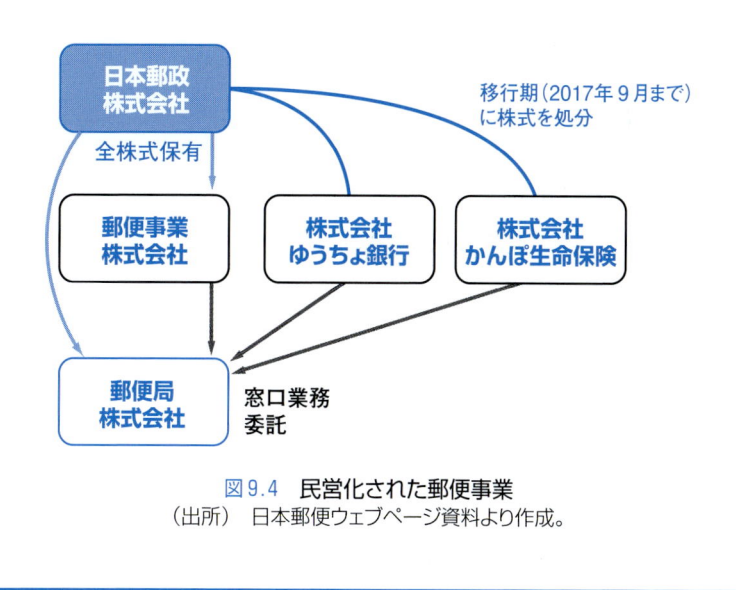

図 9.4 民営化された郵便事業
（出所） 日本郵便ウェブページ資料より作成。

その他の規制緩和の手法

官と民が双方入札（官民競争入札）に参加することで，行政の効率化を図ろうとする市場化テスト（market testing）もはじまりました。この場合，どちらが財・サービスを提供するかは競争入札の結果によりますが，最終的な責任は官が負うものとされています。窓口業務，徴収業務，管理業務などが対象です。

公共施設などの建設や維持管理などを民間が行うPFI（Private Finance Initiative）方式もあります。これも効率化のための手法です。PFIは様々な公共施設に導入され，例えば刑務所にも適用されました。日本では，山口県美祢市で民間資金を一部導入する形で，2007年4月1日よりはじめての民営刑務所ともいうべき「美祢社会復帰促進センター」が発足しました。

この刑務所の例は，構造改革特別区域（構造改革特区）の指定を受けて可能となったものです。構造改革特区は2003年4月から実施されたもので，国からの補助金はなく，指定地域に指定サービスに関する規制緩和を行うものです。株式会社による学校の設置やまちづくり特区など様々な種類があります。

レッスン 9.3　行財政改革の実際

行財政改革の背景：少子高齢化と低成長経済

財政の根本的な役割は，配分（資源，所得，景気）です。大から小へという流れの中で，配分後の大きさのバランスをとることが必要です（図9.5）。

図9.2でみたように，日本の財政は様々な課題を抱えています。中でも中期的には少子高齢化の問題が深刻です。少子高齢化は，配分において世代間問題を生じさせます。図9.6で示されるように，少子高齢化によって，生産年齢人口と退職した高齢者人口がアンバランスになったときに，高齢者への配分水準（年金給付など）を維持しようとすれば，当然，若年者一人当たりの負担は大きくなってしまいます。もし，経済が高成長を達成できていれば，一人当たりの負担の増加は所得増加に比べて大きくならなかったかもしれませんが，残念ながら今後，大幅な経済成長は望めそうにありません。加えて，債務増加が若年世代の将来の財政負担も増やしています。少子高齢化による負担と債務負担と

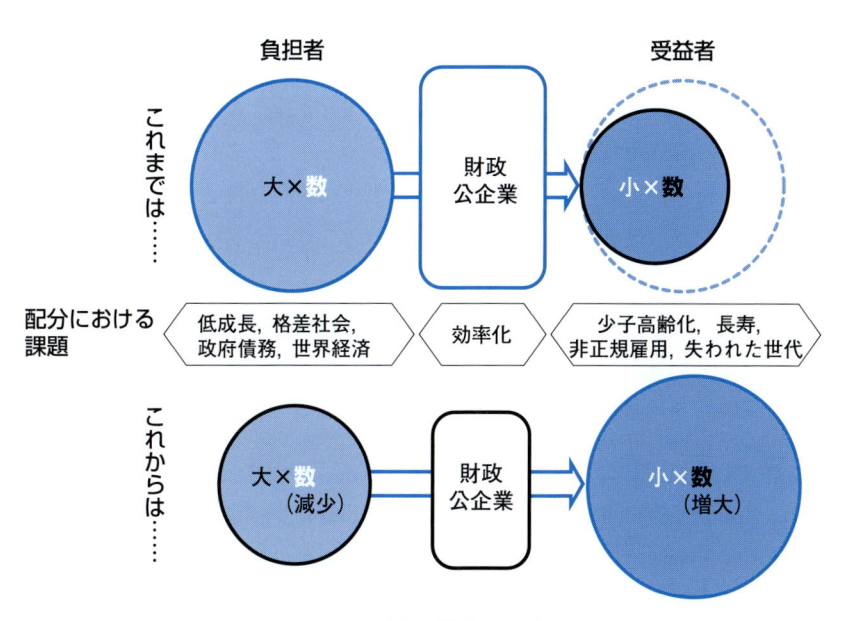

図9.5 財政の機能と配分

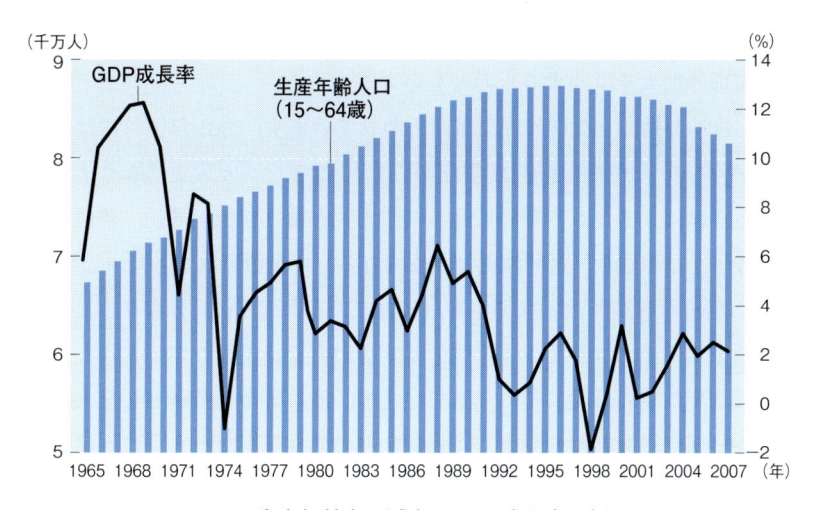

図9.6 生産年齢人口減少とGDP成長率の低下
（出所）　総務省「人口推計」，内閣府「国民経済計算」より作成。

9.3　行財政改革の実際

いう二重の負担増をそのまま押しつけてしまえば，世代間のアンバランスをさらに拡大させてしまいます。このような中での選択肢は2つあります。

一つは，**大きな政府**（ケインズ政策，福祉国家）です。アンバランスを解消するために，所得や生活の**平等**をできるだけ達成することです。**政府・財政を大きく**しその配分機能を高めます。

もう一つの選択肢は，配分機能を弱める**小さな政府**（市場主義，夜警国家）です。小さな政府は直接的な格差縮小ではなく，経済の活性化によって底上げを目指すものです。上述のような経済状況の中で大きな政府により財政の配分機能を強めるのか，小さな政府により経済活性化を目指すのかが中長期的に議論されているのです。

行政改革

ソフトな予算制約問題は，**官僚組織**でも生じえます。官僚組織の場合には，そもそも組織全体の利潤が存在しないため，何らかのインセンティブ・システムの設計が必要です。また，ニスカネン（W. Niskanen）は，官僚組織は収益の最大化という目的のかわりに**予算規模の極大化**を目指していると主張しました。

これは，官僚にとっては予算の増加が彼または彼女の昇進に役立ち，権限拡大の量的指標になると考えたからです。ニスカネンの主張は，供給サイドからの政府規模の拡大を説明するものともいえます。

近年，日本では様々な行財政改革が行われています。2001年1月には**中央省庁再編**が行われ，従来の1府21省庁から1府12省庁へと変更になりました。

このときには，また，内閣府に**経済財政諮問会議**（首相が議長，経済財政担当閣僚5名，日銀総裁，民間議員4名からなる）が設置されました（**コラム9.7**参照）。経済財政諮問会議は毎年6月に**骨太の方針**（通称）を取りまとめます。これは閣議決定後，次年度予算作成の基本方針となります。

公務員制度改革の議論も進められています。能力等級を基礎とした人事評価の仕組み，採用試験制度の見直し，民間からの人材登用など，主に人事採用や昇進にかかわる項目の他，いわゆる天下りなど再就職に関することも議論されています。2007年には「**公務員制度改革について**」が閣議決定されました。

行政をコントロールする政治にも，制度上の問題があります。経済学での政府の役割は，社会全体の厚生の最大化です。しかしながら政治家は，選挙で選

コラム 9.7　審議会，私的諮問機関

　中央省庁や地方公共団体に，政策外部の学者，マスコミ，その他企業関係者などからなる〇〇審議会や□□会議といった諮問機関が設置され，中立的な立場から個別の政策方針を協議しています。法令に基づいて設置される場合は**審議会等**となり，法令に基づかない場合は**懇親会等**の**私的諮問機関**となります。

　これらは単なる行政方針の追認機関となってしまっているとの批判を受けることもありますが，日本道路公団の民営化での道路関係四公団民営化推進委員会（2002年〜2005年）のように，激しい議論の末に政策方針を打ち出す場合もあります。

　内閣府の**経済財政諮問会議**や**男女共同参画会議**なども民間が参加して，政策協議するという点では審議会と同じですが，特に重要なものなので**重要政策会議**と呼ばれます。

出されるために自分の背後にある特定の利益集団のいわば「代弁者」として，その利害を優先して行動する必要があるからです。

特殊法人改革

日本には中央省庁が監督する特殊法人や認可法人がありますが，その非効率な運営や，これらが中央省庁官僚の天下り先であることなどが問題視されてきました。このような法人に対しては，特別会計から巨額の支出（2001（平成13）年度で約24兆4,100億円。この他に補助金として約5兆2,800億円）がなされており，財政投融資改革との関連もあって，2001年に特殊法人等整理合理化計画が閣議決定されました。

それ以降，廃止，統合，民営化，独立行政法人化されています。2007年6月時点で，77の特殊法人のうち9が廃止，4が統合，22が民営化，30が独立行政法人化されました（表9.3）。認可法人も同様の措置がとられています。

また，2007年12月に閣議決定した「独立行政法人整理合理化計画」で，101の独立行政法人を85に縮小するなど，さらに見直されることになっています。例えば，農林水産省所管の緑資源機構（(旧)緑資源公団）の廃止，経済産業省所管の日本貿易保険の特殊会社化などがあります。2008年9月の行政減量・効率化有識者会議では厚生労働省所管の雇用・能力開発機構の廃止も提言されました。

財政改革

ここでは，財政改革に着目して，最近の日本の財政政策をみてみましょう。

近年の行政改革による効率化も，行政サービスの質の向上の他に財政の改善を目的としています。同様に特別会計改革も進められています。特別会計は2007年度に28ありましたが，2008年には21へと統廃合されました。

一般会計では，「骨太の方針2006」で2011年度初頭の国・地方のプライマリー・バランス（基礎的財政収支）の黒字化が目指されることになりました。ここで，増税に頼って行政の効率化が妨げられることを防ぐために，歳出・歳入一体改革として歳出の抑制が行われています。特に，公共投資に関しては2002年度以降当初予算でも削減が続いています。

地方財政における効率化も求められています。三位一体の改革は，地方分権

表9.3　独立行政法人化した特殊法人（旧名称：2007年6月現在）

金属鉱業事業団	緑資源公団
北方領土問題対策協会	農畜産業振興事業団
国民生活センター	農業者年金基金
国際協力事業団（JICA）	中小企業総合事業団
国際交流基金	日本貿易振興会（JETRO）
科学技術振興事業団	水資源開発公団
理化学研究所	日本鉄道建設公団
日本芸術文化振興会	運輸施設整備事業団
日本学術振興会	国際観光振興会
日本体育・学校健康センター	公害健康被害補償予防協会
労働福祉事業団	奄美群島振興開発基金
社会福祉・医療事業団	年金資金運用基金
心身障害者福祉協会	日本原子力研究所
勤労者退職金共済機構	核燃料サイクル開発機構
雇用・能力開発機構	新エネルギー・産業技術総合開発機構

（出所）　行政改革推進本部事務局「特殊法人等整理合理化計画の実施状況（組織形態）」。

化における一般会計と地方政府との財政移転に関する改革です。市町村合併も地方財政の改善を重要な目的としています。さらに，都道府県の枠組みを再編する道州制導入の議論も進められています。

政府の歳出では，少子高齢化に伴い社会保障関係費が伸び続けています。公的年金制度改革や医療制度改革も，財政上の重要な政策課題となっています。

政策金融改革

政府には，政策金融と呼ばれる公的な金融機関があります。（旧）公団や事業団とは異なり，その予算は政策関係機関予算として国会での審議と承認を必要とします。2007年度の予算では，政府関係機関に国民生活金融公庫や住宅金融公庫など6公庫と，日本政策投資銀行と国際協力銀行の2銀行がありました。これらは図9.7に示すように1999年10月に統合が行われ，さらに2008年10月に政策金融改革として大幅に整理統合，民営化が行われました。株式会社日本政策金融公庫は，政府が全株式を保有するため国有のままですが，日本政策投資銀行は段階的な株式売却により，やがて完全民営化される予定です。

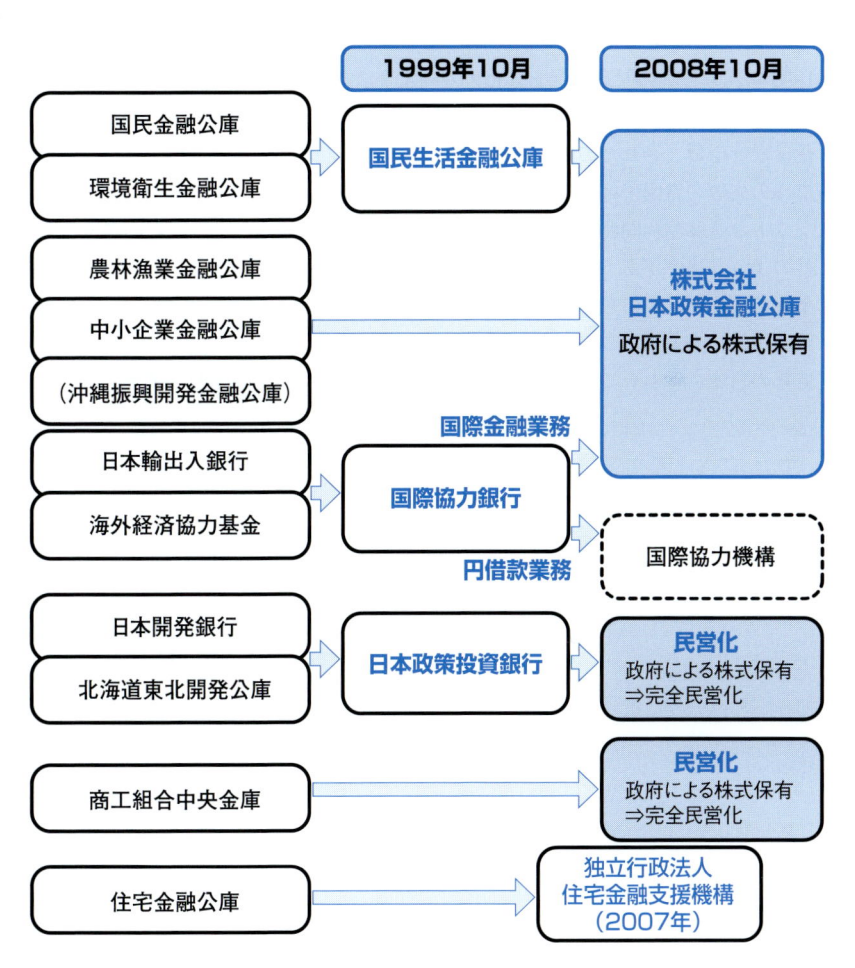

```
                              1999年10月        2008年10月

┌─────────────────┐
│  国民金融公庫    │ ──┐
├─────────────────┤   ├─→ 国民生活金融公庫 ──┐
│ 環境衛生金融公庫 │ ──┘                      │
└─────────────────┘                          │
                                             │
┌─────────────────┐                          │
│農林漁業金融公庫  │ ──┐                      ├──→  株式会社
├─────────────────┤   │                      │    日本政策金融公庫
│ 中小企業金融公庫 │ ──┤                      │   政府による株式保有
├─────────────────┤   │                      │
│(沖縄振興開発金融公庫)│─┘                    │
└─────────────────┘          国際金融業務    │
                                             │
┌─────────────────┐   ┌→ 国際協力銀行 ───────┘
│  日本輸出入銀行  │ ──┤
├─────────────────┤   │
│  海外経済協力基金│ ──┘      円借款業務    ┌─────────────┐
└─────────────────┘           ────────────→│ 国際協力機構│
                                            └─────────────┘

┌─────────────────┐                         民営化
│   日本開発銀行   │ ──┐                    政府による株式保有
├─────────────────┤   ├→ 日本政策投資銀行 → ⇒完全民営化
│ 北海道東北開発公庫│ ─┘
└─────────────────┘

┌─────────────────┐                         民営化
│  商工組合中央金庫 │ ──────────────────→   政府による株式保有
└─────────────────┘                         ⇒完全民営化

┌─────────────────┐                      ┌─────────────┐
│   住宅金融公庫   │ ─────────────────→  │独立行政法人  │
└─────────────────┘                      │住宅金融支援機構│
                                         │  (2007年)    │
                                         └─────────────┘
```

図 9.7 政策金融改革

考えてみよう

- 日本の財政法は健全財政をうたっていますが、どのような理由から特例国債（赤字国債）の発行が可能となっているか考えてみよう。
- 1975年度以降、特例国債（赤字国債）が発行されるようになった理由を考えてみよう。
- シーリング方式とは何ですか。
- 1990年代の日本の財政状況をまとめてみよう。
- 骨太の方針2006で閣議決定された、2011年度までのプライマリー・バランス黒字化はなぜ必要とされたのでしょうか。
- 市場の失敗の原因にはどのようなものがありますか。
- ソフトな予算制約問題において、政府が温情主義的な場合とそうでない場合とでは、どのような違いがあるか考えてみよう（ただし、利得に依存する）。
- 市場の失敗があるにもかかわらず、規制緩和が行われるのはなぜですか。
- 郵政民営化の効果について考えてみよう。
- 近年の日本で行われている行財政改革にはどのようなものがありますか。

所得再分配政策 10

　所得再分配政策とは，所得，健康，世代，教育，地域など様々な経済主体間の格差を縮小するための政策です。はじめに，格差縮小はどのような基準でなされるべきかという価値基準について学びます。その後，政策例として，医療と公的年金を取り上げ，その意義と仕組みを学んでいきます。

レッスン
10.1　所得再分配と社会的厚生
10.2　医　療　保　険
10.3　公　的　年　金

レッスン 10.1 所得再分配と社会的厚生

所得再分配政策の意味

所得再分配政策とは，様々な経済主体の間の格差を縮小する政策で，財政はその中心的な役割を果たします。所得再分配には，市場では解決できない，機会の平等と結果の平等の調整を図ることで，人々の働く意欲を活性化し，社会の治安と秩序を維持するという意義がありますが，その実施にあたっては，後述するように公平性と効率性のトレード・オフが問題になります。

公平な所得再分配は，公共部門が行わなければ達成不可能でしょう。このような事後的な格差縮小の機能は，市場には完全には備わっていません。私的な拠出，例えば募金や寄付などだけでは，再分配をするための財源の役割を果たしえません。

では，政府による格差縮小の手段にはどのようなものがあるでしょうか。

一つは租税方式による所得再分配です。累進的な所得税制で所得水準の高い人の租税負担を大きくし，低い人の租税を軽減することで，可処分所得の格差は縮小します。租税方式では，租税負担と公共サービスとが必ずしも対応していません。さらに集めた租税を生活保護，児童手当などのように配分する方法も考えられます。また，最低限の所得保障と定率の所得税を組み合わせて，一定額までは働いても実質的な課税がなされないという負の所得税が制度化された場合，働くと生活保護給付が減額されるため働かない人が増えてしまうという生活保護制度の問題点も解決できます。

もう一つは保険料方式による配分です。保険は様々なリスクにかかわる再分配です。保険料方式では，そのサービスと保険料負担が対応します（受益者負担）。

これには例えば医療保険制度があります。健康保険料を各家計から集めてプールし，病気になった人に配分するものですが，これは保険料を支払った人のみが対象です。ただし，日本のように国民皆保険であれば国民全員が保険料を負担することで，すべての人に保険が適用されます。

租税方式と保険料方式の2つが組み合わされている場合も多くあります。例

コラム 10.1　格差社会と日本の財政

　かつて日本は，1億総中流と呼ばれる格差の小さな社会と考えられてきましたが，1990年代以降の長期不況に伴い，1990年代後半頃から格差に対する関心が高まりました。所得格差（ジニ係数）の上昇について，団塊世代の退職が主な要因とする研究がある一方で，OECD（2006, *Economic Surveys*）のように非正規雇用者の増大も影響しているとの分析もあります。

　その中で特に注目されたのは，日本の相対的貧困率の上昇です。相対的貧困率とは，まず人々を所得順に並べて，そのちょうど中位に来る人の所得の半分以下となる人々の数が，全体の割合で示されます。OECD（2006）で日本の相対的貧困率は図10.1のように15.3%（2000年）と報告され，5番目の高さとなっています。

　さらに，別のOECD分析（R. Jones（2007），"*Income Inequality, Poverty and Social Spending in Japan*"，Working Paper 556）では，子供がいて働いているシングル・ペアレントの家計の相対的貧困率が58%（2000年）であり，OECD諸国中2位（平均21%）と高いことを特に指摘しています。子供の教育格差が生じれば，将来にわたる影響も懸念されます。

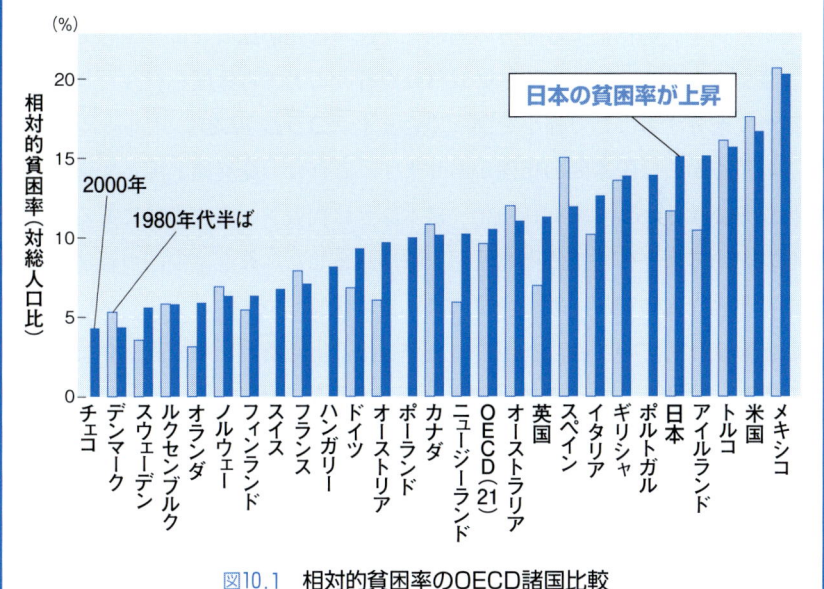

図10.1　相対的貧困率のOECD諸国比較

（注）OECD（21）は，データが両年そろっている国（日本以外）の平均値。
（出所）OECD（2006）*Economic Surveys Japan* より抜粋。

えば日本の公的年金制度では，年金保険料を支払う必要がありますが，租税を財源とする国からの国庫負担もあります。

様々な格差

　格差には様々な形のものがあります。代表的なものは，個人間の格差，または，家計間の格差です。格差の対象は所得格差や資産格差が主なものですが，その他にも機会，環境，教育などにかかわるものがあります。

　財政上で重要な問題となる格差としては世代間の格差と地域間の格差です。

　世代間の格差については，政策によってはある世代の公共サービスの純受益（受益－負担）が大きく，逆に別の世代のそれが小さくなるかもしれません。さらに，日本では中途採用の機会が少ないため，新卒時の経済状況によって，個人間の所得格差にとどまらずに世代間格差が生じる場合があります。

　地域間の格差は，典型的な例としては，都市圏は所得水準が高い一方，地方圏のそれが小さいことなどです。高度経済成長期以降では，地方から都市への人口流入と産業構造の変化により地域間の格差に大きな変化が生じました。最近では，少子高齢化による地方の過疎化が進み格差が拡大しようとしています。第5章でもみたように地方圏に財政移転を行うことで再分配を行ったり公共投資を多く配分することで縮小を図っています（コラム10.2）。

　広い視点からは国家間の格差があります。これは，発展途上国と先進国間の所得格差です。かつて，米国，EU，日本などに代表される北半球にある国と，南半球にある国との格差は南北問題と呼ばれました。最近は中国の経済成長や，石油産出国などの資源国家の台頭により複雑化しています。

　状況は変化していても，貧困のわなから抜け出せないままの国はいまだに多く存在しています。そのため，先進諸国がODA（Official Development Assistance）などを通じて途上国の援助を行っています。ODAには，先進国が直接援助する二国間援助と，各国が拠出した資金をもとに国際機関が援助する多国間援助があります。日本の二国間援助には資金の返済が必要な有償資金協力と，返済の必要がない無償資金協力などがあります。

　日本のODAは，1997年度一般会計予算（当初）で約1兆1,700億円でしたが，その後減少し続け，2008年度には約7,000億円となりました（ただし，財政投融資や債務返済からの支出を合わせた総額のODA事業量は減少し続けて

コラム 10.2　地域間の格差と公共投資

　高度経済成長期には，都市圏を中心に産業活動が活発化しました。しかしながら，戦災により多くの社会資本が破壊されていたため，その未整備が成長の隘路（あいろ）と認識されるようになりました。このため高度成長期までは，大都市圏の産業基盤整備のために，公共投資は大都市圏を中心に配分されてきました。

　しかしながら，高度成長期も後半に入った 60 年代半ばから，地域間の生活水準や所得水準の格差が顕著になり，その是正が公共投資政策の目標となりました。実際，「全国総合開発計画（全総）」など，多くの長期開発構想による地方の社会資本整備が企図されてきました。また，図 10.2 は，日本全体の社会資本の，都市圏と地方圏の比率をみたものです。この図からは，近年になるほど両者の比率が均等化しており，都市圏よりも地方圏の社会資本整備が相対的に進んできたことが伺えます。

　地方圏に公共投資を手厚く配分することは，都市圏と地方圏との社会資本整備の水準を均等化し，ストックの面から地方経済を支えることで正当化されます。しかしながら，地方圏の雇用や所得を支えることで，大都市圏と比較すると所得が小さく，就業機会も少ない地方圏の経済を，フローの面から支えているという指摘も否定できません。

　日本の場合には，どちらかといえば地域間の所得再分配として用いられてきた経緯があり，そのために地方圏で社会資本整備がより進んできたことがしばしば指摘されています。

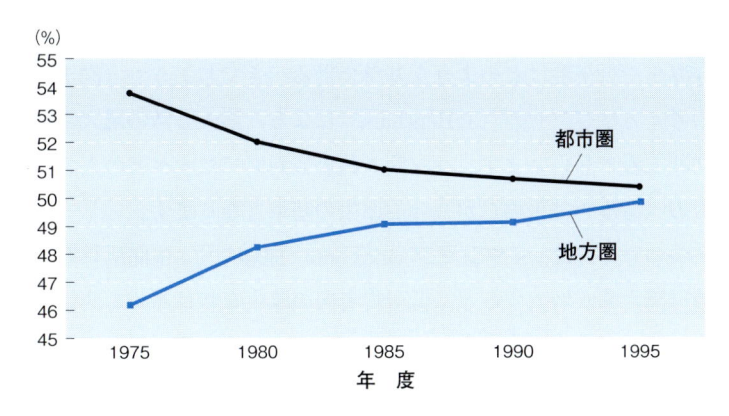

図 10.2　社会資本の地域間比率

（出所）　土居丈朗氏（慶應義塾大学経済学部）ウェブページの，社会資本データから作成。都市圏と地方圏の合計は100％。

いるわけではなく，またドルベースでの国際比較では為替レートも影響します）。

さて，問題は格差解消の政策が必要かどうかということです。次に，その考え方を公平性と効率性の観点から学んでいきましょう。

社会的厚生と規範分析

格差縮小は重要ですが，一方で，もし政府が完全に平等化する政策を行った場合はどうなるでしょうか。例えば，賃金は労働に対する報酬であり，労働市場では労働生産性と等しくなります。賃金平等化は，まさに労働市場が消滅することを意味し，社会的厚生をむしろ低下させてしまいます。

したがって，人々のインセンティブを考慮し，市場メカニズムの機能を生かしつつ，社会的厚生（social welfare，社会全体での人々の満足度や便益のこと）や公平性を高める政策が必要とされます。

厚生や満足度は，人によって評価やとらえ方の異なる主観的な尺度ですが，それを数値的に解釈するのが社会的厚生関数です。ピグーにはじまる厚生経済学では，価値判断を含む規範的分析（normative analysis）を行います（価値判断を含まない分析は事実解明的分析（positive analysis）といいます）。

公平性の基準

では，厚生や公平性はどのような基準で計るべきでしょうか（図10.3）。

一つの考え方はベンサム（J. Bentham）による「最大多数の最大幸福」です。これは功利主義ともいいます。ベンサム的価値判断ではすべての人の厚生を合計したもの（あるいは平均）が社会的厚生の基準となります。

もう一つの考え方は，マキシミン（max-min）原理です。中間所得者層が増大し全体の経済水準が増大すると，低所得者層の厚生を特に高める政策が必要となります。ロールズ（J. Rawls）はマキシミン原理に基づき，最も厚生が小さくなるような人々のそれを最大にする価値基準を提示しました。

現代の所得再分配政策では，ロールズ的価値判断を基準とした政策が多く行われています。例えば，生活保護はこのロールズ的価値判断に基づく政策です。あるいは，地方分権化議論では地方の行政サービスについてナショナル・ミニマム（最低限の生活）が維持できるかどうかが問題となっています。

ベンサム的価値判断
最大多数の最大幸福

全体の引き上げ

ロールズ的価値判断
マキシミン（max-min）原理

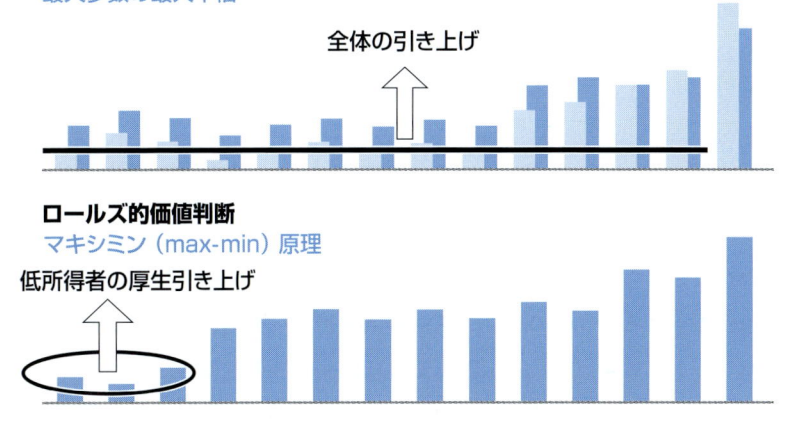

低所得者の厚生引き上げ

図10.3　価値判断
（注）棒グラフはそれぞれの人の所得や厚生を表しています。

コラム 10.3　日本の給与所得分布

図10.4は1997年と2007年の給与所得者数の分布です。男性では300万円超から500万円以下にまたがる層が多くなっています。男女計では分布の形状がずいぶんと変わります。男性のみの場合で，700万円超は合計で全体の約22%，1000万円超は合計で約7.8%のみというのが実際です。この10年で，300万円以下，200万円以下の割合が増えており，非正規雇用の増大などが給与所得分布に影響を与えています。

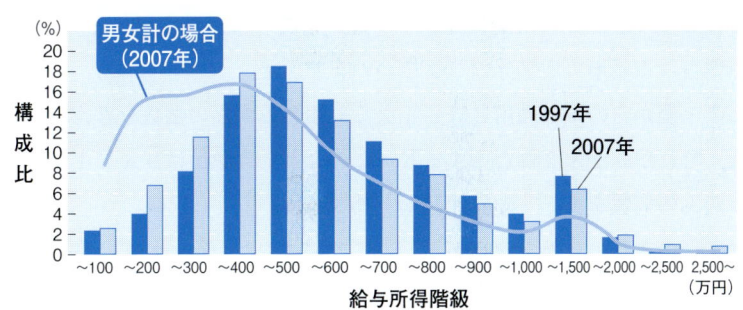

図10.4　給与所得分布
（注）棒グラフは，1年を通じて勤務した給与所得者（男性）の構成比を表しています。
（出所）国税庁（2008）『民間給与実態統計調査結果』より作成。

ただし,公平性の基準について,個人の効用を本当に計ることができるかどうかに疑問が残ります。例えば,障害者と健常者,大人と子供,地域の異なる人々の間の効用は異なる価値基準であると考えるのが自然です。それでも,これらの公平性基準で所得再分配政策を行うことの意義は,皆さんも認めるところだろうと思います。

パレート効率性基準

規範的な価値判断は,数量的な分析にもつながっています。例えば,それぞれの人がばらばらの価値基準をもっているときにも,市場ではある価格と数量で取引がなされます。このとき,ある経済取引が社会的に効率的かどうかの基準がパレート(V. F. D. Pareto)によるパレート効率性基準です。

まず,出発点は,規範的分析においてそれぞれの人の満足度(効用)に順序が付けられるとすることです。例えば,Aさんがりんご(1個)よりもみかん(1個)が食べたいとすると,効用は以下のように順序付けられます。

$$効用(りんご1個) < 効用(みかん1個)$$

しかし,例えば,すでにみかんを多く食べ,りんごを食べていない場合にはむしろ,もう1つどちらかを食べるときの効用(限界効用)は,

$$限界効用(りんご1個) > 限界効用(みかん1個)$$

となるでしょう。限界効用とはもう1つ財を追加的に消費するときに,その1つから得られる効用の増加分のことをいいます。

りんご1個からの限界効用と等しくなる効用のみかんの個数を考えてみます。例えば,それがみかん2個だとすると,この2という数値はりんご1個と同価値のみかんの個数を表し,限界代替率と呼びます。

次に,別の人との交換を考えます。ここでは,生産が行われず,交換だけを行う純粋交換経済を考えます。もう1人,Bさんがいるとして,どのようなときにそれぞれが交換に応じるか考えてみましょう(図10.5)。Aさんはりんごを1個もらえるならみかんを1個か2個わたしてもいいはずです。Bさんも同様に効用が減少しなければ交換に応じます。このように,1人の効用を下げることなしに,もう1人の効用が増える交換をパレート改善といいます。

Aさん　　　　　　　　　　　　　　　Bさん

みかんが好き，りんごも食べたい　　　　りんごを持っている
みかんを持っている

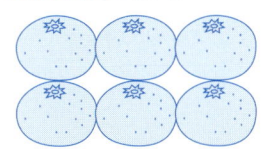

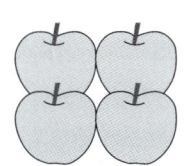

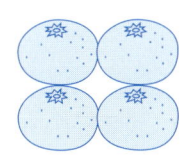

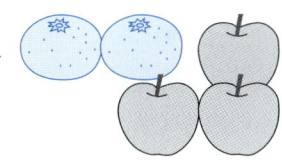

限界効用（みかん）＜限界効用（りんご）

⇔ **交換**
パレート改善

パレート効率的

Aさん限界代替率
＝限界効用（りんご）　＝　Bさん限界代替率
／限界効用（みかん）

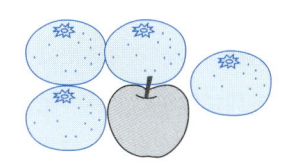

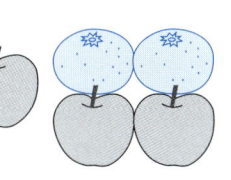

交換しない
❌
これ以上交換する
と効用が低下する

図10.5　交換とパレート効率性

さて，Aさんはりんごを手に入れたので，次に交換しようとするときには，りんごの限界効用は減少し，みかんの限界効用は上昇しています。Bさんは逆になります。2人はそれぞれちょうど限界代替率と同じ交換比率まで交換に応じますが，2人の限界代替率がちょうど同じとなった以降は効用が減少するため交換しません。その資源配分はパレート効率的と呼ばれます。

このように，規範的分析でも個人の効用に順序付けし限界効用が逓減することを前提とすることで，市場での交換比率（相対価格）が決まります。そして，この交換比率を通貨で基準化したものが実際の価格となるのです。

レッスン 10.2　医療保険

公的扶助と社会保険

私たちの生活は様々な不確実性に直面しています。事故，災害あるいは犯罪では，具体的な被害を受けてしまいます。失業した場合には所得がなくなり，生活が困難となります。安全・安心に暮らすためには，不確実性から生活を保障する何らかのセーフティ・ネットが必要です。

政府はセーフティ・ネット構築のために，給付を中心とした公的扶助や，社会保険によるリスク分散（リスク・プーリング）をします。これらを民間ではなく政府が提供する理由は，情報の非対称性や独占などの市場の失敗の原因となる問題を抱えているためです。

医療を考えてみましょう。医療には専門知識が必要ですが，患者にはその知識があまりありません。そのため，患者と医師との間には専門知識の差，すなわち情報の非対称性が存在します。通常，医師は患者と比較すると情報上優位になります。すると，本来行う必要のない治療や過度の医薬品処方といった，医師誘発需要が発生します。また，レッスン10.3でみる逆選択も，公的医療保険の根拠の一つです。

さらに，医療は生きていく上で不可欠なサービスです。そのため，医療サービス需要の価格弾力性が小さい（すなわち，医療費が高くても支出せざるをえない）という特徴があります。加えて，通常は病院へ通える範囲は限られてお

> **コラム 10.4**　日本の公的扶助と財政支出

　日本における公的扶助は，年金や健康保険が中心で，例えば生活給付関連（家族，障害，その他）の支出は他の国よりも小さくなっています（図10.6）。

　生活保護では，子供の養育問題も重要です。教育格差により貧困の固定化をもたらしてしまう可能性があるからです。18歳以下（3月31日まで）の子供のいる母子家庭に支給される児童扶養手当があります。大学・短期大学進学率は55.3％（文部科学省『平成20年度　学校基本調査』）に達しており進学を希望する子供が増えている一方で，18歳までの養育のための手当では，教育格差を解消するのに十分ではありません。

　ただし，ただ増やせばよいというのではなく，生活保護（特にそのうちの生活扶助）給付が人々の働くインセンティブを阻害してしまうモラルハザードの問題も考慮する必要があります。教育では，日本学生支援機構による（奨学金）貸与制度などもありますが，平成19年度で2割程度（要回収額約3,175億円に対して未回収額約660億円）が回収できないなど，「踏み倒し」の問題も指摘されています。

　それでも，本当に必要としている人に支給されていないとの問題提起がされることも多くあります。長期不況の影響で勤労世帯での相対的貧困率の上昇や，大学卒業後に非正規社員となってしまうなどの経済状況も影響しています。人々のインセンティブを考慮しつつ，生活の安定や機会の平等をできるだけ達成するための制度設計はより難しくなっています。

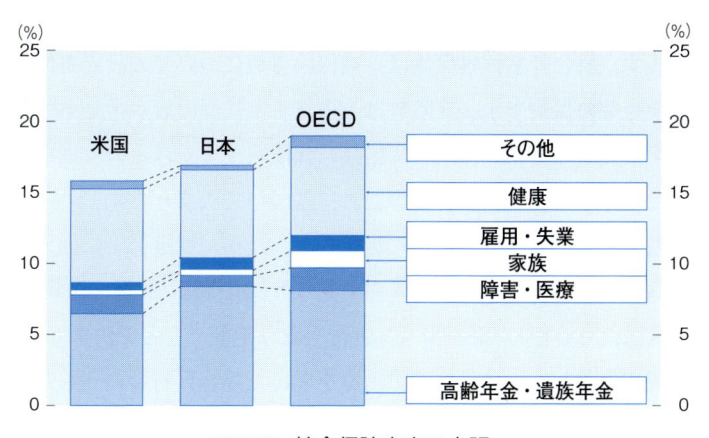

図10.6　社会保障支出の内訳
米国，日本，OECD諸国平均の比較，2001年，対GDP比（％）。
（注）　OECDは29カ国の加重平均。
（出所）　OECD (2006) *Economic Surveys Japan* より抜粋。

り，近くの病院へ検診に行きます。限られた範囲で価格弾力性が小さいという状況では独占市場に近い状態にならざるをえません。

このような理由から，政府は医師を国家試験による資格制として医療サービスの質を維持したり，サービスの対価を一律化して地域差を縮小したりしているのです。

日本では，医療保険（国民健康保険），介護保険の他にも雇用保険や労働災害保険などの公的社会保険制度があります。公的年金も保険の一種です。ある程度，強制的に公共部門が保険を提供することで保険の設置が可能となるだけでなく，リスクに対する規模のメリットが生じます。

医療保険制度

日本の医療保険制度は，健康保険（民間企業勤労者が加入），船員保険，共済組合（主に公務員），国民健康保険からなります（表10.1）。さらに2008年度から75歳以上の高齢者は別に新高齢者医療制度（ただし，廃止を含めた議論が行われている。コラム10.5）ができました。日本は，これらのいずれかの健康保険にすべての人が加入する国民皆保険となっています。

多くの民間企業勤労者が加入する健康保険には，政府を保険者とする政府管掌健康保険と，事業者が健康保険組合を設立して保険者となる組合管掌健康保険があります。組合管掌健康保険は，被保険者数についての設立条件があり，主に大規模企業の保険です。保険料は，事業主と被保険者が半分ずつ負担（折半負担）する仕組みです。保険料は給与に保険料率をかけるのではなく，給与を一定幅で区分した標準報酬月額等級表に基づいて決まります。

自営業者やパート従業員（ただし世帯ごと）は国民健康保険に加入します。国民健康保険の保険料は市町村によって異なり，所得割（所得×保険料率），均等割（一人当たり定額），平等割（一世帯当たり定額）などで決まります。

日本の医療保険制度では，病院で治療を受けた場合に料金のうち窓口で3割の自己負担をするのが基本です。残りの部分が保険で賄われます。

なお，70歳以上の高齢の被保険者は1割負担です。ただし，所得が高い（標準報酬月額が28万円以上）場合は，3割負担となります。また，70～74歳の高齢者については，2008年度から2割負担となる予定でしたが，凍結されて1割に据え置かれています（2010年3月までの予定）。

表 10.1　医療保険制度

	種　類	保　険　者	被保険者
医療保険	健康保険　政府管掌健康保険（被保険者約 1,890 万人）（被扶養者約 1,670 万人）	政府	民間企業の勤労者
	組合管掌健康保険（被保険者約 1,480 万人）（被扶養者約 1,520 万人）	健康保険組合	
	船員保険（疾病部門）	政府	船員
	共済組合（短期給付）	各種共済組合	国家公務員　地方公務員
	国民健康保険（被保険者約 5,160 万人）	市区町村	一般住民
新高齢者医療（2008 年度から）	後期高齢者医療制度	市区町村（財政は広域連合）	75 歳以上の高齢者

(注)　（　）内の人数は 2004（平成 16）年度のもの。
(出所)　人数は厚生労働省ウェブページ「厚生統計要覧」より。

コラム 10.5　新高齢者医療制度

　2008 年度から新高齢者医療制度（長寿医療制度）がはじまり，75 歳以上の後期高齢者（65〜74 歳までは前期高齢者と呼ぶ）は後期高齢者医療制度に加入することになりました。国からの公費（約 5 割），現役世代の保険料負担（約 4 割）の他に高齢者が残りの約 1 割を負担することになり，病院に支払われる診療報酬は制限されることになりました。

　保険制度の健全化という視点からは，フリー・ライダー問題（レッスン 6.3 参照）を解消し公平性を確保できるようになると考えられます。診療報酬の制限は，自己負担が軽いために高齢者が必要以上に病院へ通うモラルハザード（レッスン 9.2 参照）を供給面から解消するものといえるでしょう。

　しかしながら，新制度はマスコミや野党の批判の的となりました。厚生労働省の説明では，1 割負担というのは従来と同程度とのことでしたが，医療を必要とする可能性の高い高齢者の保険料が年金給付金から強制的に天引きされる制度に抵抗が強いようでした。また，それまで扶養者であった高齢者は独立して保険加入することになったため負担が増えました。

　社会保障制度では，常に財源と配分の問題を抱えます。高齢者の負担増加は望ましくないと考える人が多いとしても，例えば，4 割負担の現役世代の負担が増えてもいいのかどうかということも合わせて考えるべきです。年金生活者よりも不安定な生活を送る若年層は多くいます。彼あるいは彼女らは，それでも国民健康保険料を負担し，窓口では 3 割負担をしなければなりません。

その他の制度

その他，乳幼児医療費助成制度などもあります。健康保険などでは義務教育就学前までは窓口で2割負担（1998年度から変更，それ以前は3歳以上で3割負担）ですが，これにより，乳幼児については医療費の窓口負担は実質的にゼロとなります。ただし，市区町村によって制度が異なります。

正常な妊娠と出産には医療保険は適用されませんが，定額の出産育児一時金が出産後に医療保険から支払われます。少子化対策として，妊婦検診無料化も議論されています。

介護保険制度は2000年4月から施行されたもので，主に加齢に伴う疾病による寝たきり（要介護状態）や日常生活の支援が必要な要支援状態となった場合の保険です。介護保険では65歳以上を第1号被保険者，40歳以上65歳未満を第2号被保険者と年齢で区別しています。

レッスン 10.3 公的年金

積立方式と賦課方式

公的年金とは老齢による退職後の生活に対する公的扶助機能です。勤労（若年）時に保険料を支払い，退職後に給付を受けます。年金としては，民間の個人年金保険（私的年金）もありますが，日本では公的年金がその中心です。

なぜ，公的年金が必要なのでしょうか。年金加入者と保険会社との間には，個人の健康に関する情報の非対称性があります。保険会社は長生きし年金が多く必要な人と，そうでない人を完全には見分けられないため，それらの人々に平均的な保険料を設定することになります。自らの健康と照らし合わせると，例えば，年金がより必要となる健康な人にとっては保険料は割安です。結局，健康な人のみが加入しようと考える（逆選択）ので，保険機能が成立しません。そのため，公的年金として保険加入を義務付ける必要があるのです。

公的年金制度には主に，積立方式（fully funded system）と賦課方式（pay-as-you-go system）があります（図10.7）。

積立方式は同世代生存リスク保険であり，同世代内における短命の人から長

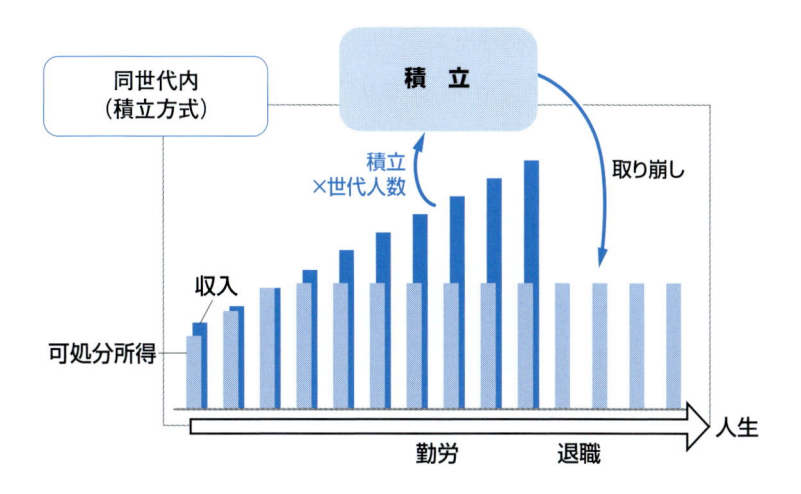

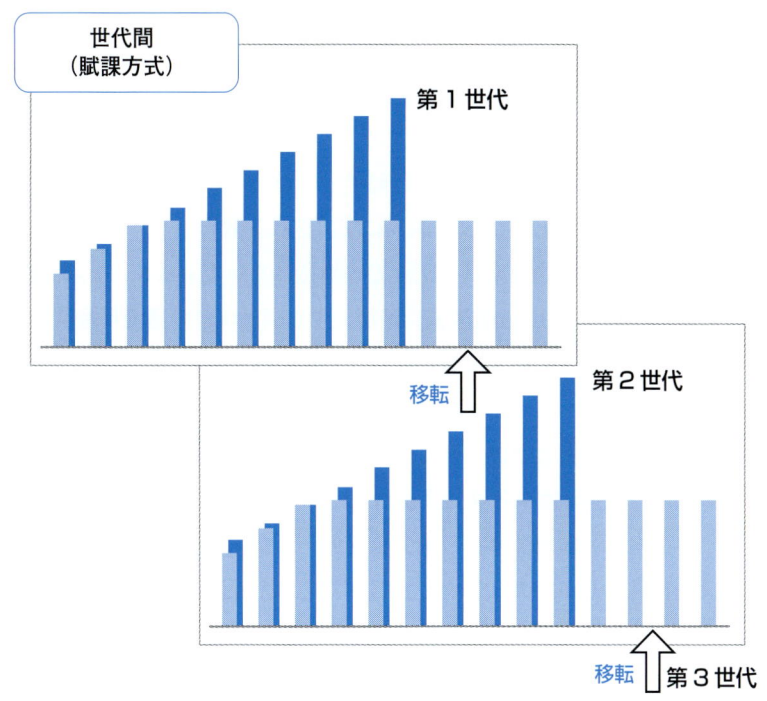

図10.7 年金制度の種類

寿の人への所得移転による年金保険です。支払った年金保険料は積み立てられ，退職後に給付を受けます。財源は積み立てられているため，この制度のもとで年金財政が破綻することはありません。

賦課方式は世代間所得移転であり，生存リスク保険を世代間で設置するものです。日本の公的年金は給付建ての賦課方式ですが，積立金もあるため修正積立方式と呼ばれています（修正賦課方式ともいう）。

賦課方式では，人口成長率が一定だとすると，退職世代は経済成長の分だけ納めた保険料以上の給付を受け取ることができます。

一方で，人口減少や低経済成長になったときに，給付額を固定したままだと，年金財政破綻の可能性が生じます。

財政問題を考慮すると，積立方式が望ましいようですが，積立方式は導入後に十分に積立ができる世代まで制度が完成しないため，導入が難しいという問題があります。賦課方式は初期に積立金を必要としません。

公的年金制度の概要

公的年金の給付には，高齢者（65歳以上）に支給される老齢年金の他に，障害者への障害年金，被保険者または老齢年金の資格を満たした配偶者が死亡したときに配偶者または子（18歳未満）に支給される遺族年金があります。

現在の日本の公的年金制度は2階建ての構造になっています。1階部分は，すべての国民（20歳以上60歳未満）が加入する国民年金の基礎年金部分です。すべての人が1階部分の被保険者となるため国民皆年金と呼ばれます。国民年金の保険料は定額であり，2005年度の1万3,580円から2017年度の1万6,900円へと毎年度徐々に引き上げられていきます。

2階部分は，厚生年金や各種共済組合です。厚生年金はサラリーマンなどが加入し，共済組合（国家公務員，地方公務員，私立学校教職員，農林漁業団体職員）は公務員などが加入していて，報酬に応じた保険料負担と給付額となります。なお，各種の共済組合は2010年度に厚生年金と一元化される予定です。

国民年金のみだと2階部分がないことになりますが，それを補うために任意に国民年金基金に加入することができます。年金保険料は全額加入者が負担しますが，この全額が所得控除の対象となる点が個人年金（5万円までの所得控除）と異なります。2007年度末の加入者数は約80万人にとどまっています。

コラム 10.6　2004年年金法改正と公的年金の諸問題

公的年金制度が直面する財政問題に対して，政府は2004年に年金法を改正し，主に以下のような給付と負担の調整を図ることとしました。

1. 2004年度から2009年度までにかけて，基礎年金国庫負担割合を1/3から1/2へ引き上げる。
2. 2004年10月から2017年度にかけて厚生年金保険料を13.58％から18.30％へ毎年0.354％引き上げる。
3. 2005年4月から2017年度にかけて，定額の国民年金保険料を毎年月額280円引き上げる（2017年度に1万6,900円）。
4. マクロ経済スライドの導入

マクロ経済スライドは，新規受給者についての給付額は賃金上昇率（－スライド調整率）の調整を行うけれども，既存の受給者については行わないというものです。さらに，物価上昇が生じた場合はインフレ率からスライド調整率が引かれるため，インフレの場合にはこのスライド調整率分だけ実質額は目減りすることになります。

2004年の年金法改正は，保険料を引き上げるとともに，実質的な給付を引き下げることで年金財政と世代間の公平性の両方への対処となっています。特に，これから退職期を迎える世代と若年世代の格差は縮小したといえます。

とはいえ，今後数十年での急激な少子高齢化に完全に対応できたわけではありません。国庫負担（税負担）の財源問題もあります。また，年金バランス・シートでみた給付債務（将来支払うと約束している給付予定額の合計）と年金の資産（将来の保険料と現在の積立金の合計）では，将来拠出対応部分（将来世代分）の資産超過で過去拠出対応部分（現役世代分）を埋め合わせる構造となっているとの指摘もあります（高山憲之（2004）『信頼と安心の年金改革』）。

さらに，2007年には年金記録問題として，社会保険庁の年金加入記録のずさんな管理が問題となりました。社会保険庁は2010年度に日本年金機構となることが決まり，職員は非公務員型となります。

被保険者は3種類に分けられます。第1号被保険者は，自営業者や学生，無職の人などです。第2号被保険者は，厚生年金や共済年金の加入者です。第3号被保険者は，厚生年金や共済年金加入者の扶養配偶者のことをいいます。

第1号被保険者は，1階部分の基礎年金保険料を，市町村窓口を通じて支払います。第2号被保険者は会社などを通じて2階部分と1階部分の保険料を支払います。医療保険同様，保険料は被保険者と雇用者が半分ずつ支払う仕組みになっています。第3号被保険者は，基礎年金に加入していますが，配偶者が共同して負担したとみなされ，直接の保険料負担はありません。

公的年金の財政

公的年金の財政制度を，図10.8をみながら学んでいきましょう。ここでは，老齢年金（その他に障害年金と遺族年金がある）を中心に考えていきます。

公的年金の財政収入は，主に保険料，国庫負担，運用収入からなります。公的年金会計は主に国民年金特別会計（国民年金勘定，基礎年金勘定），厚生保険特別会計，および各種の共済組合からなります。

1階部分の国民年金特別会計の基礎年金勘定では，各種の年金会計からの基礎年金拠出金受け取りと国の一般会計からの国庫負担を合わせて，基礎年金を受給権者に支給します。厚生年金や共済年金受給権者には交付金を通じて基礎年金部分が支給されています。2004年の年金法改正で，2009年度から国庫負担割合を 1/3 から 1/2 へ引き上げることになりました。

年金給付には，定額部分と報酬比例部分とがありますが，基礎年金の給付額は定額部分のみです。定額部分は保険料の納付月数によって各人に差が出ます。

2004年度の一人当たり基礎年金給付年額は66万円程度です（国立社会保障・人口問題研究所（2007）『平成18年版　社会保障統計年報』，公的年金受給権者一人当たり年金額）。

厚生年金や共済の場合は，定額部分に報酬比例部分が加わります。報酬比例部分は，主に平均標準報酬月額と納付月数によって決まります。平均標準報酬月額は加入全期間の報酬（ボーナスは含まない）の平均（月）額です。

ただし，昔の報酬は次のように，再評価率をかけていまの水準に合わせた額に調整します。

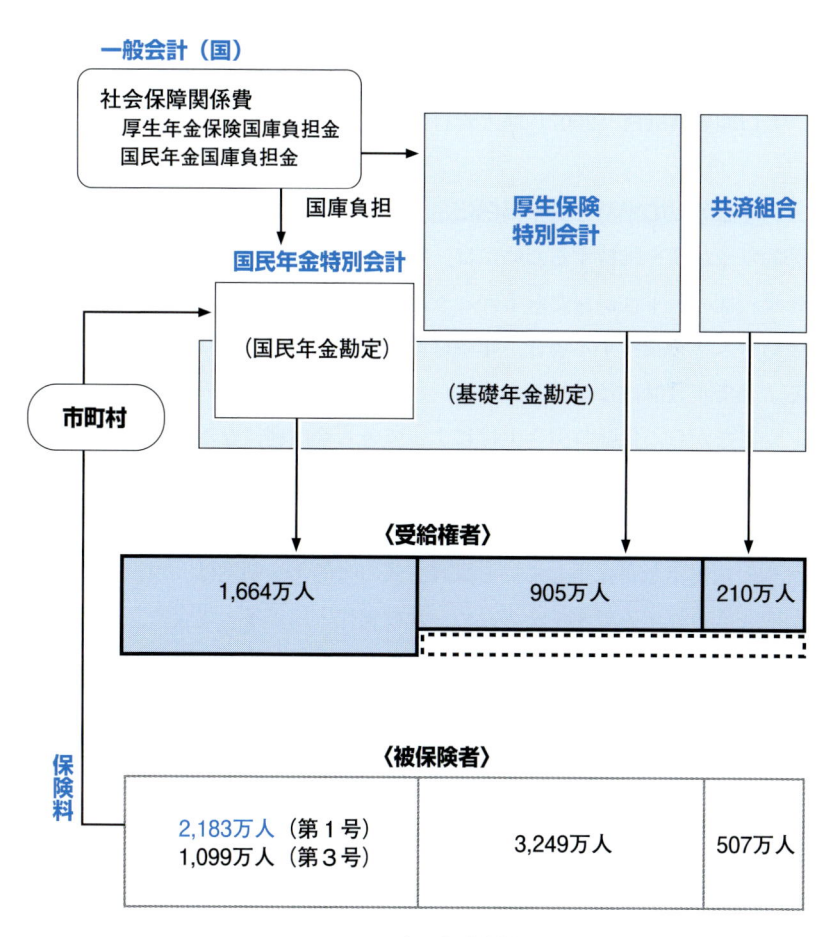

図10.8　日本の年金制度
（注）　図中の人数は2004年度老齢年金加入者数を示す。
（出所）　厚生労働省ウェブページ統計資料より作成。

10.3　公的年金

平均標準報酬月数＝「標準報酬月額×再評価率」の合計額 / 加入期間

標準報酬月額はそれぞれの被保険者の月額報酬を切りのよいところで区切った額です（このように区切った額を当てはめるのは，かつてそろばんで計算していた頃の名残りと考えられる）。厚生年金の 2004 年度での一人当たり年金給付年額は，25 年以上の保険料支払いの場合で 151 万円程度 です（国立社会保障・人口問題研究所（2007）同上資料）。

公的年金制度の維持と少子高齢化

公的年金制度を維持するためには，年金財政 が維持できるかどうかという問題と 世代間の公平性 が保たれるかどうかという 2 つの問題があります。例えば，年金給付水準を維持する場合，年金財政が破綻しそうであれば保険料を引き上げることで年金財政は維持されます。

しかしながら，保険料引き上げによって著しく不利になる世代が生じるならば公平性の問題が生じます。世代間の公平性を保ちつつ，長期で年金財政が維持される制度が必要です。

日本の国民年金が採用している賦課方式の公的年金制度は，現役世代が退職世代を支える仕組み です。そのため，現役世代人口が多い場合や，経済成長によって一人当たりの所得が増加していく場合には公的年金制度は破綻せず，また支払った保険料以上の給付を期待できます。「勤労者の人数×所得」が給付のベースとなるので，それぞれを人口と経済規模に置き換えると

（労働）人口成長率＋一人当たり経済成長率 ＞ 0

のときに公平な年金制度が維持可能です。

実際には，日本やその他の先進国などは 少子高齢化 の問題を抱えています。図 10.9 は，国立社会保障・人口問題研究所が推計した将来人口です。今後 50 年間，人口は減少していく一方で 65 歳以上の退職世代は増加しています。

現在，現役 3 人で 1 人（65 歳以上人口を 15〜64 歳人口で割った値）の退職世代を支えていますが，将来は 2 人で 1 人，さらに 1.5 人で 1 人 を支えることになります。一方の経済成長率も，今後大きく伸びるとは期待できない状況です。

図10.9　将来人口推計

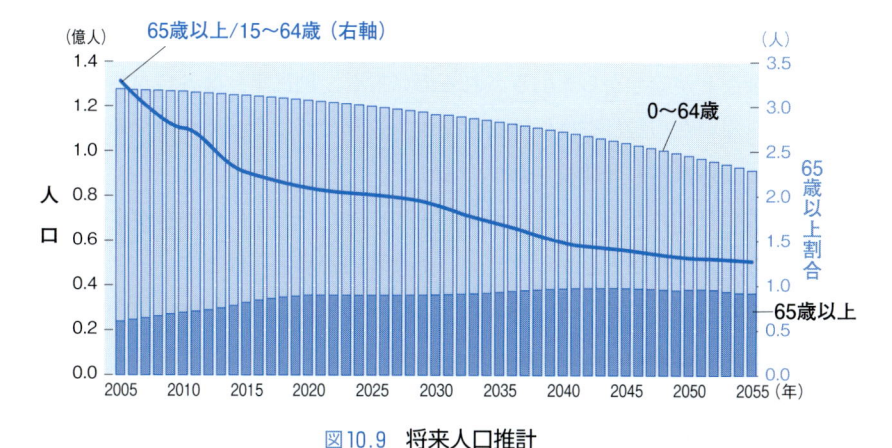

（注）　中位推定。
（出所）　国立社会保障・人口問題研究所（2006）『日本の将来推計人口（平成18年12月推計）』より作成。

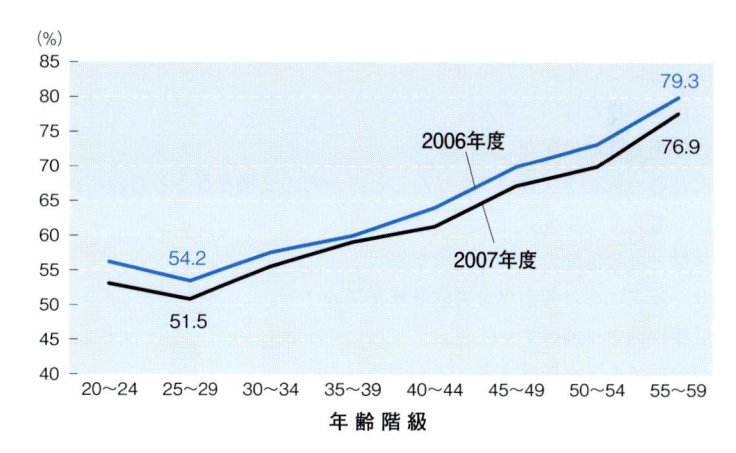

図10.10　国民年金：年齢階級別納付率
（出所）　社会保険庁（2007）『平成18年度の国民年金の加入・納付状況』より作成。

10.3　公的年金

公的年金制度への信頼

図 10.10 は最近の国民年金の納付率です。年齢階級別でみると若い世代、例えば 2007 年度で 25 歳〜29 歳が 51.5％と、半分程度しか納付していません。なお、学生であれば学生納付特例がありますが、これは未納には含まれません。

厚生年金などが給与から天引きされるのに対し、国民年金は各自が納付しなければならないため給付率は低くなります。近年では年金制度への信頼が薄らいだことによる未納も問題視されています。

また、若い世代にとっては老後が遠い先のことだったり、保険料が定額のため所得に対する負担が大きかったりといった理由が考えられます。

しかしながら、全体でも納付率は低下してきており、2001 年度に 70.9％だった平均納付率が 2006 年度では 63.9％となっています。未納の増加により保険の原理が損なわれることになるため、解消が望まれます。

考えてみよう

- 所得再分配政策はなぜ必要だと考えますか。また、なぜ政府がそれを行う必要がありますか。
- 租税方式と保険料方式の違いは何ですか。
- 負の所得税について調べてみよう。
- マキシミン原理とは何ですか。
- 限界代替率とは何ですか。
- Ａさんと B さんの 2 人がいて、りんごとみかんの交換を行うときのパレート効率性について考えてみよう。
- 公的扶助と社会保険の違いは何ですか。
- 医療サービスにおける市場の失敗を考えてみよう。
- 国民健康保険とは何ですか。
- 年金が公的である必要性を考えてみよう。
- 公的年金における積立方式と賦課公式のそれぞれの利点と欠点を考えてみよう。
- 公的年金の 2 階建てとは何ですか。
- 国民年金の国庫負担とは何ですか。また、その割合はどれくらいですか。
- 公的年金の世代間問題について考えてみよう。

マクロ経済政策 11

本章では，財政の政策効果をテーマにマクロ経済政策を学びます。IS-LM 分析の考え方をとらえ，マクロ経済政策の効果が経済状況に応じてどのように異なるのかを理解します。

レッスン
- 11.1 マクロ経済政策の論点
- 11.2 財・サービス市場（IS）
- 11.3 貨幣市場（LM）
- 11.4 IS-LM 分析の政策効果

レッスン 11.1　マクロ経済政策の論点

マクロ経済政策の論点

　マクロ経済政策は，財政の3機能（資源配分，所得再分配，経済安定化）のうちの経済安定化にかかわる政策です。財政政策は政府が担当し，金融政策は中央銀行（日本銀行）が主に担当します（図11.1）。これらの政策は財・サービス市場，金融市場，労働市場などに働きかけて，景気循環による変動を抑えることでマクロの資源配分を効率化させます。

　マクロ経済政策の第1の論点は，労働市場のとらえ方です。ケインズは，消費や投資などの有効需要が低下したときに，賃金の下方硬直性（第12章で説明します）のために（非自発的）失業が生じると考えました。一方，新しい古典派経済学などでは労働市場で失業が自ずと解消されると考えます。

　第2の論点は政策の効果についてです。ケインズ経済学は，有効需要不足対策として裁量的な財政政策を採用します。一方で，新しい古典派経済学では，家計の生涯所得からみて，政府支出の増加は将来または現在の増税によって相殺されるなどの理由で政策効果はないと考えます（第4章レッスン4.1も参照）。

IS-LM分析とその前提：物価が一定

　財・サービス市場（以下，財市場）と貨幣市場（あるいは資本市場）の2つの市場の同時均衡を分析するのがIS-LM分析です。ISは，投資（Investment）と貯蓄（Saving）の英語の頭文字に由来します。LMは，流動性選好（Liquidity preference）とマネーサプライ（Money supply）に由来します。

　IS-LM分析は，主にケインズ経済学のツールです。(1) 名目賃金が一定，(2) 物価が外生（分析モデル外の変数とされていること）かつ一定という前提があります。物価が一定なので，名目値と実質値が同一になります。

　例えば，投資は物価の変化も考慮した実質利子率に反応しますが，貨幣需要は名目利子率に反応します。ところが，物価を一定とするIS-LM分析では，

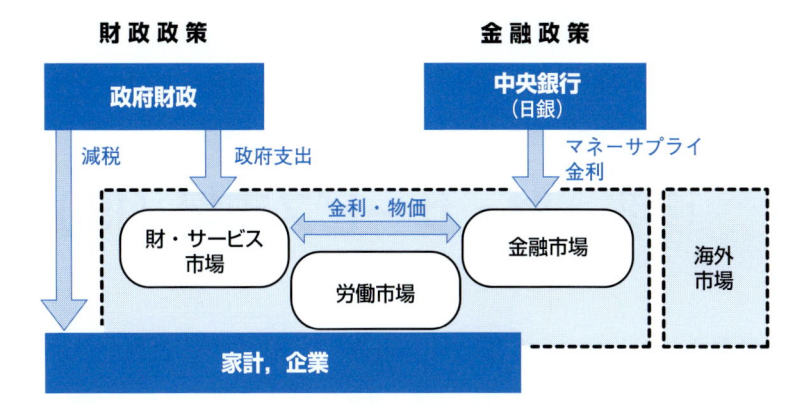

図 11.1　財政政策と金融政策

> **コラム 11.1　　有効需要の原理とセイの法則**
>
> 　政策分析の違いは，マクロ経済の均衡が需要と供給のどちらの側面から主に決まるかの認識に依存します。ケインズ経済学では，現実の生産水準（供給）が需要によって決まる有効需要の原理を採用します。
> 　国際貿易を考えない閉鎖経済を仮定すると，総需要は民間消費 C，民間投資 I，政府支出 G の総額です。財市場均衡では総需要と総供給が一致します。総需要を Y_d とし，総供給を Y_s とすると，有効需要の原理では $Y_d \to Y_s$ という順序で需給均衡（$Y=Y_s=Y_d$，ここで $Y_d = C+I+G$，Y は国民所得）が達成されます。
> 　一方，古典派経済学では逆のアプローチをとります。フランスの経済学者セイ（J. B. Say）の名前をとったセイの法則と呼ばれるもので，「供給はそれ自身の需要を創る」といい，$Y_s \to Y_d$ という順序で均衡が達成されます。

> **コラム 11.2　　古典派経済学の系譜**
>
> 　古典派経済学（Classical Economics）とは，アダム・スミスの「見えざる手」の考え方に代表される，市場を中心に経済をとらえた，現代経済学の土台といえる学派です。限界効用を理論に取り入れた（限界革命）後のものは新古典派経済学（Neoclassical Economics）と呼ばれます。ケインズ経済学が登場した後の 1970 年代に盛んになったのが新しい古典派経済学（New Classical Economics）あるいはマネタリズム（Monetarism）です。近年では，合理的期待形成など，期待（予想）を組み込んだ分析が行われています。

名目利子率＝実質利子率

が前提となり，両者の区別をしないことになります（**コラム 11.3** も参照）。

レッスン 11.2 財・サービス市場（IS）

消費関数

財市場 IS の特徴は，有効需要の原理（**コラム 11.1** 参照），ケインズ型消費関数，利子率に応じて投資が決まること（資本の限界効率），にあります（図 11.2）。

ケインズ型消費関数は，消費 C がその時点の所得に依存するもので，

$$C = C_0 + c(Y-T), \quad C_0 > 0, \quad 0 < c < 1 \tag{11-1}$$

という形になります。ここで，C_0 は家計が最低限必要な自律的消費（基礎消費）です。c は限界消費性向（marginal propensity to consume）で，所得が変化したときの消費の変化量を示します。$Y-T$ は，税が総額 T の一括税（定額が所得 Y から差し引かれる）の場合に家計が使用できる可処分所得です。税率 t が所得にかかる場合の税は tY となり，可処分所得は $(1-t)Y$ となります。

貯蓄 S は以下のように所得 Y から消費 C を差し引いたものです。

$$S = (1-c)Y - C_0 = sY - C_0 \tag{11-2}$$

ここで，s は限界貯蓄性向（marginal propensity to saving）です。

投資関数

投資は，資本の限界効率（marginal efficiency of investment）で考えます。マクロ経済では利潤率と利子率が一致するところで投資が決まります（図 11.3）。

投資の利潤率（rate of profit）は，「フローの利潤額／投資額」です。投資の資金調達費用は資金借入れの利子率ですので，ある投資 I について利潤率が利子率 i より高ければ，収益が費用を上回るため，この投資は行われます。逆に

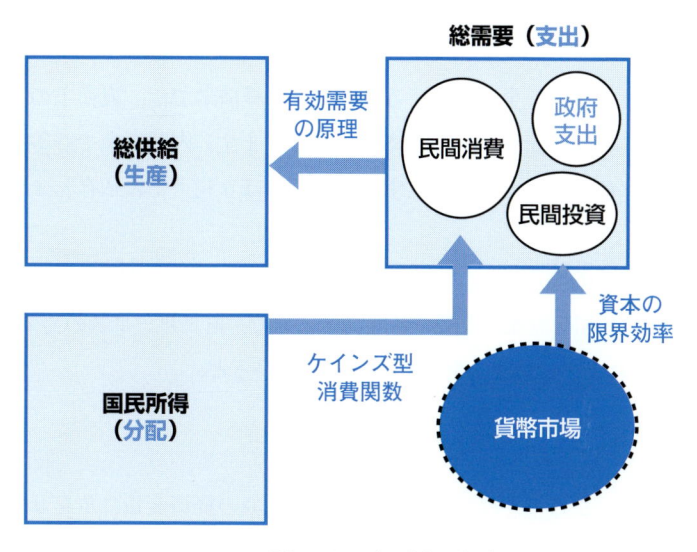

図11.2　財・サービス市場（IS）

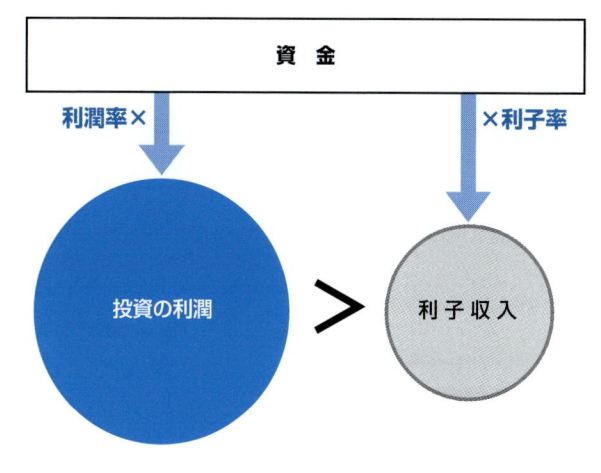

図11.3　投資するケース

下回れば，債券を購入するほうが有利となるため投資は行われません。したがって，投資は利子率に依存し，負の関係にあります。

利子率の上昇（下落）　→　投資の減少（増加）

借入れをせず自己資金を使用する場合でも，経済学では，表面上の費用以外に機会費用（opportunity cost）があるととらえます。内部資金で貯蓄や債券購入していれば利子収入があったはずなので，やはり利子率に依存します。

財市場（IS）の均衡

財市場では家計・企業・政府の各経済主体間で，財・サービスの需要 Y_d と供給 Y_s が行われます。いま，財市場が均衡していると，

$$Y = Y_s = Y_d \qquad (Y_d = C + I + G) \tag{11-3}$$

が成立します。ここで，G は政府支出を指し，他の経済変数に依存せず，政府の方針で決まるため外生です。以上を（11-1）式に代入すると，

$$Y = C_0 + c(Y - T) + I(i) + G \tag{11-4}$$

となります。さらに cY を移項して書き直すと，以下のようになります。

$$Y = \frac{1}{1-c}(C_0 - cT + I(i) + G), \quad \frac{1}{1-c} > 1 \tag{11-5}$$

IS-LM 分析で重要となるのは利子率 i（より厳密には実質利子率）と国民所得 Y の関係です。投資と利子率には負の関係があり，また，投資は需要の一要素です。そのため，最終的には i と Y は負の関係をもちます。例えば，利子率が下落した場合は，投資が増加する効果を通じて国民所得が増加します。

財市場が均衡している状態での利子率 i と国民所得 Y の関係をグラフで表したものが IS 曲線です。i と Y は負の関係ですので，右下がりとなります（図11.4）。

IS 曲線とその傾き

IS 曲線は，利子率が変化すると投資が変化し，投資が変化することで国民所

図 11.4 IS 曲線

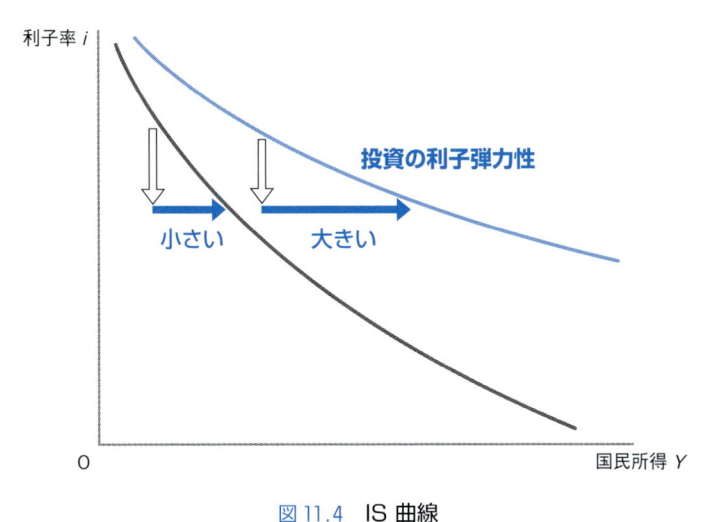

◆ポイント 11.1　投資の利子弾力性

$$Y = \frac{1}{1-c}(C_0 - cT + I(i) + G)$$

③ ← ② $\Delta I \times$ 乗数　① 投資の利子弾力性

　利子率 i に応じて投資 I が定まります。①利子率が変化するとどれだけ投資が変化するのかを表す大きさが投資の利子弾力性です。②利子率 i の上昇（低下）により投資が減少（増加）すると，投資の変化量 ΔI に投資乗数 $1/(1-c)$ を乗じた分だけ，国民所得 Y が減少（増加）します。③結局，利子率と国民所得との関係は，図 11.4 でみるように右下がりになることがわかります。

11.2　財・サービス市場（IS）

得が変化することを示します。利子率 i が1%変化したときの投資 I の変化率の大きさを投資の利子弾力性といいます（ポイント11.1）。投資が1だけ変化したときに国民所得がどれくらい変化するのかは投資乗数（$\frac{1}{1-c}$）で計ることができます。

IS 曲線の傾き（すなわち財市場で国民所得が利子率にどれくらい反応するか）は投資乗数と投資の利子弾力性の2つから説明できます。

例えば、図11.4 にあるように、投資の利子弾力性が大きい場合には IS 曲線の傾きは緩やかになります。逆に、投資が利子率にあまり依存せず、投資の利子弾力性が小さい場合には IS 曲線の傾きは急になります。したがって、低金利でも投資が全く増加しないような場合は垂直の IS 曲線になります。

レッスン 11.3　貨幣市場（LM）

貨幣の機能

貨幣には，(1) 価値尺度，(2) 交換仲介，(3) 価値保存の機能があります。価値尺度は，円やドルなどの通貨単位で財の価値を示す役割です。交換仲介とは，何か財を購入するときに通貨で支払うときの役割です。互いが相手の欲しがっている財をもっていて，それを交換しても良いという欲求の二重の偶然の一致が必要となる場合に比べて，通貨による経済取引は経済効率性を上昇させます。価値保存とは，通貨が富を貯蔵する手段として用いられる場合の機能です。

貨幣需要

貨幣需要は，国民所得 Y と利子率 i に依存します。ここで貨幣は額面または名目ですので，利子率も名目利子率を指しています。国民所得に依存する需要を取引需要といい，利子率に依存する需要を投機的需要といいます。

取引需要は，財・サービスの交換仲介としての貨幣への需要です。経済での取引量の増加は，より多くの貨幣を必要とします。

貨幣には利子がつかないという性質があります。それでも貨幣需要が生じる

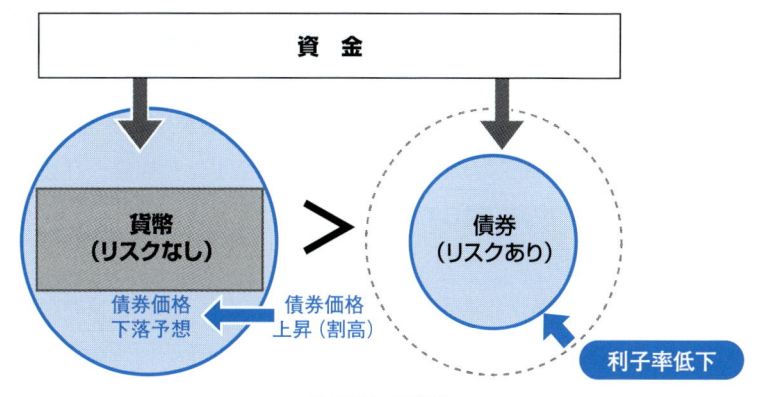

図11.5　投機的需要増加のケース

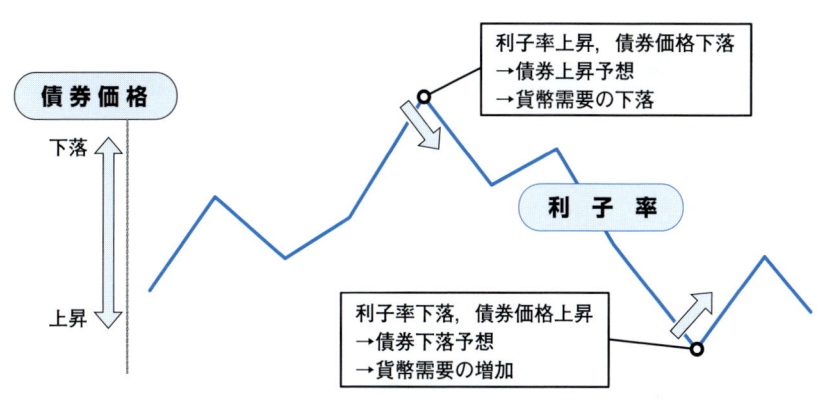

図11.6　債券価格と貨幣需要

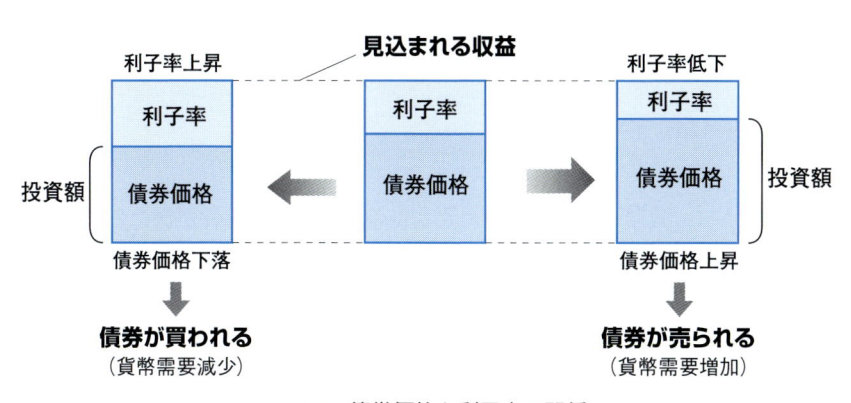

図11.7　債券価格と利子率の関係

11.3　貨幣市場（LM）

のは，貨幣保有による資産価値変動の不確実性（リスク）が小さいからです。債券をもつか，貨幣をもつかの**資産選択（ポートフォリオ選択）**において，例えば，債券の利子率が上昇すると，貨幣保有は不利になるため貨幣需要は減少します。逆に利子率が下落すると**投機的需要**の貨幣需要が生じます（図11.5）。

図11.6にあるように利子率が下落すると，その債券は投資額に対し利子収益が小さくなります。投資に対して割高になるので，結果として債券価格は上昇したことになります。

図11.7のように，リスクのある債券価格が上昇すると，人々は債券価格が将来下落すると予想するようになります。そのため，下落予想の債券のかわりに安全な貨幣を保有する動機が強まります。このようなメカニズムで，利子率が上昇すれば債券への需要が増加し，その分貨幣への需要は減少します。

貨幣市場（LM）の均衡

名目貨幣需要 M^d を物価 P で割った**実質貨幣需要**を考えましょう（物価 P は一定としていますので，実質と名目の違いはここでは重要ではありません）。貨幣需要は利子率 i と国民所得 Y に依存することを学んだので，これを関数 $L(i, Y)$ で表すと，実質貨幣需要は以下のようになります。

$$\frac{M^d}{P} = L(i, Y) \tag{11-6}$$

一方で，**貨幣供給**（以下，**マネーサプライ**）M は中央銀行（日本では日本銀行）が外生的に（すなわちこの他の経済変数にかかわりなく）決定すると考えます。貨幣市場均衡では以下の式が成立します。

$$\frac{M}{P} = L(i, Y) \tag{11-7}$$

このように，貨幣市場で貨幣の需要と供給が均衡する条件が満たされるときの利子率 i と国民所得 Y の関係が **LM 曲線** です（図11.8）。

マネーサプライ M が一定（外生）のため，均衡ではそれに等しい貨幣需要となります。しかしながら，例えば，国民所得が増加すると貨幣需要は増えます。増えた貨幣需要を満たすためには，人々は債券を売って貨幣を入手しなければなりません。そのため，利子率が上昇（債券価格が下落）するのです。

図11.8 LM 曲線

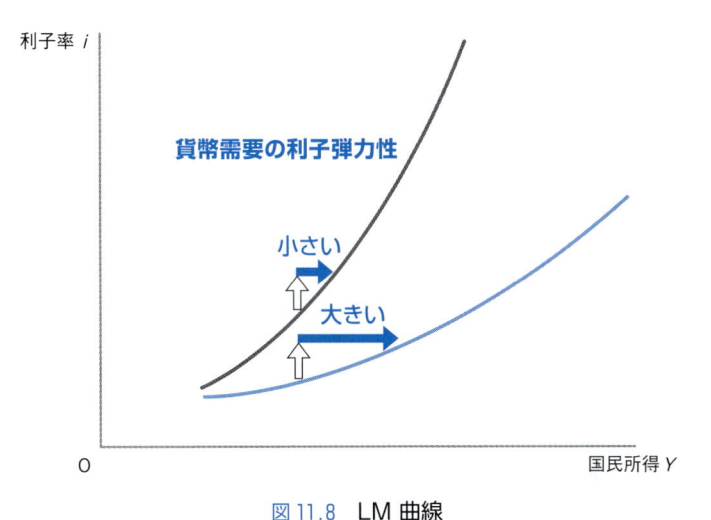

◆ポイント 11.2　貨幣需要の利子弾力性

$$\frac{M}{P} = \frac{M^d}{P} = L(i, Y)$$

マネーサプライ　①取引需要　②1/貨幣需要の利子弾力性　③貨幣需要の利子弾力性

①国民所得 Y が増加すると，貨幣の取引需要が増加します。このときマネーサプライ M は一定なので，貨幣需要の増加を満たすために，②債券が売られて利子率 i は上昇します。利子率 i が変化したときの貨幣需要の変化の大きさを貨幣需要の利子弾力性というので，貨幣が増加したときの利子率 i の変化は「1/ 貨幣需要の利子弾力性」となります。事後的には，③国民所得 Y が増加して利子率 i も上昇しており，これを利子率 i の変化に対する国民所得 Y の変化の大きさからとらえたのが貨幣需要の利子弾力性です。逆からとらえると，利子率 i の変化は国民所得 Y にプラスの効果をもたらします。

LM 曲線とその傾き

貨幣市場では，国民所得 Y と利子率 i には正の相関関係があり，LM 曲線は右上がりとなります。

国民所得が増えると貨幣の取引需要が増えます。そのとき，貨幣需要を満たすために債券が売られ，債券価格が下落（利子率が上昇）しますが，その大きさは貨幣需要が利子率にどれだけ反応するかを示す貨幣需要の利子弾力性の逆数，すわなち「1/ 貨幣需要の利子弾力性」となります。

最終的な利子率と国民所得の関係を考えましょう。上の例では「国民所得→利子率」の影響を考えましたが，逆に事後的な「利子率→国民所得」の効果は貨幣需要の利子弾力性で計ることができます（ポイント11.2）。LM 曲線は貨幣需要の利子弾力性が大きいほど水平に近くなり，それが小さいと垂直に近くなります（図 11.8）。

レッスン 11.4 IS-LM 分析の政策効果

IS-LM 分析の均衡と利子率の意味

財市場均衡と貨幣市場均衡を同時に満たす利子率 i と国民所得 Y の組合せ（IS 曲線と LM 曲線が交わる点）（図 11.9）が，IS-LM 分析における均衡点になります。ポイント 11.3 で示しているように，財市場 IS と貨幣市場 LM は利子率 i を通じてつながりをもちます（本来は財市場では実質利子率，貨幣市場では名目利子率が対象ですが，ここでは両者を同一としています）。

IS-LM 分析は，財市場 IS に貨幣市場 LM を組み込んだものです。したがって，貨幣市場 LM，特に利子率 i の影響を考えることができます。

ポイントは，政府支出を拡大した場合に，利子率 i の上昇を通じて投資 I を減少させる効果があるということです。これを政府支出のクラウディング・アウト効果（crowding out）と呼んでいます。

LM 曲線の傾きを l（>0，右上がり）としましょう。この l は，貨幣市場 LM での国民所得と利子率の関係（$Y \to i$）の大きさです。

IS 曲線の傾きは $1/k$（<0，右下がり）としましょう。$1/k$ は，財市場 IS での

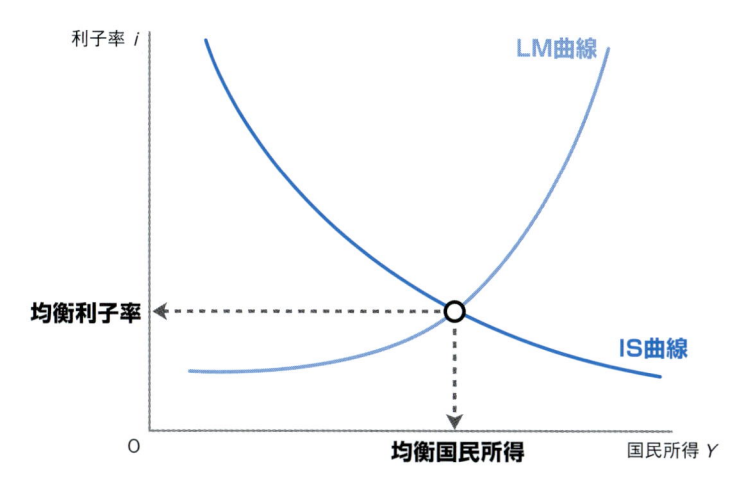

図11.9 IS-LM 分析:均衡

> ◆ポイント 11.3　財市場と貨幣市場の均衡
>
> IS 曲線の傾きの逆数：$k\,(<0)$
> i の変化→I の変化
>
> $$Y = \frac{1}{1-c}(C_0 - cT + I(i) + G)$$
>
> 利子率の変化は財市場と貨幣市場の両市場に影響を与える。
>
> $$\frac{M}{P} = \frac{M^d}{P} = L(i, Y)$$
>
> LM 曲線の傾き：$l\,(>0)$
> Y の変化→i の変化
>
> 　財市場 IS において，ある利子率 i のもとでの投資 I と国民所得 Y が定まります。もし，このときの利子率 i と国民所得 Y が貨幣市場 LM の均衡を満たさなければ，貨幣市場 LM で調整されますが，そのときの調整率（弾力性）が l となります。利子率 i が変化すると，今度は財市場 IS で投資 I が変化し，国民所得 Y も変化します。このときの変化（弾力性）は k です。ちょうど，両市場とも均衡するとき，IS-LM の均衡となります。

11.4　IS-LM 分析の政策効果

国民所得（すなわち投資 I）と利子率の関係（$I \rightarrow i$）の大きさです。いま，逆に，利子率 i から投資 I への関係（$i \rightarrow I$）をみたいので，IS 曲線の傾きの逆数 k（＜0）を考えます。

ポイント 11.3 にあるように，貨幣市場 LM でマネーサプライ M が与えられると，ある国民所得 Y での利子率 i が定まります。次に，その利子率 i における投資 I が財市場で定まります。この過程で決まる財市場 IS と貨幣市場 LM とで国民所得 Y と利子率 i が一致する点が均衡です。

国民所得 Y (LM) → 利子率 i (LM)
利子率 i (IS) → 投資 I → 国民所得 Y (IS)

（上矢印）l (>0)
（下矢印）k (<0)

このとき，「$lk×Y$ の増加分」が負の値になるので，例えば国民所得 Y が増加すると「$lk×Y$ の増加分」だけ投資 I が減少する効果があることがわかります。これがクラウディング・アウトにあたるものです。

政府支出乗数

投資を $I = lkY$ と単純な形で表し，(11-4) 式に代入して書き直すと，IS-LM 均衡では以下の式が成立します。

$$Y = \frac{1}{1-c-lk}(C_0 - cT + G) \tag{11-8}$$

この (11-8) 式で例えば政府支出 G が 1 単位増加すると，国民所得 Y は $\frac{1}{1-c-lk}$ だけ増加することがわかります。これが政府支出乗数（multiplier）です。

簡単なケースを考えてみましょう。仮に $lk=0$ とすると，限界消費性向 c は 1 より小さいため，$\frac{1}{1-c}$ は 1 より大きくなります。例えば，$c=0.4$ だと乗数は 2.5 にもなり，政府支出 G を 1 兆円増やすことで国民所得 Y は 2 兆 5,000 億円も増える計算になります。このように，政府支出 G の増加がその増加以上の国

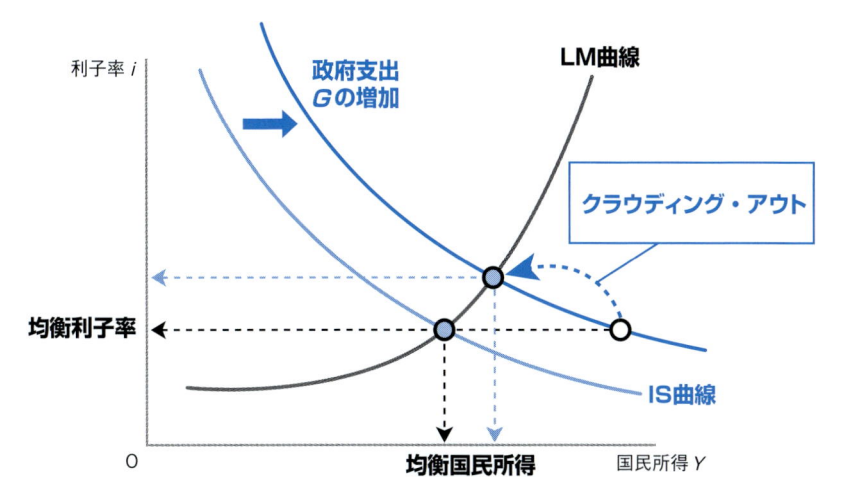

図 11.10 財政政策の効果とクラウディング・アウト

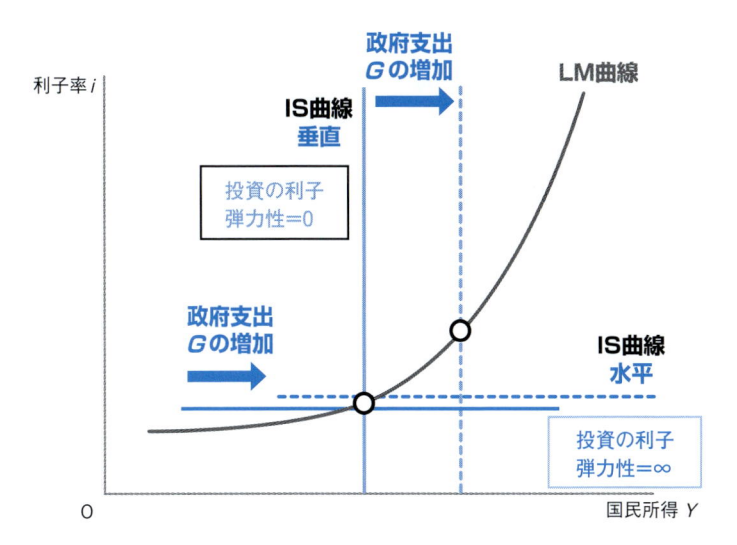

図 11.11 垂直・水平な IS 曲線と政策効果

11.4 IS–LM 分析の政策効果

民所得 Y の増加をもたらすことを**乗数効果**と呼びます。

$lk=0$ と仮定したのは，実は貨幣市場 LM を考えないケースです。貨幣市場 LM を考慮した場合は $\frac{1}{1-c-lk}$ となり，$\frac{1}{1-c}$ よりも $-lk$（$k<0$, $l>0$ なので $-lk>0$ になります）だけ分母が大きくなり乗数は小さくなります。政府支出 G の増加が貨幣市場 LM での利子率上昇をもたらすことによるクラウディング・アウトが，財政政策の効果を弱めてしまうからです（図 11.10）。

財政政策の効果

さて，l や k はそれぞれ LM 曲線の傾きと IS 曲線の傾きの逆数です。そのため，クラウディング・アウトや乗数効果の大きさは，LM 曲線と IS 曲線がどのような傾きであるかによって違いがあることを意味します。そこで，これらの曲線の傾きの意味から政策効果を考えてみましょう（図 11.11）。

特殊な例として，IS 曲線が水平な場合を考えます。IS 曲線の傾きの逆数 k（の絶対値）が $k=\infty$ となるため，乗数効果はほぼゼロになります。投資の利子弾力性が大きいほど，すなわち投資 I が利子率 i に対して敏感に反応するほど，クラウディング・アウト効果が大きくなり，財政政策の効果は小さくなります。

逆に投資の利子弾力性がゼロの場合には IS 曲線は垂直になります。利子率 i は上昇しますが，それに投資 I が反応しないので，クラウディング・アウト効果はゼロになります。投資 I が利子率 i にあまり反応しない場合には財政政策の効果はより強くなることを意味します。

金融政策の効果

次に，金融政策（マネーサプライ M の変化）を考えます。例えば，マネーサプライ M を増加させると，それに対応する貨幣需要も増加します。取引需要から国民所得 Y が増加し，投機的需要からは利子率 i が下落します。結果として，LM 曲線が右へシフトして，国民所得 Y が増加します。

金融政策の効果も財政政策の場合と同じく，IS 曲線や LM 曲線の傾きに依存します。特に，LM 曲線の傾き（$Y \rightarrow i$）の逆数に対応する貨幣需要の利子弾力性（$i \rightarrow M^d$）が議論の中心となります（図 11.11）。

例えば，貨幣需要の利子弾力性が無限の場合（$1/l=\infty$），LM 曲線の傾きは

コラム 11.3　1990年代の財政政策と IS-LM 分析

IS-LM 分析では，景気対策としての財政出動には効果があることが示されます。しかしながら，1990年代日本の経済対策は下支えの効果にとどまった感があります。

理由の一つは，不良債権処理です。企業が不良債権処理のため，投資をするかわりに債務を返済していたからです。

不良債権だけが問題であれば，財政政策はクラウディング・アウトをもたらさないので有効なはずです。しかしながら，実際には図 11.12 のように IS 曲線が水平に近かった可能性があります。

その理由は，デフレです。IS-LM 分析では，物価を一定として名目利子率と実質利子率が同一であると仮定しています。しかしながら，実際には投資は実質利子率に依存し，貨幣需要は名目利子率に依存します。「実質利子率＝名目利子率－（予想）インフレ率（フィッシャー方程式）」という関係があるので，デフレ下では実質利子率が名目利子率よりも高くなります。名目利子率はゼロを下限とするため，実質利子率は高止まりします。また，長期にわたるデフレ期待が経済で形成されていれば，長期の実質金利は，さらに高くなってしまいます。

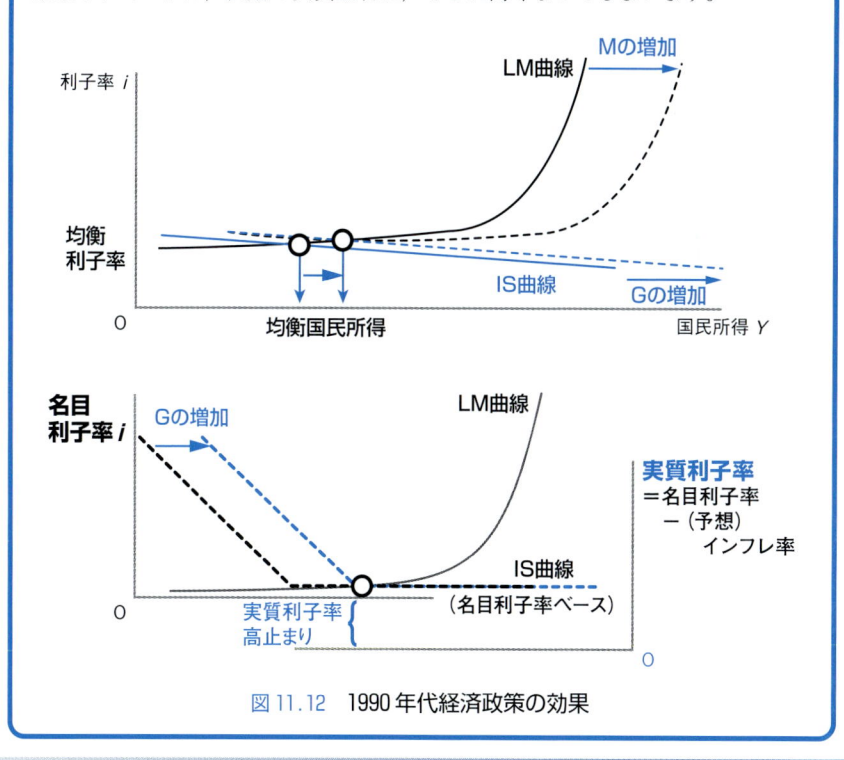

図 11.12　1990年代経済政策の効果

$l=0$ です。このとき，LM 曲線は水平となります。図 11.11 で示されるように，マネーサプライ M の増加による金融政策の効果はゼロとなります。

このように貨幣需要の利子弾力性が無限になる状況を，**流動性のわな**（liquidity trap）といいます。特に不景気において，利子率 i が十分低い（債券価格は高止まり）と貨幣を保有する機会費用がゼロとなります。そのため，第一段階での貨幣需要は増大しますが，その次の投資や貸出しには結びつかないのです（図 11.12）。

ところで，流動性のわなの場合の財政政策の効果はどのようなものでしょうか。$l=0$ となるため，上述の政府支出 G の乗数効果は $\frac{1}{1-c}$ となります。金融政策の効果がゼロとなるのとは対照的に，**クラウディング・アウトの効果がゼロで財政政策は有効**です。貨幣需要の利子弾力性が大きいほど財政政策の効果は大きくなります。

■■■ 考えてみよう ■■■

- ケインズ経済学では失業が生じるのはなぜだと考えますか。
- 有効需要の原理とは何ですか。
- 投資と利子率の関係を考えてみよう。
- 財・サービス市場が均衡のとき，利子率が上昇すると国民所得はどうなりますか。
- 投資の利子弾力性と IS 曲線の形状との関係を考えてみよう。
- 利子率が上昇すると債券価格はどうなりますか。また，それはなぜですか。
- 貨幣市場が均衡のとき，利子率が上昇すると国民所得はどうなりますか。
- 貨幣需要の利子弾力性と LM 曲線の形状との関係を考えてみよう。
- IS–LM 均衡のとき，政府支出を増加の効果を考えてみよう。
- クラウディング・アウトについて考えてみよう。
- 投資の利子弾力性がゼロのときの財政政策の効果を考えてみよう。
- 貨幣需要の利子弾力性が無限のとき，金融政策の効果はどうなりますか。

財政と金融 12

　本章では，財政と金融との関係を学んでいきます。ただし，ここでの金融という語句は幅広い意味で用います。物価，利子率，為替といった経済変数の他に民間金融，公的金融，年金基金，金融政策を含みます。近年では，金融危機に対する財政政策（公的資金注入）も注目されます。

レッスン
- 12.1　物価と財政政策
- 12.2　財政と金融政策
- 12.3　財政と資金調達，経常収支
- 12.4　財政と金融

レッスン 12.1 物価と財政政策

AD-AS 分析：総需要曲線

　財政政策が物価に与える影響は，総需要（Aggregate Demand）―総供給（Aggregate Supply）分析（以下 AD-AS 分析）からみることができます。AD-AS 分析は供給に着目する分析手法で，労働市場も分析対象となります。

　総需要曲線は，国全体の需要（支出）を示したものです。総需要曲線は物価水準 P を縦軸，総需要の量（国民所得 Y）を横軸にとると図 12.1 で示されるような右下がりの曲線となります。右下がりとなる理由の一つは，第 11 章で示した IS-LM 分析から説明することができます。投資 I を通じた物価水準 P と国民所得 Y の関係をみてみましょう。もし，物価水準 P が上昇した場合，マネーサプライ M を一定としたならば，実質マネーサプライ M/P は減少します。その結果，貨幣市場 LM では利子率 i が上昇し，財市場 IS では投資 I が減少して国民所得 Y が減少します。

　もう一つは，消費の実質資産効果あるいはピグー効果と呼ばれるものです。家計が資産 W を保有しているとすると，その実質価値は W/P となります。物価が変化すると，保有している資産 W の実質価値が変化します。これは貨幣についても同じです。物価が下がって実質資産価値が増加すれば消費は増加し，逆に物価が上昇して実質資産価値が目減りすれば消費は減少すると考えます。

AD-AS 分析：総供給曲線

　総供給曲線は，生産能力と生産費用からとらえます。生産が労働のみに依存する生産技術を仮定し，生産量を Y とし，労働量を L とすると，労働量 L と生産量 Y の関係は図 12.2 のように描かれます。

　この生産技術は，「$Y = F(L)$」のようなマクロ生産関数で表現されます。図 12.2 にあるように，通常，限界生産性が逓減すると考えます。生産量 Y は労働量 L が増えればいつでも増加しますが，労働量 L が大きくなるほどその増え方は小さくなっていきます。

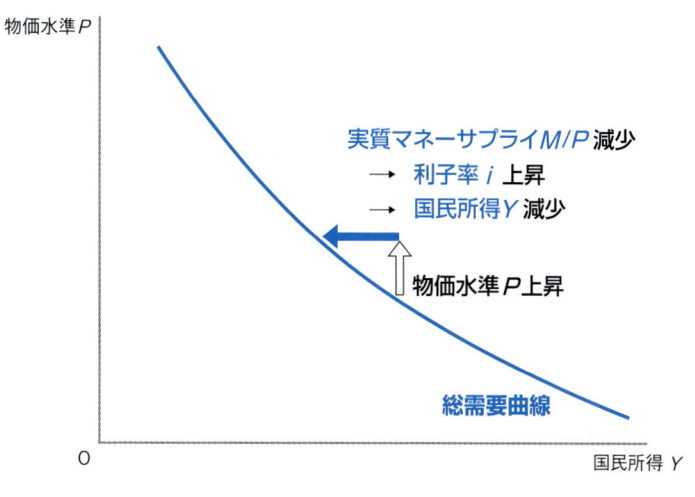

図12.1 総需要曲線

物価水準 P

実質マネーサプライ M/P 減少
→ 利子率 i 上昇
→ 国民所得 Y 減少

物価水準 P 上昇

総需要曲線

国民所得 Y

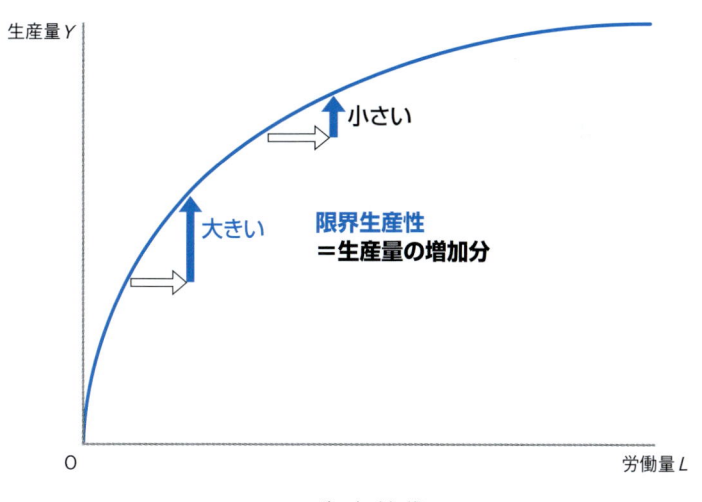

図12.2 生産技術

生産量 Y

小さい

大きい

限界生産性
＝生産量の増加分

労働量 L

労働量が決まると生産量も生産技術に応じて決まるので、次に労働市場、および物価水準 P と労働量 L の関係を考えます。

労働市場と物価

労働市場では、企業の労働需要と労働者の労働供給が一致するところで、労働量と実質賃金（＝名目賃金 W/物価水準 P）が決まります。

では、物価が変化するとこの均衡点はどうなるでしょうか。これには2つのとらえ方があります。図12.3は労働市場を描いたものです。この図で物価水準が P から P' へ低下したときの効果を考えてみましょう。最初の均衡では均衡実質賃金 W^*/P と均衡雇用量 L^* が実現しています。

新古典派経済学（第11章コラム11.2参照）の立場では名目賃金 W は伸縮的で、実質賃金が均衡で定まります。名目賃金 W が伸縮的な場合、物価水準が P から P' へ低下したとしても名目賃金の調整で実質賃金 W/P は変化しません。労働量 L も完全雇用水準 L^* で変化せず、生産量 Y も完全雇用水準 Y^* で変化しません。したがって、図12.4で描かれるように、新古典派経済学では総供給曲線が垂直で常に完全雇用水準の国民所得 $Y(L^*)$ が達成されます。

一方で、ケインズ経済学では名目賃金 W が下方硬直的（非自発的失業があるのもかかわらず賃金がある水準まで低下するとそれよりも下がりにくい）と考えます。一般に給与は名目ベースで支給されるため、物価の変化に応じて、すぐに柔軟には変化しないからです（この他にもいくつかの理由が考えられます）。

名目賃金 W が下方硬直的な場合、P が低下すると実質賃金は W^*/P' へ上昇し、労働量は L から L' へと減少します。このとき、生産量は $Y(L')$ となり、完全雇用水準の生産量 $Y(L^*)$ よりも小さくなります。ケインズ経済学では物価水準 P と生産量 Y が正の関係をもち、総供給曲線は右上がりの曲線となります。

新古典派経済学とAD-AS分析

新古典派経済学の立場では、財政政策には効果がありません。マクロ経済での均衡状態は、図12.5では総需要曲線と垂直な総供給曲線とが交わる点となります。総供給曲線が垂直なため、均衡の生産量が完全雇用水準の生産量 Y

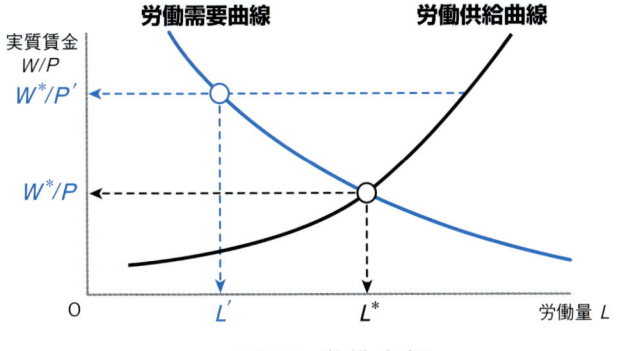

図12.3　労働市場

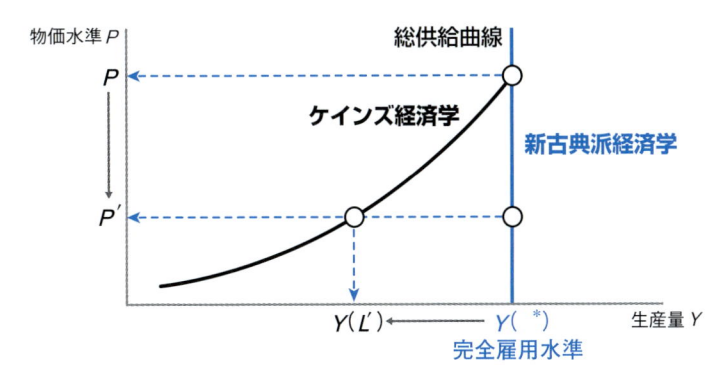

図12.4　総供給曲線

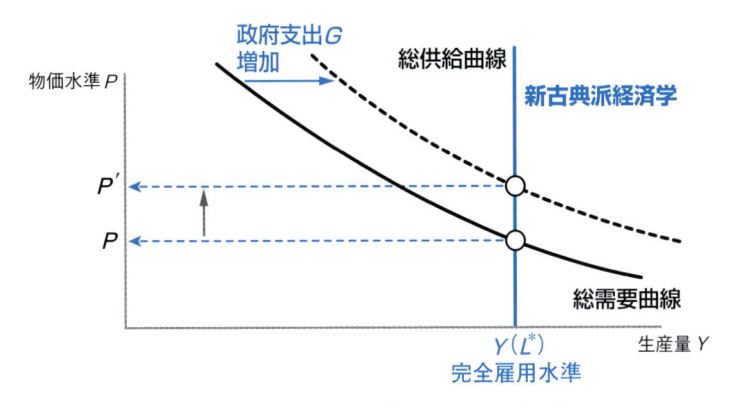

図12.5　新古典派経済学における財政政策

12.1　物価と財政政策

（L^*）と同じになります。

同じく図 12.5 にあるように，政府が拡張的な財政政策によって総需要曲線を右上へシフトさせたとしても，物価が上昇するだけで国民所得は均衡点以上には増加しません。そのため新古典派経済学では拡張的な財政政策は無効と考えます。

ケインズ経済学

名目賃金 W が下方硬直的なケース（ケインズ経済学）では，財政政策は国民所得 Y を増加させる効果があります。

図 12.6 にあるように，まず，完全雇用水準よりも低い生産量での均衡が達成されているとします。このとき，均衡生産量 $Y(L)$ と完全雇用水準生産量との差は，労働市場で非自発的失業が生じていることを意味しています。

このときの財政政策の効果を考えてみましょう。政府支出 G を増加させた場合，図 12.6 にあるように総需要曲線が右上へシフトし生産量は物価の上昇を伴って増加します（$Y(L')$）。したがって，ケインズ経済学では失業対策としての公共事業などの財政政策が有効だと考えます。

なお，ケインズ経済学でも完全雇用水準を超えて国民所得 Y を増加させることはできません。

総供給曲線の傾きと政策効果

政策的に重要なポイントは，財政政策の有効性は総供給曲線の傾きに依存するということです。例えば，図 12.7 のように総供給曲線の傾きが水平に近くなる場合，財政政策の効果はより強くなります。

総供給曲線が水平に近くなる理由は，一つは名目賃金 W の硬直性が強い場合ですが，もう一つ，企業の労働需要が実質賃金に対して弾力的な場合が考えられます（図 12.8 では縦軸に実質賃金をとっているので，労働需要曲線の傾きの絶対値が小さいとき，労働需要の賃金弾力性は逆に大きくなります）。

図 12.8 にあるように，労働需要が弾力的な場合は，実質賃金 W/P の上昇に対して企業がより大きく労働需要を減少させます。企業の労働需要は実質賃金 W/P と労働の生産性が等しくなるところで決まりますから，限界生産性が一定で小さい場合ともいえます。例えば，資本で代替できるような産業が経済に

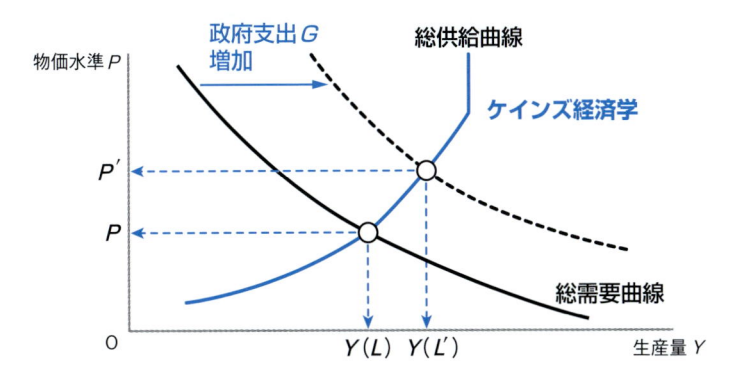

図12.6 ケインズ経済学における財政政策

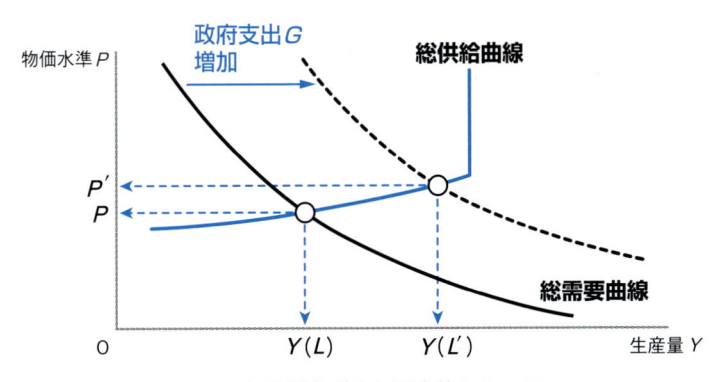

図12.7 名目賃金がより硬直的なケース

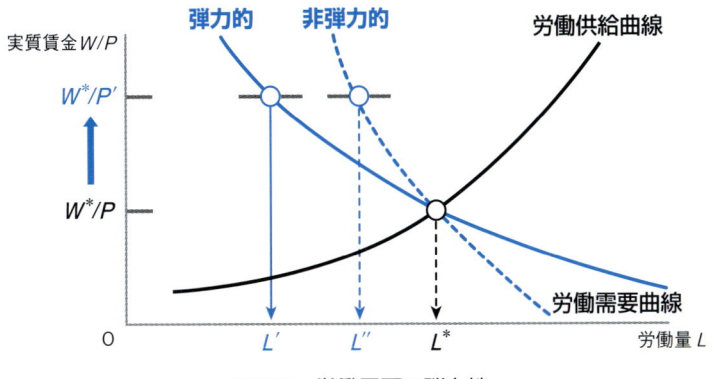

図12.8 労働需要の弾力性

12.1 物価と財政政策

多く存在する場合にはより水平に近くなります。

　経済政策の効果を分析するときには，経済がどのような状態にあるのか，例えば投資Iや貨幣が利子率iにどの程度反応するのか，労働市場で賃金が物価にどの程度反応するのかといったことを考慮する必要があります。「〜分析によると財政政策には効果がある」との主張は一面的な指摘です。様々な経済状態を踏まえた経済政策の効果を考える必要があります。

レッスン 12.2　財政と金融政策

国債とインフレーション

　第2次世界大戦後，日本経済は物不足によるハイパーインフレーション（hyperinflation）に見舞われました。このとき，1945年〜1950年の5年間で物価は約70倍となりました。

　政府，中央銀行あるいは貨幣への信頼が失われることがインフレーションの一つの要因です。例えば紙幣は，そもそもただの紙にすぎません。通貨として機能するためには物価安定による紙幣への信頼が不可欠です。

　さて，戦後のハイパーインフレーションの原因となったのは，物不足の他に国債の日銀引受けがあります。ところが，日銀引受けは財政法で禁じられています。このとき日銀が引き受けたのは経済復興金融公庫という特定産業重点政策のための政府金融機関が発行した復興債でした。

　経済復興金融公庫（のちの日本開発銀行，日本政策投資銀行，2008年民営化）は傾斜生産方式とともに，日本の戦後産業政策の重要な役割を果たしましたが，インフレ抑制の総需要抑制政策（ドッジライン，第9章コラム9.2参照）への転換とともに廃止されました。

インフレ課税と通貨発行益

　もう一つの財政と金融政策の関係として，インフレ課税があります。インフレ課税は，インフレによって国債の実質的な価値が下がることで得られます。国債を保有している人はインフレに伴いその資産が目減りする分の課税が行わ

コラム 12.1　物価の変化

世界大恐慌前の1926（昭和元）年の家計の名目月給は約114円でした（2人以上勤労者世、月平均、矢野恒太記念会（2006）『数字でみる日本の100年』）。戦前はおおむね100円程度でしたが、戦後の1950（昭和25）年には100倍の約1万3,000円になっています。これは、この間に実質的な給与が増加したのではなく、物価が上昇したためです。

表12.1では、内閣府『経済要覧（平成16年版）』（現在は発行されていない）のデータからいくつかの財・サービス価格についての移り変わりをまとめてみました。例えば米は戦前には10kgが2円80銭でした。それが戦後のハイパーインフレーションで990円にまで跳ね上がっています。

けれども、依然として現在の価格と比べて低い価格です。高度成長期に徐々に物価は上昇しますが、大きく変化したのは石油ショックのときです。米は、第1次石油ショック後の1975年に2,990円となり、第2次石油ショックも経た1985年に4,788円となっています。

その後は、その他の財・サービスをみても現在の価格とそれほど大きな違いはありません。1980年代半ば以降は価格の感覚はあまり変化していないといえるでしょう（ただし、米の価格は食糧管理制度で管理されていたことに留意してください）。

表12.1　価格の変化

年	その頃の出来事	米(10kg)	米の平均変化率(年)	鶏卵(1kg)	牛肉(100g)
1938年	第2次世界大戦の前年	2円80銭		82銭	26銭
1950年	朝鮮戦争勃発	990円	48.9%	248円	32円
1970年	万国博覧会	1860円	3.2%	227円	137円
1975年	第1次石油ショックの翌年	2990円	9.5%	367円	271円
1985年	急激な円高	4788円	4.7%	350円	351円
1989年	消費税実施	4898円	0.6%	277円	365円
1997年	消費税率の改定	4489円	−0.7%	312円	410円

年		ビール大瓶(1本)	電話基本料金(年額)	郵便料金(手紙)	理髪料金(1回)
1938年		38銭	45円	4銭	40銭
1950年		130円	3600円	8円	59円
1970年		132円	10800円	15円	555円
1975年		171円	16200円	20円	1430円
1985年		310円	21600円	60円	2603円
1989年		303円	21600円	62円	2905円
1997年		333円	23880円	80円	3577円

(出所)　内閣府『経済要覧（平成16年版）』より作成。原資料は、内閣府国民生活局「国民生活白書」「物価レポート」、総務省「小売物価統計調査報告」、日本銀行「東京小売物価指数」、大川一司ら「長期経済統計(8)物価」および朝日新聞社「値段の風俗史」など。

れたことになります。

　同様の効果として通貨発行益（シニョリッジ；seigniorage）があります。政府が発行した国債を，中央銀行がそのまま引き受けるのは，中央銀行を含めた政府でみると貨幣を鋳造し，その貨幣を自らの財源とすることと同じです。

　ただし，中央銀行が引受けではなく，市中から国債を購入して通貨を発行した場合（買いオペレーション）は，通貨は日銀を含めた政府のネット（純計）で負債となるので，そのまますべてが通貨発行益となるわけではありません。

中央銀行の独立性

　1998年の日本銀行法の改正では，日銀の独立性が明確化されました。中央銀行の独立性が重要視されるのは，政府のインフレ・バイアスを排除するためです。

　物価が上昇すると失業率が低下する関係を図示したものを物価版フィリップス曲線といいます（図12.9）。ケインズ経済学の考え方を採用すると，政府支出の増大は国民所得を増大させ，かつ，物価上昇率を上昇させます。このときには失業率も低下し，失業率と物価上昇率には負の相関があることになります。

　もし政府が，政治的に失業率を下げたいがためにインフレ率を高めるような金融政策をとるよう中央銀行に圧力をかけることがあれば，中央銀行は本来の目的である物価安定を達成することができません。通常，政府は物価よりも失業率を重視します。失業率対策を重視するとインフレが生じるので，政府の政策はインフレよりの傾向（インフレ・バイアス）をもっていることになります。金利やマネーサプライの調整によって物価の安定を主な目的する中央銀行にとって，このようなバイアスからの独立性が必要となるのです。

財政と国際金融政策

　対外政策でも，財政政策と金融政策とは密接な関係が存在します。例えば，円高が急激に進行した場合，財務省は円高対策として円売りドル買いの為替介入政策を行う場合があります。この場合，買ったドルは米国の公債などのドル建て債券を購入して外国為替資金特別会計での資産となります。円売りのための円は，政府短期証券を発行して資金を調達します。

　逆に円安の場合に為替介入する場合には，外国為替資金特別会計のドル建

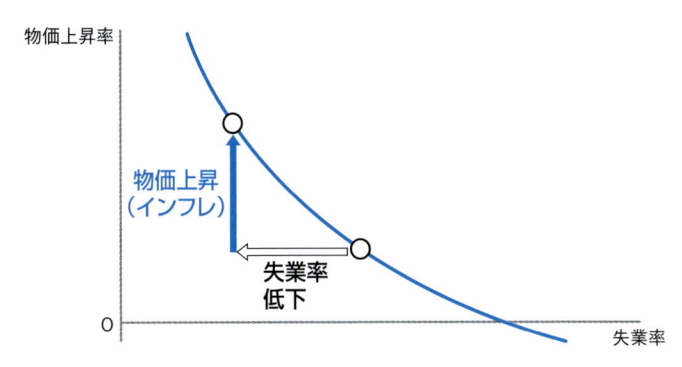

図12.9　物価版フィリップス曲線

> **コラム 12.2　非不胎化政策**
>
> 　2003年5月〜2004年3月にかけて，財務省は30兆円規模の大規模な為替介入を行いました。円ドル為替レートは2003年4月に1ドル＝約120円でしたが2004年1月には106円にまで円高が進んでいました。対して，日本銀行はデフレ対策として一部，非不胎化を行いました。非不胎化はマネーサプライを増加させる効果があります。図12.10にあるようにこの時期の為替介入に対して，日本銀行の買いオペレーション（短期国債）額は前後での変化は通常の月次変化以外にはほとんどみられず，非不胎化政策が行われたことが示唆されます。
>
> 図12.10　非不胎化政策
>
> （出所）　財務省『外国為替平衡操作の実施状況』，日本銀行『日銀当座預金増減要因と金融調節』。

12.2　財政と金融政策

債券を売却してドルを売ります。政府の方針は円高のときに円を売り円安のときに円を買う，すなわち「高く売り，安く買う」が基本のため，効果的な為替介入はそれだけで政府部門に収益をもたらします。

ここで，例えば，円安対策時に円買いの資金調達のために政府短期証券を償還したとします。そのままでは政府に貨幣が吸い取られて金融市場が切迫し金利が上昇してしまいます。そこで，日本銀行は不胎化政策と呼ばれる買いオペを行い，債券を買って貨幣の供給量を増加します。ちょうど政府短期証券が償還されたのと等しいだけ買いオペにより需給変化は相殺されます。

レッスン 12.3 財政と資金調達，経常収支

債券市場

財政収支が赤字となる場合，政府は市場から借入れを行いそのファイナンスをする必要があります。ここでは資金調達における政府の役割について，経常収支という視点から考えていきます。

政府の資金調達にかかわる債券市場を確認しておきましょう。政府の資金調達は，国内の家計または企業の貯蓄からか，海外から行われます。その調達は，債券を発行するのが主な方法です。債券（bond）はあらかじめ利子率や満期が定まっている点が，配当が変化する株式（equity）と異なります。

政府が発行する債券として国債や地方債があります（第4章と第5章も参照）。また，政府関係機関が発行する債券で政府保証がつくものを政府保証債といいます。政府保証がつかない財投機関債もあります。ちなみに民間企業が発行する債券は社債と呼ばれ，金融機関が発行する債券は金融債と呼ばれます。

国債には，満期が6カ月や1年の短期債，2年から5年の中期債，10年の長期債などがあります。短期債は割引債で，額面を下回る額で発行されたものが満期時に額面で償還されます。他の中期債，長期債は利付債で，利子が半年に一度支払われます。その他にもインフレ率などに連動して利子率が変動する変動債があります。

ある国債の価値は，その利子率で測られます。主な指標として，発行量が多

コラム 12.3　内国債と破綻危機

　日本の国債は，国内で起債される内国債です。そのため，円建てで借入れが行われています。例えば，日本人がこれをすべて保有している場合は，日本という国単位でみた場合に借入れと貸出しはバランスして，その差がゼロとなります。多額の債務にもかかわらず日本政府が破綻しない理由として，内国債であることをあげる人もいます。

　ある国の政府が対外債務を保有していると，為替レートによっては債務負担が急激に増加する場合があります。1997年のアジア通貨危機はタイを発端として，インドネシアや韓国などへ波及しましたが，これらの国のほとんどはそれまで財政収支が黒字でした。しかしながら，通貨が下落するとドル換算での負担は変動しなくても，自国通貨建てでは増加します。タイバーツの価値はおおよそ半減したので，対外債務の負担は倍増しました。

　さて，1990年代，アジアの他，メキシコ危機など，資本の急激な流出による通貨危機が多く生じました。政府の債務破綻以前に，国の経済破綻が生じます。アジア通貨危機ではIMFは融資条件（コンディショナリティ）として緊縮財政を各国に課しましたが，これは危機の本質への対処ではなく，むしろ経済危機を深めたと批判する人もいます。21世紀型経済危機に財政がどのように対処するのかは，現在でも残された政策課題です。

コラム 12.4　期待値（予想値）と金融政策

　フィリップス曲線で示されるように，生産量とインフレ率にはトレード・オフの関係があります。ここで重要なのは，インフレ率実際値よりも期待値（予想値）です。合理的期待仮説に基づくと，人々は手に入るすべての情報をもとに将来のインフレ率を予想します。いい換えると，中央銀行が何らかのインフレ目標を設定したとしても，それが過去の経験と照らして信頼できないならば，期待インフレ率は変化しないことを意味します。

　例えば，中央銀行が低いインフレ目標をアナウンスしたとすると，1度目には人々の期待インフレ率が下がります。このとき，政府が拡張的政策を行えば，低いインフレ率で低い失業率を達成できます。

　しかしながら，2度目には人々はすでにこの政府の行動を織り込むため，同様の政策はとれません。それどころか，人々は中央銀行のアナウンスを信用しないため，金融政策の実効性がなくなってしまいます。

　このように，中央銀行が人々の期待インフレ率を事後的に考慮して金融政策を行うと，事前に望ましいインフレ率よりも高いインフレ率が実現してしまいます。このことを時間的非整合性（time inconsistency）といいます。

　時間非整合性による経済厚生の低下を防ぐ方法の一つは，金融政策をルール化することです。特に，期待インフレ率に働きかける必要があります。このような考え方をもとに，英国やニュージーランドなどは，インフレ率を数％に抑える目標を置くインフレーション・ターゲティングを導入しました。

い **10 年国債**の**新規発行利子率**があります。新規発行国債を扱う**国債発行市場**の他にも，すでに発行された国債の売買を行う**国債流通市場**があります。国債流通市場で取引される国債の利子率はその時点の市場価格によって変化します。

注意点は，**国債の市場価格は安い場合には利子率が高く，高い場合には利子率が低い**ことです。たとえば 2 年後に 100 万円で償還される表面利率 2％の国債は，価格が 98 万円のときには利回り 3.16％ですが，95 万円のときには利回り 4.74％になります。すなわち利子率は購入価格に反比例するのです。

財政収支と経常収支：IS バランス

政府の資金調達は，国内もしくは海外から行われます。資金は，経済全体でみればちょうど過不足ゼロとなるはずですが，これを **IS バランス**あるいは**マクロ・バランス論**といいます。統計上は，部門別の**純貸出し／純借入れ**といいます。

C を民間消費，I を民間投資，G を政府支出，I_g を政府投資，X を輸出，M を輸入とすると，国内総支出 Y_d は以下のように定義されます。

$$Y_d = C + I + (G + I_g) + X - M$$

次に，国内総所得を Y とし，貯蓄を S すると，所得から民間と政府の消費 $(C+G)$ を差し引いたものが貯蓄 S（$=Y-(C+G_c)$）となります。民間の貯蓄を S とし，政府の貯蓄を切り離して S_g とおき，まとめると，

$$(S-I) \quad + \quad (S_g - I_g) \quad = \quad X - M$$

　民間部門貯蓄超過　　政府財政収支　　　経常収支

となり，**IS バランス**（貯蓄・投資バランス）が得られます。例えば，貯蓄が投資を上回る場合には，海外へ資金が流出していることを意味します。そのため，**経常収支は対外資産ストックの増加または減少に等しくなります**。

ただし，この式は事後的な均等関係を示しているにとどまります。例えば，米国では**双子の赤字**（財政収支と経常収支の赤字）が問題となることがありますが，財政収支と経常収支の動きは必ずしも連動していません（**コラム 12.5**）。貯蓄（あるいは消費）と投資は様々な要因から決まるからです。

コラム 12.5　日本と米国の経常収支・財政収支

図 12.11 は米国と日本について，それぞれ経常収支と財政収支の対 GDP 比の動きをみています。まず，米国をみると，1980 年代は双子の赤字と呼ばれる双方の赤字化が確認できます。2000 年前後では財政収支が黒字化していますが，経常収支は依然として赤字のままです。それ以降は再び双子の赤字状態となり，さらに，家計部門の赤字と合わせて三つ子の赤字とも呼ばれる状態になりました。

一方で日本は，1990 年代に財政収支は急速に赤字化しますが，経常収支は黒字のままでさらに拡大しています。

この背景は 2 つあり，一つは家計部門が貯蓄超過のままであることです。さらに海外からの所得である所得収支黒字が増加しています。もう一つは，民間企業の投資の減少です。不良債権問題を抱えた企業は投資を抑え，借入れの返済を進めました。この返済は IS バランス上，貯蓄を意味します。

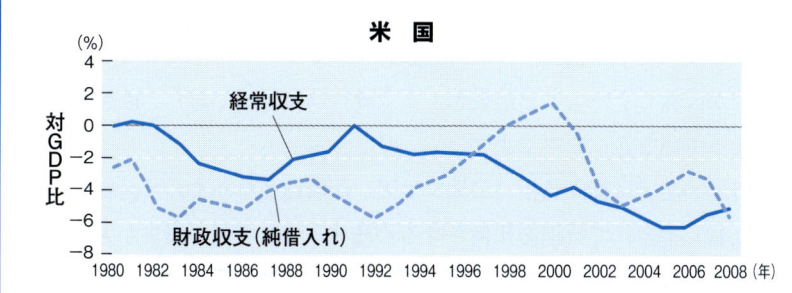

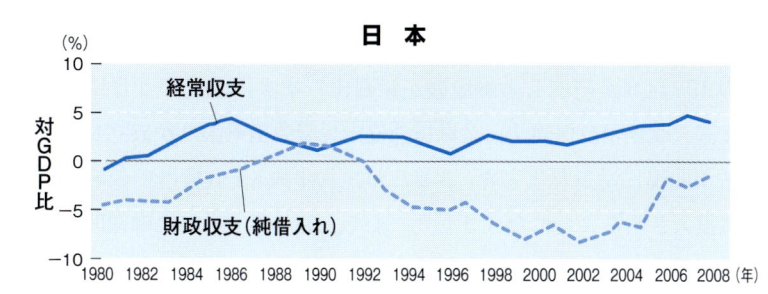

図 12.11　財政収支と経常収支の対GDP比の推移（日米比較）
（出所）　OECD *Economic Outlook* No83より作成。

レッスン 12.4 財政と金融

財政と金融危機

　ここでは，1990 年代における日本の金融危機と財政の関係について学びます。

　かつては，金融における財政の役割は大きなものでした。金融行政を担当していたのは，財政も担当する大蔵省（現在の財務省）です。国の第 2 の予算とも呼ばれた財政融資制度においては，（旧）大蔵省資金運用部がその運用を行っていました。財政融資制度は（旧）郵便貯金の運用ですから，大蔵省そのものが公的金融機関であったともいえるのです。

　さて，1995 年にノンバンクの住専（住宅金融専門会社）処理問題が生じます。このとき，6,850 億円の公的資金が投入されることになりましたが，民間金融機関の破綻処理のために税金を投入することに対して，世論は反発しました。

　この頃まで，日本の金融は（旧）大蔵省による護送船団方式とも呼ばれる，金融機関が破綻しないことを前提とする金融行政を行っており，破綻処理の方法が定まっていなかったのです。

　住専処理問題では損失負担（ロスシェア）が問題となりました。融資残高に比例した貸し手責任で負担を比例させると農林系金融機関の損失が大きくなってしまうため，母体行責任という形で設立母体の銀行が約 3 兆 5,000 億円を負担しました。一方の農林系金融機関の負担は約 5,000 億円でした。

　その後，1997 年 11 月に都市銀行の一つであった北海道拓殖銀行と，大手証券会社の山一證券が破綻し金融危機が深刻化します。1998 年 2 月に金融機能安定化 2 法（改正預金保険法，金融機能安定化緊急措置法）が成立し，破綻処理の方法が明確に示されました。3 月には，約 1 兆 8,156 億円の公的資金が金融機関に投入されることになりました。また，1998 年 6 月に金融機関の検査・監督を専門に行う金融監督庁（現在の金融庁）が発足し，財政と金融行政が分離されることになります。1999 年には早期健全化法に基づき，大手 32 銀行に約 7 兆 4,592 億円の予防的公的資金が投入され自己資本が強化されました。

コラム 12.6　2008 年リーマン・ショックと公的資金

　2008 年 9 月 15 日に，米国の大手証券会社リーマン・ブラザーズが破綻し，世界金融市場は大きく混乱しました。一方，米国政府はその翌日の 9 月 16 日に米国最大の保険会社 AIG（American International Group）に対しては，850 億ドル（約 9 兆円）の公的資金投入（貸出し）を決めました。規模の大きい AIG の破綻が金融市場に与える影響を考慮してのことと考えられます。AIG は米国財務省，または連邦準備制度理事会（米国の中央銀行）の管理下に置かれることになりました。

　さらに，政府は約 7,000 億ドル（約 75 兆円）規模の公的資金注入を直ちに発表しますが，これははじめ議会（下院）で否決されるという事態になりました。修正案は可決されますが，金融危機は収まらず，ヨーロッパ，アジア各国へ影響は波及していきました。

　これらの出来事は，1997 年以降の日本の金融危機を思わせます。1997 年 11 月に北海道拓殖銀行と山一証券が破綻しましたが，1998 年に日本長期信用銀行は約 7 兆 8,000 億円の公的資金注入を受け国有化されました。この時期，その他の金融機関へも合計で約 9 兆 3,000 億円規模の公的資金注入が行われています。日本ではその後も金融不安が続き，例えば 2003 年にも，りそな銀行への約 2 兆円の公的資金注入と国有化がなされました（図 12.12）。

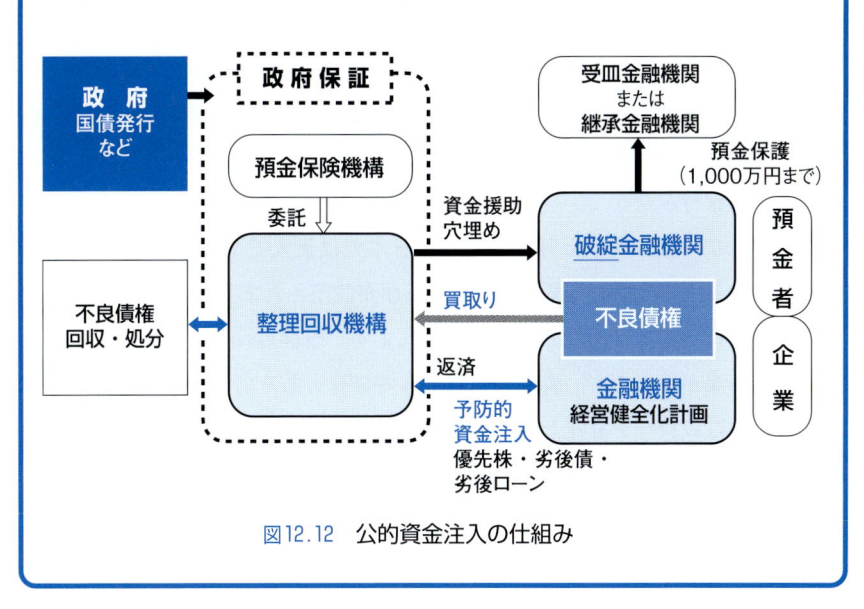

図12.12　公的資金注入の仕組み

公的資金

　金融危機が生じた場合の対応として，金融機関への公的資金注入という方法があります。日本では，1990年代の不良債権問題解決のためにこの手法がとられ，2008年以降の世界金融危機では米国や英国などが大規模な公的資金注入を行いました。以下では，日本の場合を例にその仕組みを学びます。

　公的資金注入には，破綻銀行への資金注入と予防的注入があります。破綻した場合に預金者は，金融機関ごとに1人1,000万円までの預金が預金保険機構（政府・日銀・民間金融機関が出資した認可法人）により保護（ペイオフ）されます。このときに破綻金融機関が支払えない額の資金援助が行われます。破綻銀行が超過債務の場合は，その債務超過の穴埋めも公的資金で行われます。

　破綻銀行が抱えていた資産（不良債権）は預金保険機構からの委託により整理回収機構（RCC；Resolution and Collection Corporation）が買い取ります。

　整理回収機構は，預金保険機構100％出資の株式会社で，1996年設立の住宅金融債権管理機構（住管機構）と整理回収銀行が合併して1999年に設立されたものです。整理回収機構が買い取った不良債権の資産回収業務を行います。

　さて，予防的な公的資金注入の場合は，不良債権の買取りの他に，銀行発行の株式（優先株式）の買取り，劣後債買入れ，劣後ローンなどで金融機関へ資金を注入します。劣後債権・劣後ローンは，破綻時の返済順位が一般債券・ローンよりも低いかわりに金利が高いものです。優先株式は配当や残余資産を優先的に受けられるものです。公的資金投入時に，金融機関はこれらの資金返済のための経営健全化計画を作成します。

　整理回収銀行が行う公的資金注入には政府保証がつきます。この政府保証の大きさが公的資金の規模と呼ばれます。日本では最大で70兆円程度になり，2008年の米国では75兆円規模の政府保証額が設定されました。

　公的資金は，通常は国債で資金調達されます。破綻銀行への資金注入分は財政負担につながりますが，資金を回収できる場合もあるので，公的資金の規模がそのまま財政負担を意味していません。日本では，2007年時点で70％程度が回収されました。

公的資金の運用

　2007年からのサブプライム・ショックで，米国のシティ・グループに融資し

コラム 12.7　財金分離と日銀総裁人事

　2008年の日本銀行総裁任期切れに伴う総裁任命人事では，財金分離が争点となり，野党が多数を占める参議院において財務省出身者の総裁案，経済財政諮問会議委員の副総裁候補案が否決される結果となりました。

　国会の決定ですので，その賛否についてはここで議論はしませんが，その議論の過程で，日銀の独立性と財金分離を混同していたのは気になります。財金分離の「金」は，日本銀行ではなく金融庁（内閣府の外局）を指します。金融庁が発足した背景には，金融の護送船団方式に対して，金融行政を担当する財務省（大蔵省）の権限が強くなりすぎたことがあげられます。

　財金分離を日銀の独立性と解釈したとしても，この場合に対象となるのは財務省ではなく政治または内閣です。財務省出身者がインフレ・バイアスをもっているとはいえません。したがって，財務省出身者と日銀出身者がたすきがけで総裁となるような，財務省と日銀の関係が問題視され，政治的な駆引きも加わったということでしょう。

　候補者の出自は日銀の目的（物価や金融市場の安定）を柔軟に達成できるかどうかを判断するための一つの情報にすぎません。最終的な判断は，さまざまな情報と候補者の政策方針に基づくべきでしょう。それを可能にするのはやはり国民の目以外にありえず，皆さんが本書などで学ぶことも重要な意味をもつのです。

たアラブ首長国連邦のアブダビ投資庁や中国の中国投資有限責任公司など，政府系投資ファンド（SWF；Sovereign Wealth Fund）が注目を集めました。それを機に日本でも政府系投資ファンドの設立，特に公的年金積立金による運用が議論されています。

ここでは公的資金の運用について考えてみましょう。例えば，日本の公的年金積立金は約150兆円と非常に大きな規模ですが，その運用は国内債券を中心としており収益は限られています。

2004年の年金法改正では，それまでの年金資金運用基金にかわって，年金積立金管理運用独立行政法人（government pension investment fund）という独立性，専門性の高い運用組織を設置しました。ここで中期計画に基づいた運用管理が行われています。

ただし，運用のうち株式運用や外貨建て資産の運用のほとんどは民間委託です。2004年度末の委託運用資産時価は信託銀行10行（33ファンド）で約39兆3,000億円，投資顧問30社（46ファンド）で約13兆8,000億円となっています（厚生労働省ウェブページ資料より）。自家運用も国内債券に限り行っていますが，同年度末で約5兆5,000億円程度にすぎません。

公的資金の運用では，リスクが問題となります。リスクを回避して運用益をあきらめるのと，リスクを許容して運用益を求めるのとどちらが望ましいでしょうか。リスク管理の視点からはリスク分散も重要です。

コラム 12.8　公的資金運用の議論

　2008年5月の経済財政諮問会議では「厚生年金・国民年金の積立金運用」について議論されました。厚生労働大臣提出資料では，公的年金積立金がリスクを取ることへの疑問が述べられています。赤字になった場合に責任を取ることができないということです。

　対して民間議員の提出書では，そもそも年金積立金管理運用独立行政法人の運用管理でのリスク分散が不十分であり，受託者責任も明確でないと指摘されています。独立性と自由度を高めることで効率化し，また専門性を高めることでリスクを許容範囲内に収めることが可能だといいます。

　2003年度から2006年度の年金平均運用実績は3.61％（厚生労働大臣提出資料）です。仮に150兆円全額を運用し，現在の倍程度の7％で運用できたとすると，運用収入は約10兆5,000億円となります。これは消費税5％に匹敵する規模（2007度予算で約10兆6,000億円）です。

考えてみよう

- AD-AS 分析ではどの市場を分析しますか。
- 垂直な総供給曲線が描かれるのはどのようなときですか。このとき，物価はどのように決まりますか。
- 拡張的な財政政策の効果があるのは，どのような総供給曲線のときですか。
- インフレ課税について考えてみよう。
- 国債発行がインフレの原因となる理由を考えてみよう。
- なぜ中央銀行の独立性が必要と考えますか。
- 為替介入における不胎化政策とは何ですか。
- 財政収支と経常収支の双子の赤字について考えてみよう。
- 金融危機における公的資金注入はなぜ必要か考えてみよう。
- 年金積立金などの公的資金の運用について考えてみよう。

文献案内

1. 本文で参照した古典的文献（出版年順）

邦訳書があるものは括弧内で示しました．書店では入手できないものも含まれますが，図書館などで参照可能と思います．

［ケネー］Francois Quesnay（1759）*Tableau Économique*.（平田清明・井上泰夫（訳）（1990）『ケネー経済表　原表第 3 版所収版』岩波書店）

［アダム・スミス］Adam Smith（1776）*An Inquiry into the Nature and Causes of the Wealth of Nations*.（山岡洋一（訳）（2007）『国富論――国の豊かさの本質と原因についての研究』上・下　日本経済新聞出版社）

［リカード］David Ricardo（1817）*The Principles of Political Economy and Taxation*.（羽鳥卓也・吉澤芳樹（訳）（1987）『経済学および課税の原理』上・下　岩波書店）

［ラムゼイ］Frank P. Ramsey（1927）"A Contribution Theory of Taxation", *Economic Journal* 37, pp.47-61.

［ピグー］Arther C. Pigou（1912）*Wealth and Welfare*, Macmillan.

［リンダール］Erik R. Lindahl（1919）*Die Gerechtigkeit der Besteuerung*.（ドイツ語）（*Just Taxation: A Positive Solution*.（英語訳，1958））

［ケインズ］John Maynard Keynes（1936）*The General Theory of Employment, Interest, and Money*, Macmillan.（間宮陽介（訳）（2008）『雇用・利子および貨幣の一般理論』上・下岩波書店）

［サムエルソン］Paul A. Samuelson（1947）*Foundations of Economic Analysis*, Harvard Univ. Press.（都留重人（訳）（1968）『経済学――入門的分析』上・下　岩波書店（第 7 版の訳））

［ラーナー］Abba P. Lerner（1948）"The Burden of the National Debt", *Income, Employment and Public Policy*, W. W. Norton.

［マスグレイブ］Richard A. Musgrave（1959）*The Theory of Public Finance:*

A Study in Public Economy, McGraw-Hill.（大阪大学財政研究会（訳）(1961-62)『財政理論——公共経済の研究』第1～3　有斐閣）

［コース］Ronald H. Coase（1960）"The Problem of Social Cost", *Journal of Law and Economics* 3（1），pp.1-44.

［ボーエン・デービス・コップ］William G. Bowen, Richard G. Davis & David H. Kopf（1960）"The Public Debt：A Burden on Future Generations?" *American Economic Review* 50（4），pp.701-706.

［フリードマン］Milton Friedman（1962）*Capitalism and Freedom*, University of Chicago Press.（村井章子（訳）(2008)『資本主義と自由』日経BP社）

［ニスカネン］William A. Niskanen（1971）*Bureaucracy and Representative Government*, Aldine.

［ロールズ］John Rawls（1971）*A Theory of Justice*, Belknap.（矢島鈞次（訳）(1979)『正義論』紀伊國屋書店）

［オーツ］Wallace E. Oates（1972）*Fiscal Federalism*, Harcourt Brace Jovanovich.（米原淳七郎・岸　昌三・長峯純一（訳）(1997)『地方分権の財政理論』第一法規出版）

［バロー］Robert J. Barro（1974）"Are Government Bonds Net Wealth?" *Journal of Political Economy* 82（6），pp.1095-1117.

［ブキャナン・ワグナー］James M. Buchanan & Richard E. Wagner（1977）*Democracy in Deficit：the Political Legacy of Lord Keynes*, Academic Press.（深沢　実・菊池　威（訳）『赤字財政の政治経済学——ケインズの政治的遺産』文眞堂）

［コトリコフ］Laurence J. Kotlikoff（1992）*Generational Accounting*, The Free Press.（香西　泰（監訳）(1993)『世代の経済学——誰が得をし，誰が損をするのか』日本経済新聞社）

2. 財政関連統計資料

　財政データや財政の仕組みをより詳しく調べるための参考資料です。この他にも財務省や内閣府をはじめとした各公的機関のウェブページで情報が収集できます。

『財政統計』（各年度版），財務省

『図説　日本の財政』（各年度版），東洋経済新報社

『昭和財政史』，財務省財務総合政策研究所財政史室（編），東洋経済新報社

『図説　経済財政データブック』（各年度版），中里　透・参議院予算委員会調査室（編），学陽書房

『財政金融統計月報』（各年度版），財務省

『経済財政白書』（各年度版），内閣府

『国税庁統計年報書』（各年度版），国税庁

『図説　日本の税制』（各年度版），財経詳報社

『国債統計年報』（各年度版），財務省

『地方財政統計年報』，総務省

『地方財政白書』（各年度版），総務省

『図説　地方財政データブック』（各年度版），出井信夫・参議院予算委員会調査室（編），学陽書房

『社会保障統計年報』（各年度版）国立社会保障・人口問題研究所（編），法研

3. 国際比較統計

　国際比較などをするときのための，国際機関による資料です。

国際通貨基金（IMF）*World Economic Outlook*

国際通貨基金（IMF）*Government Finance Statistics*

経済協力開発機構（OECD）*OECD Economic Outlook*

経済協力開発機構（OECD）*OECD Economic Surveys Japan*

索 引

●あ 行

アカウンタビリティ　74
赤字公債　200
赤字国債　82, 200
足による投票　158
アダム・スミス（Adam Smith）　6, 13, 151, 247
新しい古典派経済学　247
安価な政府　151

遺産　78
医師誘発需要　232
一部事務組合等　100
一括固定税　189, 190
一括税　248
一般会計　24, 32, 40, 100
一般均衡分析　157
一般財源　108
　　──化　56, 72
一般歳出　46, 48
一般消費税　68, 178
一般補助金　106
医療制度改革　220
医療保険　232
　　──制度　234
インセンティブ　228
インフレ・バイアス　272
インフレーション　270
　　──・ターゲティング　275
インフレ課税　270
インボイス方式　56

失われた10年　202
運用収入　240

営業余剰　24
益金　62
益税　70

応益原則　174
応能原則　174
大きな政府　10, 11, 216
大蔵省資金運用部　278
オーツ（W. E. Oates）　104
温情主義的　210

●か 行

海外　274
会計検査院　46
会計制度　32
会計年度　16, 38
　　──独立の原則　80
外国債　86
外国税額控除　64
概算要求　42
　　──枠　202
開発勘定　14
外部経済　134
外部性　132, 134
　　正の──　134, 139
　　負の──　134, 136
外部損失　136
外部不経済　134
外部便益　136
価格規制　146
価格弾力性　186
格差　224, 226
　　──社会　66
　　──社会と日本の財政　225

個人間の――　226
　　国家間の――　226
　　世代間の――　226
　　地域間の――　226, 227
撹乱税　190
家計　4
可処分所得　248
課税最低限　60
　　――の設定　58, 59
課税標準　176
課税ベース　176
仮想市場法　164
ガソリン税　72
合併特例債　101
活力　173
株式　274
　　――（優先株式）の買取り　280
貨幣供給　254
貨幣市場　246, 252, 254
貨幣需要　252
　　――の利子弾力性　255, 256, 260
借入金　88
借換債　88
為替介入政策　272
簡易課税制度　70
環境アセスメント　164
環境税の二重の配当　141
環境への事前評価　164
間接税　20, 48, 54, 56
完全競争　128, 132
完全雇用水準の国民所得　266
官民競争入札　214
官僚組織　216

機会費用　250
機関委任事務　106
機関車論　200
企業　4
企業経営の放漫化　206
議事操作　166
期首　18

技術的外部性　134
基準財政収入　114
基準財政需要　112
規制緩和　206, 210, 214
規制の事前評価　207
基礎控除　60
基礎的財政収支　82
基礎年金　238
期待値　275
機能別支出　20
規範的分析　228
規範分析　228
規模の経済性　144
基本方針　42
基本料金　147
義務的経費　116
逆選択　232, 236
逆弾力性命題　194
キャピタル・ゲイン　177
供給　128
　　――曲線　128
共済組合　238
行財政改革　14, 214
教職員の人件費　51
行政改革　216
競争参入　212
京都会議　161
京都議定書　161
共有資源　150
拒否権　164
均一税率の命題　194
銀貨兌換の兌換銀行券　201
均衡財政　200
均衡予算主義　82
金銭的外部性　134
均等割　110, 189
金本位制　201
金融　278
　　――危機　278
　　――政策　270, 275
　　――政策の効果　260

勤労所得　176

クラウディング・アウト効果　256
クラブ財　150
クリームスキミング　210
繰越明許費　38
グローバルスタンダード　16

経営健全化計画　280
景気拡張期　8
景気後退期　8
景気循環　8
経済安定化　4, 246
　——機能　8
経済活動別支出　20
経済協力費　50
経済財政諮問会議　42, 216
経済生産　13
経済成長　179
　——率　94
経済復興金融公庫　201, 270
傾斜生産方式　201, 270
経常勘定　14
経常収支　274, 276
ケインズ（J. M. Keynes）　8, 246
　——型消費関数　248
　——経済学　246, 266, 268
　非——効果　97
決算　48, 80
決算額赤字比率　118, 120
欠損法人（赤字）問題　65
ケネー（F. Quesnay）　13
限界外部損失　138
限界外部便益　136
限界控除制度　70
限界効用　230
　——が逓減　232
限界消費性向　248
限界生産性が逓減　264
限界税率　180
限界代替率　157, 230

限界貯蓄性向　248
限界費用　128
限界費用価格規制　146
限界便益　154
限界変形率　157
減価償却費　63
現金主義　17, 74
　——会計　16, 17
建設国債　82, 200
建設地方債　119
健全財政　200
　——主義　32
源泉地国課税　64
源泉徴収制度　57
源泉分離課税　60
権利設定　142

行動経済学　185
公営事業会計　100
公営住宅　153
公益事業　144
公会計　2
公企業　28
公共サービス　32
公共財　132, 150, 154, 158
　——の最適供給　154
公共事業関係費　48
公共職業安定所　153
公共政策　2
公共選択　164
　——論　164
公共投資　227
好景気　8
公債　78, 86, 88
　——依存度　46, 84, 116
　——金　80
　——金収入　46
　——の中立命題　78
　——費　82
　——費充当一般財源　120
　——費負担率　118

索引　291

交渉　140
恒常所得　176
　　──仮説　176
厚生経済学　228
厚生年金　238
　　──保険料　239
構造改革　10, 204
構造改革特別区域　214
構造的財政収支　95
公的企業　2
公的固定資本形成　34, 36
公的資金　278〜280
　　──運用の議論　283
　　──注入　10, 280
　　──の運用　280
公的総固定資本形成　24
公的に供給される私的財　152, 153
公的年金　236, 239
　　──制度　8, 238, 244
　　──制度改革　220
　　──制度の維持　242
　　──の財政　240
公的扶助　232
高度経済成長期　200
公平性　172, 228
公務員制度改革　216
効用　230
功利主義　228
効率性　12, 173
合理的期待仮説　275
合理的期待形成　247
コース（R. H. Coase）　142
　　──の定理　140, 142, 143
国債　46, 91, 270, 274
　　──整理基金特別会計　14, 88
　　──発行　200
　　──発行市場　276
　　──費　46, 82
　　──流通市場　276
国際基準　16
国際協調　160

国際金融政策　272
国際公共財　160
国税　54
国内純生産　22
国内所得　24
国内総支出　24
国内総生産　20
国民　2
国民皆年金　238
国民皆保険　234
国民勘定体系　22, 26
国民経済計算　20, 22
国民所得　256
国民総所得　22
国民総生産　22
国民年金保険料　239
国民負担率　36, 84
護送船団方式　281
国家公共財　157
国庫支出金　34
国庫短期証券　88
国庫負担　240
　　──割合　239
国庫補助　24
　　──金　106
固定資産税　54, 110
固定費用　6, 130
古典派経済学　247
コトリコフ（L. J. Kotolikoff）　76
個別物品税　54, 68, 178, 184, 188
　　──の帰着　184, 186
コミットメントを遵守する　210
雇用者所得　24
混雑現象　150
懇親会等　217
コンテスタビリティ理論　210

●さ　行

財・サービス市場　128, 246, 248
財貨・サービスの純輸出　24

財金分離　281
債券　274
財市場と貨幣市場の均衡　257
財市場の均衡　250
歳出　18, 48
　性質別——　116
　目的別——　114
歳出・歳入一体改革　218
財政　4, 270, 272, 274, 278
財政赤字　74, 80, 82
　——額　46
財政移転　24
財政運営　90, 202
財政改革　218
財政学　2
財政健全化団体　120
財政構造改革法　202
財政再建　116, 200, 204
　——計画　120
　——団体　120
財政収支　80, 95, 276
財政政策　2, 261, 264
　——の効果　260
財政制度　32
　——審議会　44
財政対策債　119
財政投融資制度　88
財政の3機能　4
財政の課題　204
財政の透明性　74
財政の物価理論　93
財政法　32, 200
財政民主主義　38
財政融資制度　278
財政力指数　114
最大多数の最大幸福　228
最適課税　188
　——問題　192
最適間接税　192, 194
最適所得税　194
最適点　190

最適配分　128
財投機関債　88, 274
財投債　88
歳入　18, 48
債務　18, 74
　——管理　90
財務省　42
財務省原案　44
サッチャー（M. H. Thatcher）　15
サマリア人のジレンマ　209
サムエルソン（P. A. Samuelson）　157
　——の条件　157
サンクコスト　212
参入阻止価格　144
三位一体の改革　51, 218
三面等価　22

シーリング　202
シーリング方式　200
仕送状方式　56
時間軸　74
時間的非整合性　208, 275
事業会計　32
事業者免税点制度　70
事業税　54, 110
資金調達　248, 274
資源配分　4, 246
　——機能　6
　——の効率性　182
　——の効率性を阻害しない　172
事後評価　2
資産　18, 74, 176
資産・負債差額　18, 74
資産課税　66, 178
資産選択　254
事実解明的分析　228
自主財源　120
支出　20
支出税　67, 68, 178
市場　128
市場価格　6, 132

市場化テスト 153, 214
市場均衡 128
市場の失敗 6, 128, 132
市場メカニズム 128
自然独占 6, 144
市町村 100
　——合併 220
　——税 110
　——民税 110
死重損失 130
失業 246
失業率 10, 13
実現性 57
執行 44
実効税率 64
実質貨幣需要 254
実質公債費比率 120
実質資産効果 264
実質収支 118
実質賃金 266
私的限界費用 136
私的限界便益 134
　——曲線 136
私的財 150, 154
私的諮問機関 217
私的年金 236
自動安定化装置 10
ジニ係数 225
シニョリッジ 93, 272
支配戦略 152
資本の限界効率 248
シャウプ（C. S. Shoup） 201
　——勧告 201
社会資本 157
社会的限界費用 136, 138
社会的限界便益 134
　——曲線 136
社会的厚生 224, 228
　——関数 228
社会的需要曲線 154
社会的損失 6, 130, 182

社会的余剰 130, 190
社会保険 232
　——庁 239
　——料 187
社会保障移転 34
社会保障関係費 46, 48
社会保障基金 2, 24
社会保障政策 8
従価税 130
衆議院の優越 44
習熟効果 144
重商主義 13
修正積立方式 238
修正賦課方式 238
住専 278
収入 20
10年国債 276
10年債 86
重農主義 13
自由放任主義 13
住民税 54, 110
重要政策会議 217
従量税 130
従量料金 147
受益 76
受益者負担 224
需給均衡 128
受給権者 240
酒税 48
需要 128
　——曲線 128
　——の価格弾力性 192
　——抑制政策 201
純価値の変化 18
純借入れ 18
循環 166
循環的財政収支 95
準公共財 150
純債務 18
純資産 18, 74
純粋交換経済 230

純粋公共財　150, 151
生涯所得　176
償還　18
条件付多数決ルール　164
少子高齢化　214, 242
乗数効果　260
消費　176
消費課税　68, 176, 178, 179
消費関数　248
消費者余剰　128, 188
消費税　48, 54, 68
情報の非対称性　132, 232, 236
将来負担比率　120
初期投資　6
所得　176
　恒常――　176
　　――仮説　176
　変動――　176
所得格差　225
所得格差拡大　14
所得課税　176
所得効果　128, 190
所得控除　58, 60, 177
　学生のアルバイトの控除　61
所得再分配　4, 224, 246
所得再分配機能　6
所得再分配政策　224
所得税　48, 54, 58, 60
　負の――　224
　分類――　178
所得割　110, 112
ジョブカフェ　153
自律的消費　248
審議会　217
新規国債発行額　88
新規参入企業　132, 144
新規発行利子率　276
新高齢者医療制度　235
新古典派経済学　247, 266
新正統派　78
人頭税　189

垂直的公平　174
垂直的財政力格差　112
水平的公平　174
水平的財政力格差　112
ストック　13, 18, 86
スピルオーバー　106

セイ（J. B. Say）　247
　――の法則　247
税額控除　58
政策関係機関予算　220
政策金融　220
　――改革　220
政策効果　268
政策評価　207
政策マネジメント・サイクル　207
生産財　139
生産者余剰　130, 188
政治経済学　164
性質別歳出　116
税収　20
税制調査会　44
税制の柔軟性　172
正の外部性　134, 139
税の帰着　182, 186
政府　4
政府赤字　4
政府介入　130
政府開発援助　50
政府関係機関予算　26, 32, 40
政府系投資ファンド　282
政府最終消費支出　24, 34, 36
政府財政収支　276
政府債務　94
　――の維持可能性　92
　――の維持可能性条件　92
　――の問題　74
政府支出乗数　258
政府短期証券　88, 272
税負担能力と課税方法　176
政府の失敗　12, 206, 207

索引　295

政府の説明責任　74
政府保証　280
政府予算案　44
政府予算式　92
セーフティ・ネット　232
石油ショック　200, 271
世代会計　76
世代間所得移転　238
世代間の公平性　12
世代間の所得再分配　8
世代間問題　76, 214
世代重複モデル　78
説明責任　16
ゼロ・シーリング　200
全員一致ルール　164
選好顕示の問題　156
戦後の日本財政　200
潜在的国民負担率　36, 86

総供給曲線　264, 266, 268
操業中止点　131
総合課税の原則　58, 59, 176, 177
「総合課税」の例外　177
総産出額　22
総資産　18
総需要　264
　　――曲線　264
　　――抑制政策　270
増税なき財政再建　200
相続税　48, 66, 178
相対価格　232
相対的貧困率　225
増分主義予算　44
贈与　20
贈与税　66
租税　32
租税及び印紙収入　46, 48
租税競争　64
租税原則　172
租税制度　32
租税の公平性　174

租税負担率　34
租税方式　224
ソフトな予算制約問題　208
損益計算書　17
損益分岐点　131, 148
損金　62
損失負担　278

● た　行

第三セクター　100
対GDP比　24, 84
貸借対照表　17, 18, 74
代替効果　128, 190
高橋是清　201
多数決ルール　164
ただ乗り　106, 152
たばこ税　48, 185
短期　131
単純累進課税方式　60, 182
炭素税　140, 141
単年度主義　38
　　――会計　16
単ピーク型選好　166

地域間再分配　8
小さな政府　10, 11, 216
地租　57
地方公営企業　100
地方公共財　104, 156, 157
地方公社　100
地方交付税交付金　34, 46, 106, 112
地方債　86, 102, 106, 119, 274
　　――協議制度　106
　　――許可制度　106
　　――計画　102
　　――残高　116
地方財政計画　26, 102
地方財政収支　116
地方自治法　104
地方譲与税　72, 108

——譲与金　108
地方税　34, 54
　　——減収補塡債　119
地方政府　2, 24, 26, 100, 102
　　——間競争　158
　　——間競争の仮定　159
地方単独事業　118
地方特例交付金　108
地方分権　158
　　——一括法　106, 107
　　——化　218
　　——化定理　104, 158
　　——システム　160
地方法人特別譲与税　112
地方法人特別税　112
中位投票者　168
　　——定理　168
中央銀行の独立性　272
中央集権的システム　158
中央省庁再編　216
中央政府　2, 24
中間投入額　22
中期債　86
中立性　172
超過負担　6, 130, 160, 188, 190, 192
超過利潤　206
超過累進課税方式　60, 182
長期　131
長期債　86
長期平均総費用曲線　144
超均衡予算　201
徴税費用　172
超長期債　86
直接税　20, 48, 54, 56
貯蓄　274
直間比率　56
賃金の下方硬直性　246

通貨発行益　93, 270, 272
積立方式　236

定額部分　240
低経済成長　214
ティブー（C. M. Tiebout）　158
デフレ　261
転嫁　182

動学的に非効率　96
等価性　178
投機的需要　252, 254
投資関数　248
投資財　139
投資乗数　252
投資的経費　86, 116
投資の利子弾力性　251, 252
投資の利潤率　248
道州性　220
当初予算　42, 48
同世代生存リスク保険　236
投票のパラドックス　164, 166
道府県税　110
道府県民税　110
透明性　16
等量消費　150
道路特定財源　56, 70
ドーマーの条件　96
特殊法人　218
　　——改革　218
独占　232
　　——価格　132
　　——企業の弊害　145
　　自然——　6, 144
特定財源　70, 108
特定非営利法人　152
特定補助金　106
特別会計　24, 26, 32, 40, 100
　　——改革　218
特別区　100
特別国債　200
独立行政法人化　212
特例公債　200
特例国債　82

索　引　297

特例法に基づく地方債　119
ドッジ（J. M. Dodge）　201
　　——ライン　201, 270
都道府県　100
富の蓄積　13
取引需要　252
取引費用　142

● な　行

内閣　42
内国債　86, 275
内部化　138, 140
ナショナル・ミニマム　8, 228

ニート　13
2階建て　238
二重課税　177, 180
　　——問題　64
ニスカネン（W. Niskanen）　216
二大政党制　168
日銀総裁人事　281
日銀の独立性　281
日銀引受け　270
二部料金制　147
日本と米国の経常収支・財政収支　277
日本年金機構　239
日本の給与所得分布　229
日本の航空の規制緩和　211
日本の公的扶助と財政支出　233
日本の所得税の特色　59
認可法人　218

年金　12
　　——法改正　239
　　基礎——　238
　　厚生——　238
　　　　——保険料　239
　　国民皆——　234
　　私的——　236
年貢　57

納付率　244

● は　行

ハーベイ・ロードの前提　8
排出権　143
　　——市場　143
　　——取引　143
賠償金　142
排除不可能　132
　　——性　150
ハイパーインフレーション　90, 270
　　戦後の——　271
配分　214
破綻銀行への資金注入　280
発生主義　17, 74
　　——会計　16, 17, 18
バブル崩壊　202
バランス・シート　17, 18, 74
パレート（V. F. D. Pareto）　230
パレート改善　230
パレート効率性基準　230
パレート効率的　232
バロー（R. J. Barro）　78
ハローワーク　153
ハンセン（A. H. Hansen）　78

非競合性　132, 150
ピグー（A. C. Pigou）　138, 228
　　——課税　140
　　——効果　264
　　——補助金　138
非ケインズ効果　97
非公務員　212
非自発的失業　268
非正規雇用　225
非政府組織　152
非中立型財政政策　93
非不胎化政策　273
非ポンジ・ゲーム条件　94
費用曲線　131

費用逓減産業　6, 132, 142, 144
費用便益分析　162
　　——の実際　163
ビルトイン・スタビライザー　10
比例税　180
貧困の固定化　233

フィッシャー方程式　261
付加価値　22
　　——税　56
不確実性　232
賦課方式　236
不換紙幣　201
ブキャナン（J. M. Buchanan Jr.）　12, 209
福祉国家論　10
複数ピーク型選好　168
不景気　8
負債　18, 74
不胎化政策　274
負担　76
普通会計　26, 32, 100
普通建設事業費　110
普通交付税　114
普通税　56
物価　264, 266
　　——の変化　271
物価版フィリップス曲線　272
復興債　270
負の外部性　134, 136
負の所得税　224
部分均衡分析　157, 184
プライマリー・バランス　82
フリー・ライダー問題　152, 160, 235
フリードマン（F. Friedman）　176
振替効果　164
不良債権　280
　　——処理　261
フロー　13, 18, 80
文教及び科学振興費　50
分類所得税　178

ペイオフ　280
平均税率　180
平均費用　144
　　——価格規制　146
平成の市町村大合併　101
平成の大合併　100
ヘドニック・アプローチ　164
ベンサム（J. Bentham）　228
変動債　274
変動所得　176

防衛関係費　50
包括的所得税　176
報酬比例部分　240
法人擬制説　54
法人実在説　54
法人税　48, 54, 62, 64
法人税割　110, 112
ボーエン・デービス・コップ（W. G. Bowen, R. G. Davis, & D. H. Kopf）　78
ポートフォリオ選択　254
保険料　240
保険料方式　224
補償金　142
補助事業　118
補正予算　42, 48
骨太の方針　42, 216
本予算　42

● ま　行

埋蔵金　75
マイナス・シーリング　200
埋没費用　212
マキシミン原理　228
マクロ・バランス理論　276
マクロ経済スライド　239
マクロ経済政策　246
マクロ生産関数　264
マスグレイブ（R. A. Musgrave）　4
松方デフレ　201

松方正義　201
マネーサプライ　254
マネタリズム　247

未実現　177
　　――の利益　178
未納　244
民営化　212, 213
民間最終消費支出　24
民間総固定資本形成　24
民間部門貯蓄超過　276

無差別曲線　190

名目賃金　266

目的税　56
目的別歳出　114
　　――純計決算額　114
モラルハザード　210, 233, 235

● や 行

夜警国家論　10

有効需要　246
　　――の原理　247, 248
郵政民営化　212
歪み　192
　　――のある税　190

予算　2, 16, 38, 46, 80
　　当初――　42, 48
　　本――　42
予算委員会　44
予算規模の極大化　216
予算原則　39
予算制度　32
予算制約線　190
予算折衝　44
予算におけるマネジメント・サイクル　45

予算の形式　39
予算の時間的限定性　38
予算編成権　42
予算編成方針　102
余剰分析　128
予想値　275
欲求の二重の偶然の一致　252
予防的公的資金　278
予防的注入　280
4条債　82

● ら 行

ラーナー（A. P. Lerner）　78
ライフサイクルモデル　178
ラムゼイ（F. R. Ramsey）　194
　　――・ルール　194

リーマン・ショック　279
リカード（D. Ricardo）　78
リカード＝バローの中立命題　78
利子率　76, 94, 256
リスク・プーリング　232
利他的遺産動機　78
利付債　86, 274
利払い　18
　　――費率　84
流動性制約　80
流動性のわな　262
リンダール（E. R. Lindahl）　156
　　――・メカニズム　156
　　――均衡　156

累進所得税体系　58, 59
累進税　56, 182
累進度　180

劣後債　280
劣後ローン　280
レッセフェール　13
連結実質赤字比率　120

連結納税制度　63
レント・シーキング　145

労働市場　264, 266
労働所得税　190
　──と消費課税の等価性　178
労働量　266
ロールズ（J. Rawls）　228
60年償還ルール　88
ロスシェア　278

● わ　行

ワグナー（R. E. Wagner）　12
割引現在価値　76, 77, 92
割引債　86, 274
割引短期国債　88
割引率　76, 164

● 欧　字

AD-AS分析　264, 266

CVM　164
CY　16
DI　24
FY　16
GDE　24
GDP　20
GNI　22
GNP　22
IS-LM分析　246, 256, 261
IS曲線　250
ISバランス　276
LM曲線　254, 256
NDP　22
NGO　152
NPO　152
ODA　50, 226
PDCAサイクル　45, 207
PFI　214
SNA　22, 26
SWF　282
X非効率性　145, 206

著者紹介

釣　雅雄（つり　まさお）

1972年　北海道小樽市生まれ
1997年　高崎経済大学経済学部卒業
2002年　一橋大学大学院経済学研究科博士後期課程単位修得退学
2005年　博士（経済学）（一橋大学）
現　在　岡山大学大学院社会文化科学研究科准教授

主要著書

「少子高齢化と財政収支・経常収支」『少子化の経済分析』（共著，2006年，東洋経済新報社）

「財政」『入門・日本経済　第3版』（第7章）（分担執筆，2006年，有斐閣）

『財政』（東アジア長期経済統計第6巻）（共著，2008年，勁草書房）

宮崎　智視（みやざき　ともみ）

1977年　高知県高知市生まれ
2000年　早稲田大学政治経済学部卒業
2005年　一橋大学大学院経済学研究科博士後期課程単位修得退学
2006年　博士（経済学）（一橋大学）
現　在　神戸大学大学院経済学研究科准教授

主要論文

「財政移転，公共投資と地域経済の効率性」（『日本経済研究』第48号，2004年）

「地方政府の公共投資と景気対策」（『フィナンシャル・レビュー』第89号，2008年）

「Public investment and business cycles : The case of Japan」（『Journal of Asian Economics』，近刊）

●グラフィック［経済学］— 4
グラフィック 財政学

2009年7月25日Ⓒ	初版発行
2015年3月10日	初版第4刷発行

著　者　釣　　雅　雄　　　　発行者　木下敏孝
　　　　宮　崎　智　視　　　　印刷者　杉井康之
　　　　　　　　　　　　　　　製本者　米良孝司

【発行】　　　　　株式会社　新世社
　〒151-0051　東京都渋谷区千駄ヶ谷1丁目3番25号
　☎(03)5474-8818㈹　　　サイエンスビル

【発売】　　　　　株式会社　サイエンス社
　〒151-0051　東京都渋谷区千駄ヶ谷1丁目3番25号
　営業☎(03)5474-8500㈹　　　振替00170-7-2387
　FAX☎(03)5474-8900

印刷　ディグ　　　　　製本　ブックアート
《検印省略》

本書の内容を無断で複写複製することは，著作者および出版者
の権利を侵害することがありますので，その場合にはあらかじ
め小社あて許諾をお求め下さい。

ISBN 978-4-88384-135-6

PRINTED IN JAPAN

グラフィック［経済学］1

グラフィック
経 済 学
第2版

浅子和美・石黒順子 著
A5判／400頁／本体2300円（税抜き）

主に日本の経済をベースに，経済学の基礎概念をやさしく解説して好評を博した，入門テキストの改訂版．リーマン・ショック後の世界同時不況，東日本大震災，日本における政権交代など，初版刊行以降の情勢の変化についても言及し，経済データも最近期のものにアップデート．また，新たなQ&A，コラムなどの記事を加え，親しみやすさ・わかりやすさにより配慮した．左右見開き体裁・見やすい2色刷．

【主要目次】
経済学とは何か？／GDPを理解する／景気の動きをつかむ／個人・家計の選択／企業の営み／市場メカニズムの働き／金融を理解する／財政・社会保障を理解する／経済の開放・グローバル化／残った話題

発行　新世社　　　発売　サイエンス社

グラフィック[経済学] 3

グラフィック
ミクロ経済学
第2版

金谷貞男・吉田真理子 著
A5判／328頁／本体2500円（税抜き）

「日本で一番やさしいミクロ経済学の教科書」として好評を博してきたベストセラーテキスト待望の第2版．「国際貿易」の章を新たに加え，部分的な構成の変更や説明の補足を行った．統計データのアップデイトを行い，ミクロ経済学の最新の話題にも言及した．また，一層の読みやすさに配慮し，装いも新たにした．2色刷．

【主要目次】
はじめに／市場の理論／家計の理論／生産の理論／費用の理論／独占の理論／厚生経済学／国際貿易

発行　新世社　　　発売　サイエンス社

コンパクト 経済学ライブラリ 4

コンパクト
財 政 学
第2版

上村敏之 著

四六判／224頁／本体1750円（税抜き）

本書は，財政学のエッセンスをわかりやすくコンパクトにまとめ好評を博してきた書の待望の改訂版である．最新の財政制度の情報と財政データにもとづき，内容をバージョンアップした．左頁に本文解説，右頁に財政データや概念図を配した左右見開き構成として現実感覚と直観的理解を生かすアプローチをとっている．経済学の予備知識がなくても読み通せる一冊．2色刷．

【主要目次】
財政と財政学／公共財／租税の基礎／租税の各論／公債／国と地方の財政関係／社会保障

発行 新世社　　発売 サイエンス社

新経済学ライブラリ　7

財政学
第4版

井堀利宏 著
A5判／264頁／本体2300円（税抜き）

本書は，はじめて学ぶ人のために財政学のエッセンスをコンパクトにまとめたテキストとして定評ある書の最新版である．第4版では，最近の日本財政（歳出，税収，公債など）の変化についてデータを更新するとともに，消費税増税，社会保障改革，財政再建の政治経済学など，今日的なトピックスについて新しく説明を加えた．また，財政問題を考える上で重要と思われる理論的な概念についても，コラムを新設したり練習問題を追加したりして，新たに説明した．2色刷．

【主要目次】
政府の経済活動／日本の財政／公共財の理論／政府支出／民営化の経済分析／労働所得税／資本所得税／消費税／税制改革／公債の負担／公債発行と財政運営／財政政策の信頼性

発行　新世社　　発売　サイエンス社

グラフィック[経済学] 5

グラフィック 金融論

細野　薫・石原秀彦・渡部和孝 著
A5判／312頁／本体2700円（税抜き）

本書は，現代の金融にまつわる様々な問題を見据えつつ，その役割について基礎から学ぶことができる教科書である．むずかしい数式を極力使わず，分かりやすい解説と豊富な図版で，金融論を自力で理解できるよう配慮した．経済・経営系科目用，ビジネスマンの自習用としても最適な一冊．見開き形式・2色刷．

【主要目次】
第Ⅰ部　金融の基礎
　　金融システム／貨幣
第Ⅱ部　企業の資金調達と銀行・金融システム
　　企業の資金調達／銀行の役割と課題／金融規制
第Ⅲ部　金融市場
　　利子率／株価／為替レート
第Ⅳ部　金融政策
　　貨幣市場の需要と供給／金融政策

発行　新世社　　　発売　サイエンス社